POUR UN FASCISME DU JOUR D'APRÈS

DU MÊME AUTEUR :

- *Fascisme et Monarchie : Essai de conciliation du point de vue catholique,* (préface de Claude ROUSSEAU), Éditions Vincent Reynouard, 2001 / Reconquista Press, 2018.
- *Nihilisme, subjectivisme et décadence* (2 tomes), Samizdat, 2009.
- *Présentation de l'institut Charlemagne sous le patronage de l'archange saint Michel*, Éditions Dominique Martin Morin, 2016.
- *Pour une contre-révolution révolutionnaire*, Reconquista Press, 2017.
- *Désir de Dieu et organicité politique*, Reconquista Press, 2019.
- *Paganisme versus catholicisme : Le conflit non surmonté du nationalisme*, Reconquista Press, 2020.
- *Comme un agneau muet...*, Reconquista Press, 2021.

Collaboration aux ouvrages :

- *Serviam : La Pensée politique d'Adrien Arcand* (Anthologie), Reconquista Press, 2017. (Essai)
- MISCIATTELLI (Piero), *Le Fascisme et les Catholiques*, Reconquista Press, 2018. (Postface)

Sous le pseudonyme de STEPINAC :

- *De quelques problèmes politico-religieux contemporains*, Samizdat, 2011.
- *Du problème du rapport entre nature et grâce dans le thomisme et le néo-thomisme, et de ses enjeux politiques contemporains*, Samizdat, 2011.
- *Éléments de philosophie politique* (préface de Claude ROUSSEAU), Éditions Franques, 2013.

Joseph Mérel

POUR UN FASCISME DU JOUR D'APRÈS

Éditions Chrysalide

ISBN : 978-2-9581793-0-4

« Quand l'ordre n'est plus dans l'ordre,
il faut qu'il soit dans la révolution. »

(Robert Aron et Arnaud Dandieu,
« La Révolution nécessaire »).

INTRODUCTION

§ 1. Situation préfasciste.

La croisade des fascismes appartient au passé. Le fascisme, tel qu'il fut en son existence historique datée, ne reviendra pas. On peut le déplorer, on peut s'en réjouir, c'est ainsi. Les inventeurs du fascisme, comme de toute autre doctrine politique, appartenaient à des sociétés qu'ils ont changées par leurs inventions mêmes, mais à des sociétés dont ils étaient en même temps les produits. Les acteurs de l'Histoire sont toujours les produits d'un monde qu'ils transforment, dans une action réciproque entre deux termes dont l'un est inclusif de l'autre. C'est ainsi ce monde qui se transforme par la médiation de l'initiative de ses membres. Il faut dire, par conséquent, que ces sociétés se sont fait affecter par leur propre activité, modifiant ainsi leur pouvoir d'agir par le fait même d'agir. De ce seul fait qu'une chose s'est produite, le contexte de son surgissement a été sans retour modifié par elle. Mais un tel contexte était la cause d'une telle genèse. Donc il ne se reconstituera jamais pour la faire se reproduire à l'identique ; par là même qu'une chose a été vécue, l'expérience de cette vie conservée dans le souvenir modifie les conditions de sa reviviscence. Aussi revivre un événement consiste toujours à en inventer un nouveau qui, loin de dupliquer le passé, se contente d'entretenir avec ce dernier certaines analogies. Le nouveau conserve l'ancien en le récusant, l'assume en le dépassant. Toute renaissance qui n'est pas reproduction caricaturale, ainsi reflet dégénéré, est recréation, réinvention, non seulement redécouverte mais transfiguration.

Il reste que, comme on le dit en physique, les mêmes causes produisent les mêmes effets. Ce ne sont pas aujourd'hui exactement les mêmes causes que celles ayant opéré il y a bientôt un siècle, le contexte en lequel elles s'exercent n'est pas le même. Et leurs effets ne seront pas non plus identiques. Mais les analogies entre conditions passées et conditions présentes sont assez claires pour que l'on puisse prévoir des résultats analogues. Nous vivons une fin de cycle, et le croyant catholique sera bien près de penser que c'est beaucoup plus que cela, beaucoup plus que la fin d'*un* monde et que, si ce n'est pas la fin *du* monde, cela y ressemble beaucoup. Au moins est-ce là, pour lui, une grande répétition générale de la domination de Satan.

Toute l'histoire du monde humain peut se décrire dans les termes d'un mouvement uniformément accéléré. Pour filer la métaphore physique, nous dirons que les forces de frottement et les vibrations du mobile le fatiguent d'autant plus gravement qu'il va plus vite, et il ne peut pas ne pas atteindre un point-limite qui verra sa décomposition, qu'il pressent à mesure qu'il avance. Nous pouvons affirmer au minimum que nous assistons au règne sans partage de l'argent, à l'entreprise de conquête du monde opérée par le mondialisme bancaire, et que les peuples en viennent comme malgré eux, mécontents d'être tirés de leur rêve hédoniste, à remettre en cause le progressisme. Ils doutent du bien-fondé du capitalisme, ils ne croient plus aux lendemains qui chantent, aux sirènes du modernisme, qu'il soit conçu dans la forme du communisme ou dans celle du libéralisme. En deçà même de toute explication qui révélerait l'intention sournoise de manipulateurs masqués mus par des mobiles idéologiques inavoués, on peut constater que le progrès technique inspiré par le seul hédonisme, distrait de toute référence à un idéal politique lui assignant une limite, est contradictoire. En effet, il est inspiré par le désir de se *libérer* des servitudes d'une nature hostile et des impondérables de la vie collective, dans des sociétés industrielles intensifiant l'interdépendance de leurs membres, par là les risques de conflits entre ces derniers. Mais la maîtrise de la nature d'une part, d'autre part des soubresauts de la vie sociale induits par le libre jeu des acteurs sociaux, suppose le développement toujours croissant des capacités de prévisibilité. Or ces capacités supposent la constitution de plus en plus grande de données prédictives. Et cette élaboration se conduit au détriment du souci d'intimité des acteurs sociaux dont la vie devient transparente pour les autorités chargées de coordonner les activités individuelles. Et une telle transparence donne aux autorités le pouvoir de restreindre les *libertés* autant qu'elles le veulent pour en prévenir les effets néfastes. L'homme peut développer sa liberté intérieure en maîtrisant ses passions, mais par là il renonce à libérer ses appétits hédonistes ; et la libération de tels appétits, corrélative de développements techniques chargés de maîtriser tant la nature que les humeurs du gros animal social, rend possible une liberté extérieure — liberté de jouir et de consommer — qui finit par s'asphyxier elle-même sous le poids de sa propre inflation, sans pour autant réhabiliter les avantages de l'acquisition de la liberté intérieure. Ce sont là des choses que notre contemporain entrevoit sans peut-être se l'objectiver, mais qu'il vit et dont il souffre. Il y a un matraquage médiatique littéralement affolant forgé d'interdits de plus en plus nombreux et coercitifs — antiracisme, intégrisme écologiste, féminisme, pesanteurs mémorielles, mesures sanitaires etc. — qui, conjugué à une fiscalité et à une criminalité croissantes, monte les uns contre les autres et répand les habitus de délation, donne à chacun le sentiment d'être surveillé et mis en accusation, et restreint de plus en plus les libertés de parler, de se déplacer, de jouir des plaisirs de la vie ; corrélativement, ces interdits et empêchements sont si envahissants, si générateurs d'angoisse, qu'ils excluent la vraie liberté de penser, celle de se rendre disponible pour penser le vrai, et de faire de la contemplation du vrai le contenu du vrai bonheur.

Nos contemporains aspirent confusément à une troisième voie qu'ils se représentent la plupart du temps dans la forme de la social-démocratie, parce qu'ils sont pétris d'esprit démocratique, jacobin, hédoniste, individualiste, libéral, subjectiviste, incapables qu'ils sont d'identifier les causes de leur déception et de leur morosité. Rien de tout cela n'est guère encourageant, qui les destine à consentir, de guerre lasse, au mondialisme, au parc zoologique pour zombies « pucés » qu'on est en train de leur aménager. Mais tout de même, parce qu'ils savent que ce collapsus ne s'imposera pas sans violence provoquée, il semble, depuis assez peu de temps, que la crise qui s'annonce invite certains à oser remettre en cause le dogme démocratique lui-même, ainsi à oser désigner les manipulateurs réels, les auteurs de la propagande maçonnique et de ce qu'il faut bien nommer la vision juive du monde. Et c'est là quelque chose de commun avec le scepticisme d'une partie des masses des années trente.

§ 2. Capitalisme et mondialisme.

Il existe une solidarité principielle entre capitalisme, libéralisme, individualisme, matérialisme, hédonisme consumériste, qui fut assez expliquée par suffisamment d'observateurs perspicaces et qui au reste est trop évidente pour qu'il soit nécessaire d'en établir ici le bien-fondé. On rappellera seulement, sans prétendre à l'originalité, que cette solidarité conditionne la thèse suivante : le progressisme consumériste, animé par la dynamique du capitalisme, est intrinsèquement contradictoire, qui rend les individus de plus en plus interdépendants dans le moment où il exacerbe l'hostilité qu'ils ne peuvent pas ne pas nourrir les uns à l'égard des autres. Le productivisme appelle la division internationale du travail, ainsi l'interdépendance technique et financière, mais il s'exerce de telle sorte que la fin poursuivie par ses acteurs suscite en eux un désir d'indépendance toujours insatisfait. C'est que, en effet, la jouissance matérielle, en tant que matérielle, est inflationniste : on a d'autant plus faim que l'on consomme plus ; le désir s'enfle à mesure qu'il se comble, et le désir sans repos produit un homme excédé, en conflit avec lui-même ; mais ce dernier, incapable de renoncer à son vice, impuissant à faire jouer contre sa tendance morbide l'animosité qu'elle lui inspire, en vient à diriger contre autrui plutôt que contre lui-même son esprit de querelle : il reconnaît dans le vice et la déchéance de son prochain le mal dont il est lui-même affligé, ce mal qu'il ne sait pas haïr quand c'est en lui qu'il prolifère. L'interdépendance vécue dans la haine induit ainsi, logiquement, une unité contradictoire d'attraction et de répulsion à l'égard d'autrui : on ne peut se passer de celui qui est toujours de trop. Cette unité contradictoire se résout tôt ou tard dans la brisure du lien social. Une telle cassure se produit aussi par le fait que des biens matériels ne méritent pas qu'on les aime en se sacrifiant pour eux, de telle sorte que ces biens ne sont aimés que comme instruments de la glorification du Moi pris pour fin, lequel, s'absolutisant de ce fait, supporte de moins en moins son prochain : deux absolus ne peuvent que s'exclure. Cette brisure se réalise dans l'exténuation de ce minimum de solidarité désintéressée requis par l'acceptation tacite, consentie par tous, d'obéir aux mêmes lois visant le bien commun, et d'accepter l'autorité étatique d'un même garant de ce bien commun. Il en résulte que les Etats corrompus par le fléau du libéralisme dépérissent, et qu'une minorité privée en vient, pour prévenir cette lutte universelle de tous contre tous qui signerait la mort de l'humanité, à exercer la fonction vicariante de l'Etat. Mais parce que cette minorité est complice du système consumériste dont elle tire sa puissance, elle vise ce substitut de pouvoir politique dans la forme de la recherche non d'un bien commun, mais d'un intérêt privé tyrannique ayant intérêt à consolider, pour maîtriser la masse, cette interdépendance de chacun à l'égard de tous, ce qui se solde par la suppression tendancielle de la propriété privée (garante d'une relative indépendance individuelle), et par l'effacement des différences nationales (garantes d'une relative indépendance collective). Le capitalisme porte objectivement dans ses flancs l'Etat mondial despotique : l'endettement des ménages, des sociétés privées et des Etats va croissant, et viendra un temps où la Banque devenue Etat mondial, après avoir incité ses obligés à s'endetter sans mesure, se résoudra à renoncer au remboursement de ses dettes qu'elle savait insolvables, mais en échange d'un renoncement des ménages et des sociétés privées au principe même de la propriété. Et la masse, subjectiviste dans sa grande majorité, subira cette tyrannie sans broncher, elle y consentira de mauvaise grâce sans l'avouer ni se l'avouer, parce qu'elle y reconnaîtra l'instrument de sa volonté : entre de petits dieux, il ne peut exister, si aucun ne parvient à se substituer aux autres, qu'un rapport d'égalité stricte, laquelle implique le collectivisme.

Et il est des moments où quelques groupes, dans les peuples ayant renoncé à eux-mêmes, le pressentent, perdent confiance dans les institutions démocratiques solidaires de l'organisation capitaliste ou libérale de la société. Naît alors, dans un climat de doute et de désenchantement, une nostalgie en direction des temps passés, ceux d'avant le consumérisme et la démocratie ; mais la conscience se fait rapidement jour qu'un retour en arrière est impossible, pour les raisons qui furent évoquées ici plus haut (§ 1). C'est alors que prend forme une volonté de puissance rageuse dirigée contre les auteurs de l'atomisme social générateur de décadence spirituelle et de servitude, entretenue par une aspiration à la grandeur désintéressée libérant l'homme de l'esclavage consumériste et de la haine de soi qu'il induit. La conjonction de ces deux états d'âme produit le fascisme. Le fascisme est révolutionnaire parce qu'il a compris que l'esprit réactionnaire qui l'anime est en demeure de réinventer le passé, de revenir au passé par négation du présent, mais d'un présent tenu à bon droit pour l'entéléchie d'un passé par là non innocent des maux qui affligent ce présent. Aussi cette négation du présent se fait-elle par une transfiguration formatrice d'avenir de l'inspiration venue du passé. On ne peut révolutionner le présent qu'en révolutionnant aussi le passé, parce que le présent décadent est la trahison d'un passé qui pourtant l'a rendu possible et qui, en dépit de ses vertus, n'est pas sans porter une part de responsabilité dans la décadence.

Nous voudrions dans le présent travail examiner les chances de reviviscence du fascisme aujourd'hui, mais d'un fascisme *d'*aujourd'hui, ayant gardé mémoire — en en tirant les leçons — de ses prouesses et de ses échecs passés, et se sachant destiné à surgir dans un monde nouveau beaucoup plus perverti que celui qui l'avait vu naître en sa première peau. Un tel examen suppose que soit défini le fascisme, lequel a tenté de se définir en se construisant et, ayant été abattu avant d'achever de s'engendrer, n'est pas parvenu, selon nous, à accéder au concept adéquat de lui-même. S'interroger sur l'essence du fascisme pour évaluer la pertinence du souhait de son retour, c'est donc le réinventer pour notre temps. On ne s'étonnera donc pas — l'invention étant découverte et la découverte procédant par essais — que plusieurs tentatives de définition soient ici proposées.

CHAPITRE I

Quelques raisons d'être fasciste aujourd'hui.

§ 3. Politique et religion.

Toute société est porteuse de valeurs de civilisation, ainsi de valeurs ayant une portée transcendante excédant à ce titre la vie sociale puisqu'elles en sont normatives. Pour cette raison, de telles valeurs ne sauraient naître *de* la société comme de leur raison suffisante ; elles naissent *dans* la société mais elles viennent de plus loin qu'elle. Or si elles viennent de plus loin qu'elle, c'est qu'elles ont vocation à mener au-delà d'elle, quelle que soit la manière dont on s'efforce à définir un tel au-delà. S'il en était autrement, elles trouveraient dans la société leur fondement suffisant, et, du fait que la société change en permanence, elles épouseraient ces changements, et elles ne seraient plus normatives de la société dont, en tant que valeurs, elles doivent diriger les changements, ou les restreindre. De ce fait, toute société conjugue, pour se forger, deux tendances contradictoires : l'esprit de sacrifice de la partie au profit du tout, et l'exaltation de la personne qui tend à faire du tout l'instrument de la partie. L'esprit d'abnégation fait accomplir collectivement de grandes choses dont aucun individu livré à lui-même n'eût été capable, qui n'eût même pas pressenti son pouvoir de les produire si elles n'avaient été faites par d'autres et s'il n'en avait hérité. Mais cet enrichissement du tout qui, sous l'effet de l'esprit de sacrifice, déploie les aspects du génie humain et dévoile les valeurs transcendantes, revitalise les personnes, les fait se découvrir elles-mêmes, et les fait s'élever au-dessus de leurs aspirations sociales et temporelles. Ce constat exige une explication.

§ 4. Le bien commun.

C'est que, en effet, le bien en général — ainsi que l'établissent les métaphysiciens — est d'autant meilleur qu'il est plus commun. L'intuition nous le révèle sans peine : un bien qui est mon bien tout en étant aussi le bien d'un autre est plus aimable, plus digne d'intérêt, qu'un bien qui ne serait capable de combler que moi, parce qu'il révèle ainsi une plus grande richesse. Mais on pourrait objecter à cela (un Nietzsche ne s'en est pas privé), si l'on en reste à l'intuition, qu'un bien commun a peu de valeur du fait qu'il est commun, pouvant être le bien d'un homme supérieur comme celui d'un médiocre, ce qui dispose à penser qu'un tel bien ne satisfait, du fait de son caractère commun, que les aspirations les plus basses de la multitude, les seules à être communes à tout le monde. Que le bien commun soit intrinsèquement meilleur que le bien particulier, c'est donc ce qui appelle d'être démontré.

Ce qui est premier dans un genre, disent volontiers les Scolastiques, est cause de tout ce qui appartient à ce genre ; le feu, tenu pour ce qu'il y a de plus chaud, est cause de la chaleur dans les choses chaudes. En effet, causer consiste à communiquer une perfection que l'on possède, sans rien perdre de ce que l'on donne, à la manière dont le savant transmet sa science sans la perdre, et bien plutôt, paradoxalement, en s'enrichissant du fait même de la transmettre. Mais ce qui est cause de toutes les formes de bonté que l'on trouve dans les choses bonnes, lesquelles le sont plus ou moins, c'est ce qui possède toute la bonté participable, parce que causer consiste d'une certaine façon à donner, et que l'on ne donne que ce que l'on possède. Or ce qui possède une perfection selon la totalité de sa participabilité, c'est ce qui *est* cette perfection même. S'il l'avait sans l'être, n'étant pas ce qu'il a, il serait hors de cette bonté ; considéré en lui-même sans ce qu'il a, il ne serait pas bon, il manquerait de bonté, il aspirerait à la bonté selon sa capacité d'en recevoir, il ne serait pas bon à tous égards mais seulement sur le mode de l'avoir. Ce qui revient à dire qu'il la participerait et qu'il ne l'épuiserait pas ; il ne posséderait pas toute cette bonté. Ne peut posséder une perfection en plénitude que ce qui l'est. Cela ne le dispense pas aussi d'être mis en demeure de l'avoir pour se donner le pouvoir de la communiquer, c'est-à-dire d'en disposer. Mais la question de l'aptitude à avoir ce que l'on est, non directement en cause ici, sera examinée plus bas.

Retenons ceci pour le moment :

Est absolument bon ce qui *est* la bonté qu'il a. Dès lors, s'il est ce qu'il y a de meilleur dans un genre de perfection, c'est qu'il l'a tout entière, mais par là il fait l'aveu qu'il l'est. Et parce qu'il est ce que les autres se contentent d'avoir, c'est qu'il les cause : ils ne peuvent rien avoir qu'il ne leur ait donné, puisque tout ce qui est à posséder repose primitivement en lui en tant qu'il l'est. Et ce qui a raison de cause de tous les effets aimables reçus par d'autres est leur bien commun, bien intime de chacun et bien du tout constitué par la communauté de ces divers donataires, d'abord parce que la réceptivité de cette bonté communiquée dépend de la manière dont elles sont disposées les unes à l'égard des autres, et qu'un tel ordre est lui-même bon ; ensuite et surtout parce que la communauté des choses bonnes par participation, illustrant, en qualité et en quantité, maintes façons d'être bon, est un tout meilleur que chacun de ses constituants. Un bien est effectivement d'autant meilleur qu'il est plus commun. Il n'est pas matériellement commun, mais formellement. Ce qui est cause de tous les biens reçus par plusieurs individus contient éminemment, superlativement, ces biens mêmes, et il est aimé comme source unique — ainsi commune — de ces biens divers. Mais il n'est pas aimé tel le simple moyen (qui se trouve être matériellement commun à tous) pour chacun d'atteindre son bien propre ; bien plutôt, il est aimé comme fin (ainsi est-il formellement commun), comme ce dont le bien propre de chacun sera, par ce dernier, perçu comme moyen. Par exemple la victoire de l'armée est au cœur du bien propre de chaque soldat, mais elle n'est pas voulue par lui tel le moyen d'accéder à son bien propre entendu comme bien privé ; la preuve en est que cette victoire peut exiger le sacrifice de la vie du soldat ; la victoire de l'armée est aimée comme fin du bien privé du soldat, tout en étant constitutive de son bien propre.

Le bien commun, formellement commun, est un bien que l'on aime non en le rapportant à soi, mais en lui étant rapporté. Un être ne peut être pour lui-même sa propre fin, ainsi fin du moyen qu'il est pour lui-même, que s'il est capable de se nourrir de lui-même à tous égards, de trouver en lui-même tout ce qu'il requiert pour être lui-même, par là pour être, et être raison suffisante de lui-même. Or ne peut posséder une perfection selon la totalité de sa participabilité que ce qui *est* ce bien, cette perfection même qu'il exerce, comme on vient de le voir. Ne peut donc être pour lui-même sa propre fin que ce qui *est* ce bien qu'il peut appéter, et dans ce cas il se suffit à lui-même et ne tend de manière nécessaire vers rien d'autre que soi. Il est clair qu'il n'en est rien pour quelque homme que ce soit, qui dépend de Dieu, du monde et des autres hommes. Donc, n'étant pas son bien, il ne peut être pour lui-même sa fin, être pour lui-même son bien ultime ; dès lors, il ne peut avoir pour bien ultime qu'un bien auquel il est rapporté. Et un tel bien est le bien commun.

§ 5. Bien commun et souverain bien.

Le bien est d'autant meilleur que plus commun, au point que le bien absolu, ou souverain bien, est absolument commun, et le service de ce bien absolu est accompli par la religion. Cela dit, il est nécessairement transcendant ou séparé parce que, absolument bon, il est la bonté même, cause de toute bonté participée. Or la société est un produit de l'art humain, elle ne saurait être cause première. C'est pourquoi l'habitus du service du bien commun social développe en l'homme l'appétit du souverain bien, lequel invite l'homme à accéder à une sphère de l'existence qui excède la sociabilité seulement humaine. Il aspire au divin. La maturation de la vie sociale mène au-delà de la société, en commençant par renvoyer, après qu'il s'est ordonné à elle comme à sa fin, l'individu à lui-même afin de l'inviter à se subordonner à un au-delà du bien commun politique ; mais elle ne le renvoie adéquatement à lui-même pour la faire s'excéder en et par lui que s'il commence par se subordonner à elle sans réserve, comme il sied que le bien commun soit servi, car c'est en se subordonnant au bien commun *comme à sa fin* que l'homme actualise ses potentialités d'homme, celles-là mêmes qui sont requises pour l'habiliter à tendre vers un bien transcendant : aimer un bien en le rapportant à soi, c'est le privatiser, c'est lui ôter son caractère de bien commun. Quand cette existence religieuse qui accomplit le Politique, en ce sens qu'elle le fait s'achever en elle, s'y parfaire et s'y finir, se met, pour diverses raisons, à décliner, la personne se retrouve seule et nue, incapable de se dévouer à la Cité comme à sa fin terrestre dernière, et cependant incapable de se maintenir en son statut de fidèle religieux, et alors la personne s'absolutise, se fait objet de ses aspirations religieuses, et en vient à se subordonner la société ; elle croit, ce faisant, dépasser le bien social, sans se rendre compte qu'elle le détruit, et qu'elle se détruit avec lui. Elle se dirige au-dessous de la vie sociale en croyant aller au-dessus d'elle. Les deux tendances contradictoires définitionnelles de la vie sociale et politique, évoquées au § 3, dont le jeu fait le dynamisme et avec lui la vie même de la Cité, coexistent de manière harmonieuse à condition que la tendance à servir le bien commun immanent s'achève, aux deux sens du mot, dans la seconde, et en retour à condition que la tendance qui porte l'homme vers le bien absolu ou divin (quelle que soit la manière dont on le définira) se reconnaisse de manière obligée la vocation de s'anticiper dans le service du bien commun terrestre. L'inclination religieuse ne mène l'homme au-delà de lui-même, sans le perdre dans des chimères qui le font faire retour à soi pour reposer en lui-même en se déifiant, que si elle consent à se préfigurer dans l'inclination à servir le bien commun politique.

Le bien est d'autant meilleur qu'il est plus commun, le bien le meilleur est communissime, fût-il extrinsèque ; un bien sera d'autant plus aimé qu'il sera plus commun ; le bien commun politique est donc un intermédiaire obligé entre le bien privé et le bien divin. Et le propre d'une médiation est de s'achever dans ce à quoi elle donne accès.

§ 6. Une première définition du fascisme.

Tout homme assez sain pour être capable de prendre quelque distance à l'égard de sa propre condition d'homme n'éprouve que dégoût vomitif à l'égard de l'homme déifié ; quand on sait la dose d'ignominie au moins potentielle que charrie chaque homme — sa tendance au mensonge à autrui et à soi, sa propension à la lâcheté, à la fainéantise, à la vanité, à l'orgueil, à s'abandonner aux injonctions de son corps —, on ne peut qu'être révulsé par l'idée rousseauiste de l'homme naturellement bon. *Le* péché, c'est l'idée de « l'homo homini deus » (l'homme est un dieu pour l'homme), le seul qui soit vraiment irrémissible. Mais ce même homme encore conscient de sa condition sait combien l'humanité peut être glorieuse et fière, imago Dei, quand elle sait s'oublier pour le service d'une cause qui le mérite, qui ne cèle pas elle-même la ruse d'un subjectivisme larvé ; un quiétisme du pessimisme et du dégoût de soi et de son prochain est encore une ruse subjectiviste : s'objectiver son ordure et se réduire à elle, c'est, en se l'objectivant, s'y soustraire, ainsi se soustraire à soi-même, à ce qui définit nos limites, et c'est encore se rêver illimité et divin. L'homme encore lucide, partagé entre ces deux jugements sur l'homme, se souvenant que le bien est par essence d'autant meilleur que plus commun, est comme saisi, dans les périodes de décadence où tout bien se privatise, par une furieuse aspiration à faire revivre l'humanité qui est en train de s'exténuer en lui.

Le fascisme est ce remède de cheval héroïque et brutal, non innocent d'une certaine rage de réappropriation rapide de l'héritage spirituel d'une société fourvoyée dans le libéralisme et l'individualisme, destiné à enrayer la décadence. Il est l'expression presque désespérée — ainsi non toujours éclairée ou rationnelle — d'un instinct de survie contre la servitude de la maladie mortelle qu'est l'oubli de sa vocation noyée dans l'hédonisme. Il est l'effort désenchanté de retrouver la perfection ancestrale perdue, souvent après avoir tenté l'antithèse socialiste du libéralisme, en faisant l'amère expérience qu'elle est la complice de ce dernier. Le fasciste est un homme de droite ayant éprouvé le dégoût pour la décadence individualiste, qui crut conjurer cet individualisme en tâtant du collectivisme, et qui, revenu de tout, invente une nouvelle forme de vie communautaire gardienne des valeurs éternelles jadis célébrées, qui cependant n'est pas un simple retour en arrière. Et s'il accède à cette forme nouvelle en passant par l'antithèse peccamineuse (égalitaire et collectiviste) du mal individualiste dont il entendait se défaire, c'est parce qu'il avait pressenti la vacuité d'un effort de retour en arrière.

Il n'est pas vain de s'interroger sur le sens et la valeur du fascisme aujourd'hui, tout simplement pour préparer l'avènement de ce qui fera suite — si Dieu en prévoit une — à la crise que nous vivons aujourd'hui. De même que les auteurs invités par la Providence à produire quelque chose de nouveau inventent, de manière non délibérée, un style original en s'efforçant à imiter un maître, de même les concepteurs et opérateurs des solutions ouvrant sur le monde à venir, conjurant la pérennité du mal dont la crise actuelle est gravide, n'inventeront ces solutions qu'en se référant au passé. Le fascisme est révolutionnaire parce qu'il ne veut ni du présent ni du passé. Il est une radicale négation du présent mais, comprenant que ce présent est ce en quoi se consomma, ou s'acheva le passé, il sait qu'en niant le présent, en révolutionnant le présent, il révolutionne aussi le passé qu'il conserve en le transfigurant, et qu'il ne conserve adéquatement qu'à ce titre.

Nous entendons par « fascisme », en son acception générique large, évidemment non réductible à son acception éponyme italienne, ce courant politico-spirituel né dans l'effroi, en Europe — dans le sillage des horreurs de la Grande Guerre au cours de laquelle la jeunesse d'Europe, et l'Europe même se sont suicidées —, exprimant les derniers soubresauts de vitalité désespérée du monde occidental exténué sous l'effet des poisons qu'il s'était lui-même inoculés depuis la Renaissance.

Un tel courant de pensée et d'action, élaboré et lancé dans l'urgence et le doute, la précipitation, la fébrilité, convoqua, pour accéder à la conscience de lui-même et communiquer sa flamme, un argumentaire disparate, volontiers contradictoire, inachevé, parfois simpliste, assez éloigné de ce que devrait être une école de pensée politique si elle se voulait expressive d'une métaphysique conforme à l'ordre naturel des choses et fidèle aux impératifs dogmatiques de l'Eglise, suprême gardienne de la vérité en tous domaines. Ces constats confessés, le fascisme conserve à nos yeux son pouvoir de mobilisation et son intérêt éminent tant pour la spéculation présente que pour l'action future, et cela pour trois raisons.

§ 7. Opportunité d'un retour au fascisme ; première raison.

La première est que si les catholiques réactionnaires, antimodernistes et radicalement hostiles au monde issu de la Révolution française et aux Lumières, ont toujours eu du mal à s'accommoder des divers aspects du fascisme, cela ne les empêcha pas d'avoir les mêmes ennemis que ce dernier : le communisme, le capitalisme, le libéralisme, l'esprit démocratique, l'individualisme, l'internationalisme ou mondialisme, l'esprit du judaïsme et du protestantisme, la gnose maçonnique. Pour avoir autant d'ennemis en commun, autant d'ennemis qui de plus se révèlent ennemis entre eux, il ne se peut pas que l'idéal traditionnel et le fascisme n'aient pas quelque chose de commun, quelque chose d'essentiel et non d'accidentel. Quand on renonce à définir une chose en elle-même et positivement, on peut toujours la définir négativement : elle est tout ce que ne sont pas les autres. Dès lors, quand deux personnes ont les mêmes ennemis et que le nombre et la variété de ces ennemis sont grands, chacune de ces personnes étant tout ce que ses ennemis ne sont pas, alors ces deux personnes tendent à avoir la même définition négative. Mais une définition négative est l'envers d'une définition positive. Quand deux écoles sont niées par les mêmes ennemis, elles tendent à n'être qu'une seule école à mesure que s'élèvent le nombre et la variété de leurs ennemis. On peut même prévoir que si une hostilité subsiste entre elles deux, cette hostilité n'est pas de même nature que celle qu'elles nourrissent à l'égard de leurs ennemis communs ; l'une reproche à l'autre de n'être pas ce qu'elle devrait être, ce qui revient à confesser qu'elles se réfèrent, pour établir entre elles une comparaison, au même idéal, chacune prétendant l'incarner mieux que l'autre. Le drame est que cette hostilité entre écoles du même camp en est venue à les affaiblir assez pour rendre possible la victoire de leurs ennemis communs. Il y a des choses qui sont incompatibles par essence et qui n'ont pas vocation à tenter de fusionner, car chacune devrait renoncer à elle-même pour le faire.

Mais il y a des choses qui ne s'opposent que par accident, quelque vives que soient les manifestations de discorde, et ces choses ont vocation à se faire féconder l'une par l'autre et à tendre à s'identifier.

§ 8. Deuxième raison.

La deuxième raison est que le fascisme s'est voulu réinventer l'ordre à l'attachement duquel se définit l'esprit de Droite, mais en le débarrassant de deux travers éminemment incapacitants.

Le premier travers est la mentalité surnaturaliste, défaitiste et morbide, dont l'avait infesté un certain christianisme.

Nous entendons par surnaturalisme cette mentalité consistant, théoriquement et pratiquement, à ne concevoir l'intromission de l'ordre surnaturel dans l'élément de l'ordre naturel que sur le mode d'une frustration des appétits même non peccamineux de ce dernier, ou encore — ce qui revient au même — en partant du principe que l'ordre naturel serait si gâté par le péché originel qu'il faudrait extirper de soi, pour naître à la vie surnaturelle, tous les appétits s'enracinant dans cet ordre.

Et c'est là produire un sous-homme aussi sûrement que ne l'engendre le libéralisme individualiste, parce que la nature est le sujet obligé de la surnature : si ôter la surnature, aux dires de Chesterton, en vient à détruire la nature elle-même incapable, sous l'effet de la dilacération du péché, de subsister seule, en retour nourrir une défiance de principe à l'égard de la nature en tant que nature équivaut à faire s'éventer la surnature. Le paradis n'est pas de ce monde et vouloir réaliser le paradis sur Terre revient à précipiter la Terre en enfer : plusieurs l'ont dit avec raison ; et il serait suicidaire de tendre à le réaliser parce que, si l'on peut ainsi parler, quand bien même le péché n'aurait pas surgi dans le monde la Terre n'est pas faite pour cela. Autre chose cependant est de tenir la vie terrestre pour un passage, un voyage et non un terme, un temps d'épreuve, un lieu où l'on apprend à n'aimer les biens finis que pour s'élancer, en les quittant, en s'arrachant à eux dans une incontournable souffrance consentie, vers le Bien absolu qui n'est pas de ce monde ; autre chose est de prétendre que l'ordre et la justice, la joie de vivre pour tous (il y a une joie dans la lutte) et une espèce de perfection relative propre aux choses temporelles devraient être bannis des aspirations humaines réalistes, comme si la vertu de résignation devait consister à choyer l'injustice et la médiocrité.

Le second travers consiste à oublier que l'Idée du réel, normative de ce dernier, a plus de réalité que le réel lui-même qui tient de sa fidélité à elle son statut de réalité : dans un composé de matière et de forme, de sensible et d'intelligible, de chair et d'idée, c'est par son idée que la chair est chair et non pourriture vouée à la disparition ; soustraire le réel à son idée équivaut à le déréaliser ; mais si le réel tient de son idée sa condition de réalité, c'est que l'idée est plus réelle que le réel. Ainsi en vient-on, quand on évacue cette dimension d'idéalisme paradoxalement condition du vrai réalisme, à tenir pour chimère idéaliste tout ce qui s'oppose à la pesanteur de l'injustice ; un tel travers se transcrit dans ce fatalisme, ce réalisme prosaïque — lui-même paravent d'une complaisance inavouable et scandaleuse — consistant à condamner du bout des lèvres les iniquités sociales tout en se vautrant, au nom d'une pseudo-prudence, dans les avantages que prodigue la société bourgeoise, non sans rappeler doctement, au nom des Béatitudes, que la justice n'est pas de ce monde et que la vertu de résignation est l'unique garde-fou efficace dressé contre l'esprit satanique de contestation.

§ 9. En hommage à Maurice Bardèche.

La troisième raison est peut-être plus sentimentale et mérite néanmoins d'être évoquée. Pour ce faire, nous commencerons par faire mémoire des réflexions terriblement actuelles, souvent rappelées très opportunément par Vincent Reynouard dans ses articles et conférences, de Maurice Bardèche. Ce qui est pour nous une manière de rendre un reconnaissant hommage à ce dernier.

§ 10. Candeur fasciste.

« Moi, je crois stupidement à la vérité. Je crois même qu'elle finit par triompher de tout et même de l'image qu'*on* fait de nous » (*Nuremberg ou la Terre promise*, Les Sept Couleurs 1948 p. 10).

On *doit* être de l'avis de Maurice Bardèche si l'on est chrétien, parce qu'on est en demeure de cultiver la vertu cardinale d'espérance, même si, à vue d'homme, tout semble perdu. Parce que nul ne sait ni le jour ni l'heure, on doit croire que la victoire est toujours possible dès ici-bas. L'être et le vrai sont convertibles, le faux est destructeur d'être, par là destructeur de lui-même ; il est par essence vincible, et sa victoire ne peut être qu'apparente et provisoire. Il est vrai, néanmoins, que le provisoire peut durer longtemps. Il est vain de tenter de rendre appétible aux yeux de ses détracteurs un bien supérieur, quand ceux auxquels on s'adresse sont incapables de se détacher du bien inférieur et dévoyé en lequel ils sont embourbés. Un tel bien inférieur est dévoyé non parce qu'il est inférieur, mais du fait même de sa crispation sur son infériorité, de sa prétention à se suffire, à cause de son refus de renvoyer au bien supérieur dont il n'est en droit que le moyen et l'anticipation. Mais du fait même qu'il est dévoyé, il est mauvais, il est porteur de souffrances à leur manière salvatrices parce qu'elles invitent à se détourner de lui ; un tel « bien » fait l'aveu de son mensonge et sert la vérité en trahissant ceux qu'il ravit à leur véritable vocation. Il ne faut pas s'attendre à ce que les fascistes en viennent à prendre figure humaine pour les tenants du libéralisme et de ses rejetons multiformes aussi longtemps que les ruses du consumérisme et du subjectivisme parviendront à capter les désirs de la multitude abusée. Il ne faut pas compter sur le dialogue pour se faire comprendre. C'est pourquoi il faut oser accepter de ressembler à la caricature brutale que le libéral renvoie, au fasciste, de son identité de fasciste, aussi longtemps que le libéral ne sera pas trahi par sa conviction hédoniste, et il est nécessaire de ne pas se refuser au rapport de force. Telle est la naïveté du fasciste, sa « stupidité » assumée :

« Oui, nous sommes les méchants, les affreux, les crétins à front bas, nous sommes tels pour vous du fait de votre cécité, de votre maladie de fébricitants qui vous fait trouver amer ce qui est doux. Vous êtes des malades qui ne savent pas qu'ils sont malades, qui voudraient faire de leur maladie le signe et le critère de la santé. C'est vous qui nous contraignez au refus du dialogue auquel nous consentirons quand vous saurez que vous êtes malades, c'est-à-dire quand vous serez sur le chemin de la guérison. La force du fasciste est de braver l'incompréhension, les insultes, les jugements dépréciatifs. Le lieu naturel d'éclosion de la vérité est le dialogue, mais le dialogue qui relève de la dialectique et non le dialogue fallacieux qui relève de la sophistique et se réduit à deux monologues entrecoupés d'insultes, de procès d'intention et d'inversions accusatoires. Ce qui prouve que vous galvaudez les mots, c'est que vous refusez dans les faits le dialogue dont vous avez plein la bouche : 'le racisme n'est pas une opinion mais un délit' ; 'relèvent du délit le révisionnisme, la critique de la démocratie et de la philosophie des droits de l'homme' ; 'pas de liberté pour les ennemis de la liberté'. Vous vous targuez de respecter toutes les opinions, de leur donner droit de cité, mais vous vous arrangez préalablement pour faire passer dans la rubrique des délits les opinions qui ne vous conviennent pas. Vous répondez par la force à nos invitations au dialogue, vous nous contraignez à la violence parce que vous voulez nous tuer à petit feu ». Idéaliste et non matérialiste, le fasciste sait que le réel, pour demeurer réel, finit toujours par obéir aux lois de la raison, à la logique des idées dont le réel est la réalisation, et il sait que la raison a toujours raison, mais au prix de l'autodestruction de la réalité obstinée à se soustraire au magistère de la raison ; c'est pourquoi le fasciste, comprenant que le dialogue suppose un minimum de bonne foi dont est dépourvu son détracteur, préfère avoir recours à la violence quand le temps presse, en endossant la défroque du fanatique passionnel étranger aux injonctions de la raison. Cette confiance en la raison, c'est là peut-être sa première et sa plus forte raison d'espérer mais, parce que le libre jeu de la raison est régulièrement ajourné par les amateurs de chimères démocratiques, il consent à assumer le pessimisme de ceux qui sont condamnés à l'incompréhension. Il sait qu'on ne lui donnera raison que lorsque les choses iront si mal que toute tentative fasciste de salut aura été sans retour enterrée. Parce qu'on ne lui donne raison que trop tard, le fasciste, rationnel, se passe de l'aval des gens « raisonnables ».

§ 11. En hommage à Bardèche (Suite). Mauvaise foi des réactionnaires.

« Ce sont les Allemands qui sont les accusés, mais c'est tout le monde et finalement c'est nous-mêmes qui sommes assujettis : car tout ce que nous ferons contre la jurisprudence de Nuremberg est désormais un crime et pourra nous être imputé à crime » (id. p. 33). Qui pourrait le nier aujourd'hui ? Maurice Bardèche est ici véritablement prophète, effroyablement prophète, pour notre plus grand malheur historique et pour notre réconfort intellectuel : les faits lui donnent raison, et nous donnent raison à nous qui, sur ce point, osons nous dire ses héritiers. Tout ce qui s'oppose au mondialisme est assimilé au fascisme allemand, lequel est devenu l'incarnation du Mal, ce qui revient à dire que tout ce qui s'oppose au mondialisme, qui est une tyrannie judéo-maçonnique communisante, est assimilé au Mal et appelle d'être traité comme tel. Point n'est besoin de gloser indéfiniment sur ce point. Si l'on ajoute que le national-socialisme est médiatiquement devenu, au point de se réduire à cela, l'auteur de la Shoah, et que cette dernière induit une nouvelle religion formellement christique — le messie collectif constitué par le peuple juif meurt au Golgotha d'Auschwitz et ressuscite à Jérusalem, capitale millénariste de l'Etat mondial —, on comprend que la condamnation du national-socialisme et du fascisme en général ait pour signification la condamnation de tout ce qui s'oppose au collapsus universel de la fin de l'Histoire promu par le mondialisme actuel. C'est pourquoi toute tentative de lutter contre la subversion mondialiste au nom d'une doctrine qui répudierait le fascisme dans son essence est vouée à l'échec et se destine à périr non seulement dans la défaite politique et morale, mais encore dans le ridicule et le déshonneur. Ce qui est visé dans le fascisme par les ennemis de ce dernier, ce sont ces valeurs éternelles que prétendent confisquer les conservateurs, et dont le fascisme se veut le propugnateur contre l'avis des conservateurs obstinés à identifier dans le fascisme une subtile modalité de la subversion. Les conservateurs croient mièvrement, niaisement que si les idées vraies étaient desserties de l'armature fasciste en laquelle les propagandistes de gauche prétendraient les enfermer pour déconsidérer de telles idées, ces dernières auraient droit de cité et seraient acceptées. Ils croient à la bonne foi de leurs adversaires ! C'est là faire preuve d'une grande naïveté, mais aussi d'une fielleuse mauvaise foi à l'égard du fascisme. Si les meneurs subversifs ont identifié dans le fascisme ce mal absolu auquel ils entendent réduire les conservateurs et réactionnaires qui s'en indignent en poussant des cris d'orfraie, c'est parce qu'ils ont perçu en lui une modalité actualisée, efficace, réalisable et à ce titre dangereuse, des valeurs aristocratiques et spiritualistes portées par l'avant de 89. Aussi n'est-il qu'une manière de promouvoir ces dernières, qui consiste, ne serait-ce que pour le dépasser, à embrasser sans vergogne et sans « prudence » la cause du fascisme. Les antifascistes réactionnaires, mouillés d'eau bénite ou non, en experts de dévoilements de complots, voudraient nous faire accroire que la stratégie de la subversion consiste à identifier les idées vraies « antimodernes » à celles du grossier fascisme immanentiste et plébéien, afin de les salir, de les déconsidérer, de dissuader nos contemporains de leur prêter attention. Mais l'hypothèse ne résiste pas à la logique : s'il fallait s'ingénier à « salir » ces idées pour les rendre haïssables, il faudrait leur reconnaître une puissance de séduction propre qui les désignerait tel le danger absolu, et c'est en tant que le fascisme aurait des affinités avec elles, comme mal secondaire et dérivé, qu'il serait condamné par leur ennemis. Or il n'en est rien. Les grenouilles de bénitier condamnant le « nazisme antichrétien » ne font peur à personne, elles renforcent la subversion et désamorcent la vraie réaction, qui est révolutionnaire. Le fascisme, surtout en sa version allemande, et non l'ensemble des idées qui définissent la position monarchiste, est tenu par la subversion moderniste pour le mal absolu le plus dangereux et le plus haïssable, et il est tenu pour la radicalisation de ce mal secondaire qu'est l'esprit monarchiste. Ce en quoi, d'une certaine façon, et contre les analyses soupçonneuses des réactionnaires, les modernistes confessent malgré eux la vérité : ils pressentent le danger du fascisme — qu'il convient de salir par des milliards d'injures et de mensonges depuis presque un siècle : c'est bien lui qui est sali, non la tradition légitimiste ou même maurrassienne — dans le fait de son aptitude à réinventer pour un monde moderne étranger aux attributs historiques de la monarchie les valeurs aristocratiques et spiritualistes des sociétés traditionnelles expressives du génie européen.

§ 12. En hommage à Bardèche (suite). La condamnation du fascisme vise tout refus de la décadence.

« Et si le national-socialisme avait été, en réalité, la vérité et le progrès, ou du moins, une forme de la vérité et du progrès ? Si le monde futur ne pouvait se construire que par un choix entre le communisme et le nationalisme autoritaire, si la conception démocratique n'était pas viable, si elle était condamnée par l'Histoire » (id. p. 43) ? Oui ; et si les fascistes avaient eu raison ? Et si le fascisme était le seul à offrir le moyen de conjurer les contradictions du capitalisme sans verser dans le communisme ? A maîtriser le développement de la technique moderne et la complexification des relations économiques qu'il induit en les subordonnant à des fins politiques et morales, sans se laisser déborder par eux ? Maurice Bardèche ne savait pas, en 1948, combien il avait raison en osant poser une telle question aussi iconoclaste, aussi provocante, aussi insolente au regard du dogme mondialiste contemporain. « On » s'est beaucoup gaussé, avec une grotesque condescendance, dans les milieux catholiques de droite réactionnaire, bien-pensante, monarchiste, cléricale et bourgeoise, de cet argument jadis développé par les collaborationnistes français : « Hitler et les fascistes ne sont peut-être pas la panacée, mais ils ont fait dans l'urgence ce qu'ils ont pu ; ce qu'ils firent fut globalement éminemment positif ; ils étaient porteurs d'une grande promesse, et entre deux maux il fallait choisir le moindre ; oui, la croisade des fascismes fut la seule entreprise sérieuse capable de nous protéger du communisme ». On vit alors, avec la Chute du Mur, les conservateurs déclarer d'un air satisfait : « Hitler et Staline même combat, le national-socialisme et le fascisme sont morts, mais le communisme est mort lui aussi, la Russie soviétique n'est plus qu'un mauvais rêve, la Chine n'a plus rien de communiste, il était bien dans l'intérêt des nations civilisées d'épouser la cause anglo-saxonne afin d'écraser l'inhumanité païenne ». Aujourd'hui, en ce début d'année 2022, il n'est pas difficile d'entrevoir que la pathologie anglo-saxonne, libérale et maçonnique, est porteuse — elle le fut depuis toujours, mais bien peu nombreux furent les observateurs de naguère qui surent l'entrevoir — d'un communisme planétaire qui sera, conformément aux prévisions de Marx, porté sur les fonts baptismaux par le mondialisme bancaire.

« Si vous subodorez quelque part l'adjectif *nationaliste*, si l'on vous invite à être les maîtres chez vous, si l'on vous parle d'unité, de discipline, de force, de grandeur, vous ne pouvez nier qu'il n'y ait là un vocabulaire peu démocratique, et par conséquent vous risquez de voir un jour votre organisation devenir criminelle » (id. p. 48-49). « Le monde est désormais démocratique à perpétuité. Il est démocratique par décision de justice. Désormais un précédent juridique pèse sur toute espèce de renaissance nationale ». Là encore, qui pourrait nier aujourd'hui que Bardèche avait raison ? Le triste exemple français du Front national, en passe de finir « en eau de boudin », l'atteste cruellement. Il est devenu strictement interdit — même si l'on n'ose encore trop ouvertement le dire et agir en conséquence — d'être catholique authentiquement catholique, c'est-à-dire non moderniste, parce que le catholicisme est dogmatique et que le libéralisme répudie par essence tout dogmatisme (même le secret de la confession est désormais remis en cause par les Républicains) ; il est strictement prohibé d'être nationaliste, opposé à l'immigration massive pratiquée dans la forme d'un Grand Remplacement. Il est devenu interdit de promouvoir les valeurs de la famille traditionnelle, de lutter contre toutes les formes de déviance, de faire mémoire du passé sans préalablement corrompre cette mémoire pour la conformer aux exigences de l'idéologie humaniste. Evidemment, ces interdictions ne s'accompagnent pas (pas encore) de mesures de coercition sanglantes ; mais elles n'en sont pas moins réelles, en pratiquant toutes les mesures d'appauvrissement et de marginalisation sociale des récalcitrants, qui les destinent à une mort lente.

L'interdiction de l'enseignement à domicile et la fermeture des écoles privées hors contrat, qui seront bientôt décrétées, permettront à l'Etat, par le biais d'une vaccination obligatoire pour pénétrer dans les écoles publiques, d'arracher leurs enfants aux parents qui n'auront d'autre solution que d'opposer leurs fusils de chasse aux gendarmes qui les abattront au nom de l'intérêt général de la République maçonnique. Et ils le feront avec l'accord au moins tacite de la grande majorité d'une population anesthésiée. Les réactionnaires de sensibilité monarchiste, germanophobes, catholiques « antitotalitaires » se lamenteront, crieront au scandale, organiseront la récitation de neuvaines et auront le sentiment d'avoir remporté une grande victoire en gagnant l'autorisation de défiler pacifiquement au nom de la liberté d'enseignement et du droit des familles ; ils grefferont le souvenir du génocide vendéen sur celui, canonique, de la Shoah ; ils traiteront de « nazis » les antinazis, et puis, de guerre lasse, dans un silence ayant valeur d'approbation tacite, ils laisseront leurs enfants rejoindre les filières scolaires et professionnelles lucratives que leur offre le système afin, diront-ils, de ne pas laisser tomber en désuétude le patrimoine « spirituel » dont ils sont les graves dépositaires dynastiques, lequel, comme chacun sait, requiert des moyens pécuniaires consistants pour être pieusement entretenu.

§ 13. Hommage à Bardèche (troisième raison).

« Le super-Etat n'existe pas, mais les vetos du super-Etat existent ; ils sont dans le verdict de Nuremberg » (id. p. 53). Eh oui ! Tout était programmé avant 1945, et il fallait être frappé de cécité intentionnelle pour ne pas le voir. Sauf qu'aujourd'hui ce super-Etat existe bel et bien ; c'est l'Etat profond états-unien qui pousse ses tentacules dans tous les Etats du monde et qui met de moins en moins de gants pour s'annoncer officiellement dans sa hideur, parce qu'il sait que les temps sont mûrs pour cela.

« La condamnation du parti national-socialiste va beaucoup plus loin qu'elle n'en a l'air. Elle atteint, en réalité, toutes les formes solides, toutes les formes géologiques de la vie politique. Toute nation, tout parti qui se souviennent du sol, de la tradition, du métier, de la race sont suspects. Quiconque se réclame du droit de premier occupant et atteste des choses aussi évidentes que la propriété de la cité offense une morale universelle qui nie le droit des peuples à rédiger leurs lois. Ce n'est pas les Allemands seulement, c'est nous tous qui sommes dépossédés. Nul n'a plus le droit de s'asseoir dans son champ et de dire : 'Cette terre est à moi'. Nul n'a plus le droit de se lever dans la cité et de dire : 'Nous sommes les Anciens, nous avons bâti les maisons de cette ville, que celui qui ne veut pas obéir aux lois sorte de chez moi'. Il est écrit maintenant qu'un concile d'êtres impalpables a le pouvoir de connaître ce qui se passe dans nos maisons et dans nos villes. Crimes contre l'humanité : cette loi est bonne, celle-ci n'est pas bonne. La civilisation a un droit de veto.

Nous vivions jusqu'ici dans un univers solide dont les générations avaient déposé l'une après l'autre les stratifications. Tout était clair : le père était le père, la loi était la loi, l'étranger était l'étranger. On avait le droit de dire que la loi était dure, mais elle était la loi. Aujourd'hui ces bases certaines de la vie politique sont frappées d'anathème. Car ces vérités constituent le programme d'un parti raciste condamné au tribunal de l'humanité » (pp. 55-56).

Qui niera que de telles vaticinations ont été parfaitement vérifiées ? Nous savons bien ce que diront les conservateurs : « Nous n'avons nullement besoin du fascisme, encore moins du national-socialisme, pour faire valoir notre souci de nos racines, pour promouvoir l'ordre des choses ». Par là, les bien-pensants traditionalistes méconnaissent deux choses. D'abord, supposé même qu'une vision du monde respectueuse de l'ordre des choses mais conçue selon les modalités du passé ait été encore réalisable et souhaitable en l'état, il se trouve que, de fait, seule la dynamique des fascismes pouvait la rendre possible, en tant qu'elle était la seule à disposer des forces requises pour repousser la subversion mondialiste et l'empêcher d'accéder à la position hégémonique qui est sienne aujourd'hui. C'est pourquoi se soustraire dédaigneusement aux fascismes en brandissant l'instance révolutionnaire — antibourgeoise — qui les animait, pour dénoncer en eux un avatar de cet esprit révolutionnaire consommé dans le mondialisme, cela revient à cautionner les assauts du mondialisme, à s'en faire l'allié objectif. Et c'est bien ce qui s'est produit. De plus, il conviendrait de se demander si l'éclipse de cette société soutenue par des valeurs traditionnelles, mais répugnant à certaines audaces destinées à écarter de sa structure certaines formes accidentelles peut-être périmées, ne fut pas causée par cette répugnance affective même, celle-là même dont nos conservateurs se gargarisent pour conspuer les fascismes. En d'autres termes, il conviendrait de se demander si ce ne sont pas les fascismes, dans ce qu'ils avaient de révolutionnaire, qui étaient le mieux à même de garantir la pérennité de ce qu'il y a d'intemporellement bon dans la tradition spirituelle et politique de nos peuples.

Ainsi donc, la troisième raison pour laquelle le fascisme conserve son intérêt éminent pour notre temps est que le refus du fascisme, par les conservateurs, quand tout était encore possible, fut, sinon la cause principale, à tout le moins une cause déterminante de la situation catastrophique qui est la nôtre. Cela explique, sans certes toujours l'excuser, une certaine propension fasciste à l'insolence à l'égard des bien-pensants qui, l'air sévère et compassé, la bouche en cul de poule et sur un ton caporaliste à souhait, rejettent catégoriquement l'expérience fasciste en récitant les encycliques et messages antifascistes — démo-chrétiens — de Pie XI et de Pie XII. Qu'il faille revenir sur l'expérience fasciste diversifiée en ses composantes nationales parfois conflictuelles, sur les fondements théoriques qu'elle se donna pour se concevoir et se communiquer, c'est selon nous peu douteux, et tel est l'objet du présent ouvrage que de contribuer à ce travail critique. Mais il est vain, il est suicidaire, compte tenu de ce qui précède, de la rejeter sans appel. On ne dépasse que ce que l'on consent à assumer.

CHAPITRE II

Les maladies structurelles de la monarchie.

§ 14. Le mondialisme n'est pas absolument invincible.

Des auteurs bien documentés comme, par exemple, Pierre Hillard ou Alain Soral aujourd'hui et en France, apportent des informations éclairantes sur la nature profonde et les manœuvres du mondialisme, en montrant que rien n'est joué absolument, en ce sens que les maîtres actuels du monde, nonobstant leur souci de nous le faire accroire, ne maîtrisent pas tout, en dépit de leur ostensible puissance à vue d'homme invincible ; il en est ainsi parce qu'ils sont divisés.

« On » va créer les conditions du chaos dans les pays occidentaux (guerres civiles et ethniques, pénuries de nourriture, de produits techniques et de matières premières) pour affaiblir les peuples, les désorienter, les diviser, et abattre les restes subsistants des Etats de droit, afin de montrer le caractère inéluctable de l'Etat mondial fédérant l'ONU, le FMI, l'OMC, l'UNESCO etc., opérateur de la Fin de l'Histoire et de l'instauration de l'âge d'or, en faisant admettre aux populations apeurées et affamées le principe de la servitude décliné selon maintes dispositions coercitives : puces électroniques, procédés de reconnaissance faciale, contrôle de tous les gestes de chacun, eugénisme, euthanasie, avortements, métissage systématique, transhumanisme etc., mais aussi, dit-on, assassinat des neuf dixièmes de la population mondiale afin de régler de manière expéditive le problème de la surpopulation ; d'aucuns suggèrent même qu'il s'agirait là d'une sorte d'holocauste à la gloire de Satan, maître des révoltés, ou de l'application d'un principe gnostique de rédemption par le mal inspiré des délires du carpocratisme recyclés par le courant cabaliste de Sabbataï Tsevi et de Jacob Frank : le monde serait mauvais, bancal, perclus d'iniquités originaires parce qu'il serait l'œuvre d'un mauvais démiurge, et ainsi le salut passerait par la transgression de toutes les lois naturelles de ce monde ; ce qui revient à ériger la perversité en principe de salut ; « perversité » dit « renversement », inversion ; il s'agirait de mettre à l'endroit, selon les vœux de l'homme libéré de la férule du Dieu créateur, mauvais, ce qui fut conçu à l'envers. Mais les maîtres obscurs du mondialisme ne sont pas unifiés, ils ne le sont que négativement, ils restent divisés contre eux-mêmes, et les peuples malmenés conservent encore quelques ressources de révolte qui se manifesteront quand ils auront faim mais, hélas, pas avant. Ils pourront profiter des dissensions entre mondialistes et faire valoir leurs aspirations en direction d'un retour à l'ordre des choses.

Or ce sont ces aspirations qu'il convient dès aujourd'hui d'éclairer. Les plus superficiels œuvreront en direction d'un retour aux Trente glorieuses gaulliennes, ou chanteront les charmes du « cinquantisme » expressif de ce pharisaïsme consistant à se livrer à l'hédonisme déchaîné en préservant ce qui, au moins en apparence, restait de la morale sociale traditionnelle ayant encore un peu cours avant-guerre ; les plus sentimentalement déterminés dans le refus de l'anticatholicisme prométhéen aspireront à un retour aux temps monarchiques, sans s'apercevoir — comme il le sera établi ici — que ce serait là, contre toute attente, réenclencher le processus qui mena à 89. Un rappel de ce que fut le fascisme, et surtout de ce qu'il aspira à être, peut et doit permettre de ne pas retomber dans un passéisme surnaturaliste adornant fallacieusement les vertus de ce qui fut un certain « ordre chrétien ».

§ 15. Le fascisme en question.

« (...) il y a des aspects de ce que fut le fascisme dont le fascisme actuel refuse d'être solidaire (...) ». Que les fascistes « acceptent avec fierté leur héritage, mais qu'ils sachent qu'ils n'en feront une demeure que s'ils arrachent les ronces et les troncs morts qui l'ont encombré » (Maurice Bardèche, *Qu'est-ce que le fascisme ?*, Les Sept Couleurs, 1970 p. 14-15). La crise que nous vivons aujourd'hui — crise sanitaire mondiale artificiellement produite à des fins de révolution mondialiste — voit se concrétiser le cœur de ce qui forme les espérances de l'esprit démocratique, individualiste, libéralo-communiste. On s'étonne toujours, parce que le pécheur que nous sommes tous est de mauvaise foi, de faire l'épreuve de ce que le mal, quelque séduisant qu'il soit, finit toujours par « faire mal ». Qu'on n'aille pas croire qu'il y aurait quelque chose de vraiment nouveau dans la forme actuelle que prend la subversion d'inspiration satanique. Il suffit de se donner les principes de 89 pour aboutir tôt ou tard à ce qui nous menace aujourd'hui, avec ou sans Juifs, satanistes, francs-maçons ou autres conspirateurs secrets. C'est pourquoi il est particulièrement stupide de convoquer de tels principes — dont celui de la liberté individuelle souveraine —, avec ceux des Lumières dont ils sont comme le résumé, pour conjurer le péril judéo-maçonnique du mondialisme contemporain. Il n'est pas moins stupide d'en appeler au mythe de la « Résistance » pour mobiliser les énergies contre le despotisme bancaire, d'en appeler aux vertus du libéralisme pour lutter contre le communisme, ou à celles de la liberté démocratique pour éloigner le spectre du totalitarisme scientiste et sanitaire. Les scansions du processus programmé d'instauration de la tyrannie mondialiste se succèdent aujourd'hui en se précipitant, et rien ne se dessine qui puisse faire espérer son retardement ; mais ce qui est intrinsèquement mauvais est contre nature et divisé contre lui-même, porte en soi le germe de sa défaite qui surviendra aussi brutalement qu'avait pu, au terme d'une longue incubation, se manifester son instauration. Si l'avènement historique de ce démocratisme, en 1789, fut rendu possible par les dysfonctionnements et inachèvements structurels de la monarchie d'Ancien Régime ; si par ailleurs le fascisme ne parvint pas lui non plus à enrayer ce processus de décadence contre lequel il avait entendu s'insurger, alors tant le souci de vérité spéculative que celui d'efficacité politique nous enjoignent aujourd'hui d'adopter une position critique à l'égard du fascisme lui-même. Dans le sillage de Maurice Bardèche, mais dans une perspective moins événementielle, moins historique et plus philosophique, nous tenterons de dégager, de l'expérience fasciste, ce qui nous paraît intemporellement valable et tout particulièrement apte à être appliqué au « jour d'après » la crise qui commence, porteuse d'horreurs dont — les choses étant trop avancées, les esprits étant déjà trop gâtés — nous ne ferons probablement pas l'économie. Le degré raisonnablement le plus élevé de nos espérances est que le mondialisme périsse non tant grâce à la puissance d'insurrection de ses victimes que du fait de ses dissensions internes qui iront s'exacerbant à mesure que ses séides s'approcheront de leur victoire, ou bien, supposé qu'ils sachent demeurer unis jusqu'à leur victoire, à mesure qu'ils la consommeront plus complètement ; c'est à ce moment, dans l'interstice de leurs querelles internes, quand les loups s'affaibliront en commençant à s'entre-dévorer, qu'il appartiendra à ce qui reste de vigueur en nous de passer à l'action directe. Mais évidemment cela se prépare, et c'est à cette fin qu'une réflexion sur le fascisme est urgente. Quand bien même le mal de notre temps, à saveur eschatologique, ne pourrait être endigué que par une intervention providentielle, nous sommes en demeure de nous préparer à agir : c'est dans l'attitude de combattants que Dieu voudra nous trouver.

§ 16. Pesanteurs de la nostalgie.

Aujourd'hui, en ce début de troisième décennie du vingt-et-unième siècle, tout est joué, le mal est vainqueur, la décadence est irréversible. On peut être assuré que nous boirons le vin jusqu'à la lie. Nous n'échapperons pas à une consommation exhaustive des effets corrupteurs des poisons que l'Occident, en se les inoculant, a communiqués au monde entier. Nos contemporains entrevoient que c'est sur le terreau gangrené des catastrophes à venir, imminentes, que s'édifiera peut-être, à nouveau, une société véritablement humaine. Nos sociétés occidentales sont, à vue d'homme, trop gangrenées pour qu'il soit encore possible de les sauver. Le mal est trop universel et trop profond pour qu'on puisse envisager de l'extirper du monde actuel afin de faire reprendre à ce dernier le chemin du vrai progrès ; ce n'est plus une guérison qu'il convient d'espérer, c'est une renaissance, une résurrection, une victoire sur la mort programmée et assumée. Il n'est pas abusif de tenir nos contemporains et compatriotes — nous parlons de la nation européenne — pour incapables, à strictement parler, de définir l'idéal vers lequel il faut tendre pour recouvrer la santé intellectuelle, morale et physique, parce que leur état de déchéance spirituelle les empêche d'en prendre une conscience exacte et impartiale, dès lors que le sujet qui juge est l'objet jugé. Quand l'objet est malade non seulement dans son corps mais encore dans son âme, le diagnostic du sujet identique à l'objet est nécessairement erroné, l'instrument de mesure est aussi déficient que la chose à mesurer. Cependant, tout mal a raison de privation du bien, tout mal vit du bien qu'il conteste ; il reste de l'espoir aussi longtemps qu'il existe du mal, puisque le mal n'existe que par le bien ; si la victoire du mal était définitive, le mal serait lui-même à jamais renvoyé dans le néant. L'appétit du bien et le pouvoir de le recouvrer subsistent. Notre contemporain, quelque gâté qu'il soit par ses vices, ainsi par sa complaisance pour les aspects polymorphes de la subversion qu'il subit et qu'il entretient, est donc nécessairement, en droit sinon en fait, capable d'entrevoir ce qu'il faudrait faire et penser pour se remettre à vivre sur un mode humain, et il en est capable selon un degré de lucidité proportionné à celui dont il peut faire preuve pour évaluer celui de la corruption de son héritage spirituel et charnel.

Les meilleurs d'entre nous, ceux qui ont conservé à la fois d'une part la vitalité requise par l'exercice douloureux des grandes remises en cause, d'autre part le courage nécessaire à la conservation d'une longue mémoire, sont à même de nous rappeler ce que furent nos ancêtres, de nous montrer en quoi ces derniers nous étaient considérablement supérieurs. Ce qui nous invite à aspirer à un retour en arrière sur les plans au moins moral, intellectuel, politique et religieux. Tous ces éléments constitutifs de la civilisation ont été celés puis exténués par une hypertrophie de l'esprit scientifique et technique à ce point développé qu'il en est venu, sous la pression des honteuses passions qui l'inspirent, à se substituer à toute autre forme de savoir.

Il n'est pas nécessaire d'être un érudit pour pressentir que les « Suites pour orchestre » de Bach ont plus de valeur que le rap ; que la cathédrale de Paris mérite plus d'admiration que l'Arche de la Défense ; que nos paysans avaient plus de savoir, d'intuition, d'intelligence et de savoir-faire, mais aussi de ce bon sens en lequel se préfigure la sagesse humaine, que les techniciens spécialisés contemporains, les « sages » autoproclamés du Conseil constitutionnel, ou les « philosophes » consacrés par les médiats.

Nous sommes des animaux politiques et sociaux, faits pour influencer notre prochain et pour être influencés par lui ; il existe une causalité réciproque entre individu et société, et la pression sociale est considérable, au reste principalement dans et par ce jugement que porte la société sur chacun qui quête un tel verdict afin d'être reconnu par elle, et d'être reconnu par elle en étant mû par le désir se voir confirmé dans sa condition d'homme. Il n'est pas facile d'échapper à ce que l'on nomme le conformisme social, tout simplement parce qu'il est tellement dans la vocation naturelle de l'homme de se conformer aux normes de la société que l'individu se plie à cette exigence quand bien même la société est devenue inhumaine. Dans les ghettos réactionnaires où les familles tentent, tant bien que mal, de préserver leurs enfants de la gangrène extérieure sévissant dans la société permissive, on a tendance à condamner sans appel les enfants qui trahissent l'idéal familial, rejoignent le troupeau des optimistes, la plèbe des aliénés heureux complètement absorbés par l'hédonisme, et c'est à la faiblesse de caractère que l'on impute de telles désertions. On ne saurait nier ce qu'il peut y avoir d'exact dans ces jugements austères éminemment réprobateurs. Rien n'est à ce point conditionnant, en fait de pression sociale, qui puisse être tenu pour un déterminisme contre lequel la liberté serait impuissante. Nos enfants sont condamnés à l'héroïsme, car il est héroïque de vivre de manière seulement normale dans une société complètement désaxée ; mais l'héroïsme n'est pas impossible. Il reste que ces condamnations morales sont portées par des gens qui ne mesurent peut-être pas convenablement l'appétibilité de la vie sociale, non seulement dans ce qu'elle a de tentateur et de peccamineux, mais dans le fait que le spectacle de la vie communautaire est en lui-même un objet de désir pour tout homme ; le besoin de vie communautaire est si connaturel à l'homme, lui est si essentiel, que ce dernier, surtout le jeune homme, cède à cet appel qui a la société pour objet mais qui d'abord *vient de lui*, naît en lui avant d'être exercé du dehors et vers lui, procède de son intériorité la plus intime mais qui coïncide avec la recherche d'un bien dont le bien commun social représente l'actualisation. C'est que ces familles ont tendance, par surnaturalisme, à réduire la société à l'instrument de la vie familiale. Peut-être faut-il chercher en cette erreur la raison de leur négligence à cultiver l'aspiration sociale immanente à leur progéniture qui, sachant une telle aspiration reconnue dans sa légitimité par ses maîtres, mais par accident incapable d'être satisfaire par suite de la corruption des mœurs et des esprits, saurait mieux maîtriser les appels du dehors. Sans cette invitation à ne pas se replier sur la vie familiale, ou à ne le faire que par accident, en cultivant, au sein de la famille, un esprit de reconquête de la société, le jeune homme risque d'être victime d'une illusion d'optique lui faisant confondre l'appel du service du bien commun politique, par quoi il tend légitimement à s'éloigner de sa famille, et le chant impudique des sirènes de la société de consommation, sous le charme duquel il se soustrait au bouclier protecteur de la cellule familiale. Quoi qu'il en soit, il est bien difficile, pour notre contemporain, de conserver cette élévation spirituelle reçue de sa famille et que la société corruptrice s'ingénie à bannir.

Il n'est pas douteux, de plus, qu'il faille être fort riche aujourd'hui pour s'abstraire de la pesanteur des conditionnements sociaux et des dépendances professionnelles et administratives innombrables caractéristiques de la société moderne. Quelque incapable qu'il soit — par veulerie, fainéantise, hédonisme, pusillanimité, ou tout simplement par manque de moyens pécuniaires — de résister aux séductions du conformisme social qui nous contamine tous à des degrés divers, l'homme d'aujourd'hui aimerait aspirer, à défaut de le faire effectivement, à un retour en arrière, afin de vivre en un temps où la fin de l'histoire en forme de collapsus mortifère, que nous expérimentons aujourd'hui dans les prodromes de l'Etat mondial, n'était pas programmée par la folie des hommes. Au vrai, le spectacle scandaleux d'une société morbide et mortifère devrait induire, dans ceux qui lui appartiennent, du fait même de leur nature sociale et politique, une énergie tournée vers l'avenir et visant à refaire cette société, à la reconstruire à partir des éléments que l'actuelle société décadente n'a pas encore complètement anesthésiés. Quand une partie, intrinsèquement dépendante d'un tout qui se trouve par accident malade, se soustrait au tout pour fuir sa maladie, elle ne peut, à peine de périr, s'insurger contre lui qu'en aspirant, de manière concomitante, à le faire revivre à partir d'elle-même, ainsi à partir d'elle qui en retour est passionnément désireuse de s'inscrire en lui et de le servir. Devant l'énormité de la tâche, tout homme moyen renonce presque immédiatement à cette timide velléité de pulsion héroïque. Et même s'il est homme d'exception, l'insurgé contre la décadence ne peut pas grand-chose contre la pesanteur du corps social ; au mieux peut-il faire quelques émules avant d'être abattu, étouffé par la masse, lesquels disciples auront le même piètre destin que lui. Et parce que tout le monde, parmi les plus lucides — lesquels, quoique minoritaires, suffiraient largement à réussir une insurrection salvatrice s'ils osaient se fédérer — tient le même raisonnement, personne ne fait rien. C'est pourquoi les décadences ont une force invincible, bien qu'elles consistent dans un collapsus des forces vives de la nation. D'où, comme substitut à l'action dirigée par définition vers le futur, une propension à entretenir une nostalgie masochiste — par là délectable — du passé.

C'est que l'homme moyen de notre temps, l'homme sans génie mais conservant son libre arbitre et son pouvoir de retrait par rapport aux excitations et mesures extérieures d'intimidation psychologique, l'homme non complètement réduit à la condition de zombie ou d'esclave plébiscitant ses chaînes sous l'effet d'un esprit suicidaire somme toute assez peu commun, n'est pas sans nourrir une sourde hostilité, quoique rarement consciente, contre les manœuvres destructrices de son identité collective, par là individuelle (l'identité individuelle n'est que l'intériorisation de l'identité collective), opérées par de petites minorités aussi inavouées que palpables. Il subit l'immigration en sachant qu'elle n'est pas une fatalité et qu'elle prend la forme d'une entreprise d'invasion, de conquête de son sol, de destruction de sa mémoire historique, de son patrimoine génétique, de sa culture, de sa religion, de la souveraineté économique, spirituelle et politique de son pays. Il vit le matraquage des stances déprécatoires du souvenir de la Shoah sur le mode d'une nouvelle religion destinée à se substituer au christianisme dont notre homme moyen sait au fond de lui-même qu'il est, en sa version intègre, le catholicisme. En deux mots comme en cent, il nourrit sans se l'avouer une nostalgie du temps où sa patrie était grande, à savoir le temps du trône et de l'autel.

§ 17. Souvenir du temps où la liberté était amie de l'ordre.

On n'est jamais libre de quelque chose que si l'on est d'abord libre pour quelque chose. On n'agit pas pour se reposer, on se repose pour reprendre des forces afin d'agir et de faire. On ne travaille pas pour se distraire, on se distrait pour chasser la fatigue et s'habiliter à reprendre sa tâche. Nos sociétés se structurent autour de la seule idée qui les mobilise aujourd'hui, à savoir se livrer massivement à la recherche indéfinie d'une amélioration des moyens de vivre. Et c'est là faire des moyens de vivre la fin de la vie ; autant dire qu'une telle vie est absurde, en tant que dépourvue de véritable finalité puisque le moyen de vivre a contracté raison de fin de la vie. On dira qu'il existe une fin avouée et tangible : la recherche du plaisir sous toutes ses formes, laquelle prône la liberté absolue en tous domaines parce qu'elle perçoit toute limitation de la liberté comme un danger menaçant l'hédonisme. Mais le plaisir ne saurait avoir raison de fin. La fin de l'appétit est le bien, l'objet de la faim est le pain, on mange du pain et non du plaisir de manger de pain ; on voit des couleurs, non du plaisir de percevoir des couleurs. Le plaisir atteste, quand la faculté n'est pas dévoyée, que la faculté désirante est en possession de sa fin naturelle ; il n'est pas cette fin même. C'est si vrai que le plaisir ne nous nourrit pas, il nous affame aussitôt qu'il est pris pour fin : la recherche du plaisir est inflationniste, elle creuse le désir au lieu de l'apaiser, elle avive la souffrance du manque au lieu de le combler. Notre contemporain entrevoit tout cela, il le vit à défaut de le conceptualiser, il éprouve dans ses nerfs, ses organes, ses sentiments, les contradictions des idées fausses (qui sont de fausses idées, mais de vraies images destinées à détourner l'attention de la réalité) dont on lui fait habiter son esprit. Il devine que la liberté réelle est au service de l'ordre, parce que l'ordre est disposition des choses en vue d'une fin. Agir librement, c'est agir selon les décrets de la volonté qui est seule à se révéler maîtresse de la position de ses actes. Mais la volonté est cette tendance qui fait se diriger l'homme vers un bien en tant qu'il est conçu et non pas seulement éprouvé sensiblement ; je veux ce que je désire, en ce que, le désirant d'abord, je juge qu'il est bon pour moi hic et nunc, et je tends vers lui par un appétit spécifique qui n'est autre que la volonté, laquelle peut ratifier le désir comme refuser sa sollicitation ; or il n'est pas de jugement sans l'office de la raison ; donc il n'est pas de liberté sans le magistère de l'intelligence. Et si agir raisonnablement consiste, au rebours des actions arbitraires et anarchiques, instinctives et apparentées aux réflexes physiologiques, à opérer selon une fin, alors il est bien attesté qu'il n'est pas de liberté sans ordre, non seulement selon l'ordre instrumental d'une consécution logique d'opérations, mais encore exercée au service d'un ordre voulu pour lui-même. Depuis que les hommes ont fait de la liberté une fin en soi au point d'organiser la société tout entière autour de cette faculté d'autodétermination érigée, par la déclaration des droits de l'homme, en valeur morale, et en valeur suprême, l'exercice de la liberté a pris la seule forme concrète qu'il pouvait prendre, à savoir celle du consumérisme. En effet, la liberté, pouvoir de choisir, s'est intronisée valeur et ainsi fin en soi parce que, à travers l'autodétermination, est convoitée l'indépendance : j'entends n'être déterminé que par moi parce que je répugne à dépendre d'un autre que moi ; tout doit dépendre de moi parce que j'entends ne dépendre de personne. Mais ce qui ne dépend de rien ni de personne a raison d'absolu, qui par définition désigne le délié, l'indépendant ; faire de la liberté un absolu, c'est signifier que l'homme individuel est Dieu. Mais Dieu n'est pour personne et tout est pour Dieu. Donc « l'homme » des « droits de l'homme » n'est jamais libre de quelque chose que pour se dispenser d'être jamais libre pour quelque chose. Ne pouvant aspirer à d'autres biens que ceux qu'il rapporte à lui-même, il n'est plus en mesure d'aimer autre chose que des biens matériels : il se veut l'absolu qui ne dépend de rien, mais il doit bien faire l'aveu de ce qu'il est incapable de se nourrir de lui-même ; se refusant à se reconnaître un sens — intelligibilité et direction — qui ferait de lui l'instrument d'une fin extrinsèque le justifiant par là en le sauvant de l'absurde, il faut bien qu'il satisfasse ses besoins sans pour autant s'ordonner à quoi que ce soit d'autre que lui-même ; or tel est le plaisir sensible, qui n'arrache pas l'homme à lui-même, le laisse dans l'illusion de reposer en lui-même et pour lui-même, tout en oblitérant, parce qu'il demeure immanent au sujet désirant, la conscience sourde de son impuissance à s'absolutiser par ses propres forces. L'homme moderne n'aspire, sous les oripeaux du souci de dignité de la personne humaine, qu'aux jouissances triviales aisément repérables et devenues envahissantes. Et c'est bien ce qui s'est passé. Nos démocraties supposées promouvoir la dignité de la personne humaine sont des cloaques de jouissances basses, des réunions conflictuelles d'égoïsmes, des pandémoniums du sexe, de la drogue, des satisfactions de vanité. Cela dit, si toute liberté vraie consiste à servir un ordre, par là à être une liberté mesurée et limitée par lui, alors toute liberté débridée devient facteur de désordre, de conflits insensés, de palpitations vitales absurdes, toute liberté sans finalité parce que devenue sa propre fin devient son propre fossoyeur, principe libertaire de servitude pathologiquement consentie. Et c'est bien, encore, ce qui s'est passé. Le libéralisme déchaîné a momentanément pris la forme de l'esprit libertaire pour faire sauter les derniers remparts de la morale traditionnelle, et il s'est érigé en rival de l'autorité des Etats, naturellement génératrice d'ordre, au point de se substituer à elle ; ce que l'idée d'Etat mondial réalise : les puissances d'argent s'intronisent principe de destruction des puissances étatiques nationales historiquement constituées, en vue d'y substituer leur hégémonie au service d'un tout petit nombre de despotes autoproclamés libérateurs du genre humain, faisant du passé table rase et prétendant à faire entrer l'humanité dans l'âge d'or de sa déification. Tout cela, l'homme moyen le comprend toujours plus clairement. D'où sa velléité de tourner son regard vers un passé non prométhéen, humain, respectueux de l'ordre naturel antérieur aux délires constructivistes.

§ 18. Force des méchants, faiblesse des bons.

Sans doute est-il légitime de faire retour, au moins en pensée, au passé, afin de prendre la mesure de cette chute effroyable que révèle le présent et à laquelle ce dernier, honteusement, se réduit. Mais régresser vers un temps révolu complaisamment adorné par la conscience des déceptions et de la morosité du présent, c'est là, intentionnellement, méconnaître cette vérité selon laquelle le présent est le fruit du passé, ce qui en consomme les virtualités. Si le présent est gangrené, le passé l'était déjà. Les agents de la subversion, traditionnellement identifiés comme Juifs et Francs-maçons, se comportent tels des saprophytes : ils vivent d'un organisme sain sans le rendre malade, et ne se mettent à le dévorer que lorsqu'il est entré en putréfaction ; ce qui revient à dire qu'ils ne sont pas la cause de sa déchéance, au pis ne sont-ils que les profiteurs et les amplificateurs de maladies et de langueurs dont le corps sain s'est lui-même rendu responsable, par ignorance consentie ou par fainéantise. Les microbes ne deviennent dangereux que quand l'organisme ne sait plus lutter, et ne le sait plus parce qu'il ne le veut plus ; il est dans l'ordre qu'il y ait des microbes, parce que la vie consiste en son fond à vaincre la mort qu'elle porte en elle comme une possibilité nécessaire, une tentation dangereuse, une invitation à la lutte. Vivre, c'est combattre, et vaincre en luttant contre l'ennemi renforce l'agressé condamné à combattre. Vivre est le propre de ce qui a en soi-même le principe de sa croissance et de sa régénération. Mais le « terminus a quo » de la croissance d'un vivant est précisément cet avant de sa genèse, à savoir le non-être de lui-même en tant que vivant, ainsi quelque chose d'étrangement semblable à ce en quoi il se résout quand il meurt. Est vivant ce qui, intériorisant le processus de son advenue à l'existence, tendant ainsi — inchoativement — à se rendre maître ou sujet d'exercice du mouvement qu'il emprunte pour parvenir à l'existence, ouvre en lui-même le non-être de lui-même et se révèle contracter la figure d'une victoire sur la mort. S'il faut vivre pour connaître la mort, en retour il est nécessaire de faire l'épreuve du risque de la mort pour vivre et pour entretenir l'acte même de vivre ; et cet acte qu'est le vivre entretient en son sein le risque de sa négation afin de se poser lui-même, et de se poser en s'opposant à ce par quoi il prend le beau risque, le « beau danger » de se faire dévorer. En ce sens Polemos est bien, en effet, père de toute chose. Le non-être est la limite de l'usure d'un être ; le vivant est ce qui intériorise cette limite et qui, ayant en soi ce au-delà ou en deçà de quoi il n'est plus, il s'en trouve comme illimité ; est vivant ce qui tend à exercer, ainsi à poser son acte d'être au lieu de le subir, mais qui par là consiste à vaincre sa tendance à périr.

Que le passé de l'avant de la décadence soit porteur de cette décadence consommée dans notre présent, c'est là une chose que tout homme moyen de notre temps malade saisit d'instinct, et qu'une enquête historique sommaire, tirée d'ouvrages pour grand public aisément accessibles et généreusement diffusés par les faiseurs professionnels de l'opinion, corrobore immanquablement. Nous en voulons pour preuve l'évocation de quelques travaux contemporains par ailleurs dépourvus d'originalité, tenant de la vulgarisation, ce qui pour notre propos nous suffit amplement, dont nul ne contestera le contenu précisément parce qu'ils ne relèvent pas de cette érudition qu'on aurait tôt fait de ranger dans la rubrique des informations « conspirationnistes » par définition tenues pour douteuses :

§ 19. Quelques travers du passé adorné.

Napoléon fit financer ses expéditions militaires par les vaincus, parce qu'il refusait le principe de l'endettement. Mais c'est en dernier ressort ce refus qui causa sa perte, les financiers de la City ayant décidé de l'abattre (*Destin français*, Eric Zemmour, Albin Michel, 2018, p. 325). Napoléon avait repris les projets du Comité de Salut public, lequel avait poursuivi ceux des Capétiens : il achevait l'Europe française dont avait rêvé Louis XIV (id. p. 325) : par la Ligue d'Augsbourg (1688-1697), l'Autriche, quelques princes allemands, la Hollande, la Grande-Bretagne, mais aussi une armée hispano-savoyarde, s'étaient associées contre la France, ce qui se solda par les victoires françaises de Steinkerque aux Pays-Bas, de Staffarde et de la Marsaille (Marsaglia) en Italie, mais par une défaite navale à La Hougue, pour prendre fin avec la paix de Ryswick. Waterloo

(1815) fut précédée par la guerre de Succession d'Espagne (1701-1713), la guerre de Sept ans (1756-1763), la guerre d'indépendance américaine (1776-1783), les guerres de la Révolution française depuis 1793. La natalité française s'effondra entre 1793 et 1799, mais non à cause des guerres (p. 326). En 1800, une délégation de Cologne souhaita être rattachée à la République française ; Gênes demanda par referendum son annexion après celle du Piémont ; en 1802 est signée la paix d'Amiens mais les Anglais la violent dès 1803 car la paix réussit à la France mieux encore que la guerre ; le Blocus continental ne fut qu'une réponse au blocus que la marine anglaise déploya pour interdire le commerce avec les colonies françaises (p. 328). Napoléon n'absorba la Hollande, l'Espagne et le Portugal que pour disposer de côtes afin de rivaliser sur mer avec la Grande-Bretagne (p. 329). Napoléon (p. 330), à Sainte-Hélène, déclara que la conférence de Tilsitt (1807) fut le moment le plus heureux de sa vie. Il croyait convaincre le tsar de l'alliance France-Russie, c'est-à-dire les deux plus grandes puissances du monde. Il voulait laisser tout l'Est à la Russie (terres européennes de l'empire ottoman) et lui confier une tutelle sur la Prusse et sur l'Autriche. Il entendait en retour garder l'Allemagne et l'Italie avec le consentement des puissances germaniques moyennes (Confédération du Rhin : Bavière, Bade, Wurtemberg, Saxe) ; en échange : la Russie se joindrait à lui pour abattre l'Angleterre. Mais c'était déjà une idée du Directoire. Le tsar Alexandre était financé par la Grande-Bretagne et complotait contre Napoléon avec le roi de Prusse et l'empereur d'Autriche ; les services britanniques avaient assassiné son père avec sa tacite approbation. En 1811, la Russie prépara sa guerre contre la France, et Napoléon fut contraint d'ajourner son attaque contre la Grande-Bretagne, d'où le bourbier de la guerre de Russie. Même Soljenitsyne reconnaîtra qu'Alexandre aurait dû s'allier avec Napoléon alors qu'il avait travaillé pour la Grande-Bretagne. Napoléon fut trop naïf, trop doux avec les monarchies vaincues alors qu'elles l'avaient agressé.

Si de telles informations sont exactes, on peut en retenir, d'abord, que ce n'est pas parce que les « méchants » — en l'occurrence les héritiers de 89 fossoyeurs des monarchies — embrassent certaines causes et stratégies qu'elles seraient toutes en soi mauvaises ; certains projets révolutionnaires étaient dans le prolongement de l'Ancien Régime ; en revanche, ce n'est pas parce que certains projets furent élaborés sous l'Ancien Régime qu'ils devraient recevoir la bénédiction de l'esprit contre-révolutionnaire. Ensuite, on voit ici que les monarchies ont préféré s'allier à la City pour abattre un produit de la Révolution (Napoléon, qui poursuivait le centralisme capétien) plutôt que d'abattre la City, ce qui signifie deux choses. D'abord que les tenants de la Tradition peuvent être les alliés objectifs de la pire subversion ; ensuite, **que les monarchies n'avaient pas perçu leur déficience intrinsèque : l'absence d'Etat national, doté d'un système fiscal le rendant indépendant des banques**. Et il fallait, au rebours des principes de l'Ancien Régime, la thématisation politique du concept de *nation*, faisant naître la conscience d'une communauté de destin, pour faire accepter le principe d'une fiscalité forte, parce que la conscience d'une communauté de destin rend solidaires les membres de cette communauté, et que la solidarité dispose aux sacrifices en vue d'un bien commun. Les monarchies étaient donc vouées, structurellement et non sous l'effet de redoutables agresseurs sortis de l'enfer, à la décadence et à la mort ; il est permis de faire une remarque analogue à propos du Blocus continental violé par Pie VII qui croyait, selon une conception ecclésiologique datée mais non du tout dogmatique, que les Etats pontificaux, pourtant fondés sur le pieux mensonge de la Donation de Constantin et des fausses Décrétales, auraient été si essentiels à la vie de la papauté que l'éclipse de leur souveraineté, même momentanée, était quelque chose de plus grave pour le bien commun de la Chrétienté que la chute de la puissance bancaire internationale porteuse de mondialisme et de destruction de tous les trônes chrétiens.

§ 20. Passé adorné (suite).

Dans son *Initiation à l'histoire de France* (Fayard Tallandier, Collection Pluriel 1984), Pierre Goubert rappelle, page 112 : hommes d'affaires et banquiers italiens (longtemps les plus habiles) avançaient au roi (pour ses guerres, ses magnificences, ses opérations de prestige) ce qu'il leur remboursait en puisant dans la richesse nationale ; page 117 : maints emprunts avaient été lancés par François Ier et par Henri II. En 1561, la monarchie était lourdement endettée : six à huit fois le revenu annuel, ce qui aida à emporter la monarchie en 1789.

Ce que cette information suggère, c'est ceci : il fallait que naquît l'Etat, au-dessus de la Couronne, l'Etat-nation, pour que le pouvoir fût maître de l'aristocratie, de sa genèse et de sa déchéance. Dans la situation contraire, le roi était obligé de s'appuyer sur sa bourgeoisie pour contenir les turbulences des Grands qui tenaient le roi non pour la personnification du tout de la Cité, mais seulement pour un pair, pour leur égal en quelque sorte, pour l'élu implicite d'une démocratie aristocratique. Mais cette même bourgeoisie finit, du fait même de l'appui du roi, par supplanter la noblesse devenue oisive et de plus en plus frondeuse cependant que chargée, théoriquement, du rôle de médiateur entre le roi et le peuple. Ce rôle théorique, propre à l'aristocratie, de médiateur entre le roi et le peuple, faisait que sa liquidation, par une bourgeoisie incapable de contracter le meilleur de l'esprit aristocratique, impliquait celle du roi lui-même. Il fallait l'instauration de l'Etat entendu telle cette Idée fondatrice d'unité incarnée dans une nation, conscience de soi d'une communauté de destin dont la monarchie n'est qu'un mode de gouvernement et non — comme elle prétendait l'être sous l'Ancien Régime — le fondement ontologique, pour obtenir des recettes fiscales régulières rendant la Chose politique indépendante du pouvoir des banques. Dans une organisation pyramidale obtenue empiriquement au gré des contingences de l'histoire, de l'entrechoquement des libertés, des confrontations d'appétits privés, le roi n'était, s'il est permis de s'exprimer ainsi, que le premier des Grands ; il n'incarnait pas cette volonté objective, cette hypostase de la volonté du tout pris comme tout ; il n'était que la partie supérieure d'une chaîne qui ne reposait pas sur lui parce qu'elle ne constituait pas, à proprement parler, un tout qu'il eût personnifié, mais une multitude d'intérêts privés formant un tout accidentel sans forme publique spécifique ; sa Maison privée en tenait lieu. Or seule cette condition de volonté publique exercée par lui en tant que placé au-dessus de la chaîne des dépendances féodales l'eût habilité à imposer un système fiscal en toute indépendance, sans avoir à composer avec des Grands toujours pressés de se soustraire aux impératifs d'un bien commun auquel l'organisation féodale de la société, tissée de serments et de contrats privés, ne renvoyait pas. Plus généralement, il fallait l'Etat pour qu'il y eût organicité, ainsi bien commun :

§ 21. La monarchie n'était pas organique.

Rappelons au préalable que le bien mérite d'être dit commun seulement s'il est le bien du tout pris comme tout **et** le meilleur bien de la partie, et il est à la fois bien du tout pris comme tout **et** meilleur bien de la partie si et seulement si la partie est particularisation de soi du tout qui ainsi se veut en elle quand elle le veut, de sorte qu'elle tend vers lui en se rapportant à lui et non en le rapportant à elle-même. De plus, un bien est unitif de soi si et seulement s'il est spirituel, et il y a convertibilité entre spiritualité, bien commun, bien aimé en se rapportant à lui, bien diffusif de soi, bien unitif de soi, et organicité. Nous avons exposé ces choses ailleurs.

Il fallait l'Etat entendu au sens moderne de forme subsistante (quoique non substantielle) de la Cité, indépendamment de celui qui l'incarne, pour qu'il y eût bien commun : le principe qui unit les parties du tout doit être le principe qui différencie le tout en ses parties, telle une âme prenant conscience d'elle-même dans une tête qui est à la fois immanente, par sa fonction, à chaque partie du tout, à la fois au-dessus de ces parties. Dans la royauté, les parties ne procédaient pas de la différenciation de soi du tout en elles, elles avaient une existence indépendante antérieure au tout : duchés, comtés, grandes familles, communes rattachées au gré des hasards de l'Histoire et des intérêts particuliers, honneurs attachés aux résidus de la fonction impériale devenus héréditaires à mesure que l'empire s'affaiblissait. Et c'est pourquoi il n'était pas immanent aux parties comme une âme ; c'était un tout qui se contentait de les rassembler ou de les faire coexister sous l'égide du roi qui en retour n'était que nominalement au-dessus des parties, mais non réellement, parce que la forme dont il se voulait la personnification n'était pas immanente aux parties. Il y avait donc structurellement un principe latent d'hostilité et de désordre dans la société monarchique qui dès le Moyen Âge s'efforçait à tendre vers une monarchie centralisatrice maîtresse de la différenciation de ses parties, ainsi au-dessus d'elles. C'est parce que cet effort n'a pas abouti qu'eut lieu la Révolution française.

Il y a solidarité logique entre aptitude du roi à dominer réellement le tout pour se rendre maître de la différenciation du tout en ses parties, et immanence de la forme du tout à chacune des parties de ce tout : si le tout n'engendre pas ses parties, si donc la forme n'est pas immanente aux parties, il les trouve toutes faites vivant de leur vie propre avec chacune ses intérêts particuliers, donc toujours susceptible de s'opposer au roi qui pourtant n'est en droit que la conscience de soi du tout et n'a de légitimité qu'à ce titre, comme opérateur du bien commun d'un tout. Encore faut-il que les parties consentent à s'intégrer dans ce tout-là et non dans un autre qu'elles pourraient concevoir autrement. Si au contraire elles sont engendrées par le tout, elles reconnaissent en lui spontanément leur lieu d'intégration naturel. En fait, le roi a bien essayé de dominer les parties, mais dans une perspective théocratique et providentialiste (ce droit divin des rois, chimère selon Maurras), et non organiciste.

§ 22. Failles structurelles de la monarchie.

La Révolution a procédé d'une révolte nobiliaire contre l'Etat centralisateur. Les Parlementaires se prenaient pour des magistrats au sens romain, c'est-à-dire des hommes politiques réglant la marche de l'Etat ; ils avaient pris une part éminente à la Fronde. Louis XIV leur ôta le droit de remontrance ; mais il voulut rapprocher ses bâtards du trône ; alors surgit l'hostilité du duc d'Orléans régent du royaume, qui obtint l'abrogation du testament de Louis XIV en promettant le rétablissement du droit de remontrance. Les Parlementaires prétendaient même représenter la nation en dehors des Etats généraux, de sorte qu'ils en vinrent à bloquer les réformes fiscales, à soutenir les jansénistes contre le roi, lui arrachant l'expulsion des jésuites en 1764. D'où la séance dite de la Flagellation, scène du 3 mars 1766 où le roi condamna les prétentions parlementaires ; La Choletais, parlementaire breton teigneux, prétendit faire chanter le roi avec des lettres d'amour. Louis XV se débarrassa de Choiseul (soutien de la noblesse libérale et de la bourgeoisie d'affaires progressiste) qui soutenait les Parlements, et choisit Maupeou, l'abbé Terray et le duc de la Vrillière. En 1770 Maupeou produisit le décret de dissolution du Parlement de Paris, d'où la confiscation des offices et l'exil des récalcitrants. En 1771, il décréta l'abolition de la vénalité et de la transmission héréditaire des charges ; le roi se débarrassa là d'un héritage féodal qui le paralysait ; Maupeou souhaitait un code civil unique, idée de Lebrun qui sera plus tard premier consul avec Bonaparte et Cambacérès après le coup d'Etat des 18 et 19 brumaire 1799.

Louis XV meurt en 1774, Louis XVI est faible et est conseillé par le comte de Maurepas ; il rappelle les Parlements qui empêchent alors le roi de faire de bonnes réformes fiscales, d'où la convocation des Etats généraux par le roi en 1789, supposés contourner les Parlements. La loi du 24 mars 1790 supprimera les Parlements brisés par la Révolution qu'ils avaient provoquée. Zemmour, dans « Destin français », Albin Michel 2018, évoque François Mitterrand en 1995 au dernier conseil des ministres : « méfiez-vous des juges ; ils ont tué la monarchie, ils tueront la République ».

La leçon de ces rappels historiques sommaires, c'est qu'il y avait des réformes à faire que l'esprit réactionnaire a bloquées, et c'est ce qui a suscité par réaction la révolution bourgeoise jacobine ; et ces réformes allaient dans le sens d'une émancipation de la Couronne par rapport aux restes de la féodalité et d'une plus grande centralisation. Pour François Bluche, (dans *L'Ancien Régime*, Poche 1993), les guerres de religion, allant de 1562 à 1598, furent, sous couvert de motivations religieuses, une réaction féodale ou nobiliaire antiétatique ; d'absolue et aristocratique, la monarchie aurait dû devenir absolue et populaire, faisant sortir l'aristocratie du peuple, la renvoyant à lui et la faisant se renouveler en lui ; au chapitre 4 de son « Histoire de France », Jacques Bainville explique que les Carolingiens décadents furent supplantés par les Robertiniens selon une logique d'insurrection des grands feudataires (ducs de France et de Bourgogne, de Flandre et de Toulouse) contre le pouvoir central ; ces derniers se comportèrent comme de grands électeurs indociles qui parlaient à la royauté carolingienne un langage républicain, affirmaient que « la loi se fait par la constitution du roi et le consentement du peuple » et ils invoquèrent le droit, la justice, la liberté contre la monarchie, quand les plus habiles aspirèrent à fonder un Etat pour assurer leur domination personnelle en apercevant la possibilité de se mettre à la place des Carolingiens. C'est pourquoi le principe de l'élection triomphe avec les Capétiens et finit par se convertir en droit héréditaire : on passe d'une monarchie à une autre monarchie par la médiation d'une démocratie aristocratique ; les Carolingiens se révélaient impuissants à repousser les envahisseurs sarrasins et normands. Le système féodal que Charlemagne avait régularisé et discipliné s'affranchit et produisit un pullulement de souverainetés ; les hauts fonctionnaires de l'empire impérial carolingien se rendirent indépendants. « C'est comme si, de nos jours, des commandants de corps d'armée, des préfets, des sous-préfets devenaient héréditaires. Ailleurs, ce furent des évêques, des abbés qui recueillirent la succession de l'Etat tombé dans l'impuissance. Telle fut l'origine des seigneuries ecclésiastiques ». Soit : la monarchie française s'est émancipée de la féodalité en se faisant absolue, après avoir lancé la féodalité au détriment de l'Etat impérial. De même, l'aristocratie frondeuse s'est insurgée contre l'Etat absolutiste en aspirant à se substituer au roi, mais elle a été balayée par la bourgeoisie qui avait acheté le peuple par le système des assignats. C'est en se faisant organique — osons le mot : fasciste — que la monarchie aurait pu devenir absolue **et** populaire, en liquidant l'aristocratie héréditaire (non l'aristocratie en tant que telle, mais le caractère héréditaire de l'aristocratie), laquelle était un moment intermédiaire dans le processus de genèse de l'Etat.

§ 23. Failles de la monarchie (suite).

Tocqueville, dans *L'Ancien Régime et la Révolution* (1856, livre II c. X) explique que tous les vices de l'Ancien Régime venaient de ce que les rois, qui voulaient s'affranchir des assemblées et des Etats généraux limitant leurs capacités financières et militaires, avaient décidé d'établir un impôt général sans le concours de la nation, cependant que la noblesse avait accepté de faire taxer le tiers-état pourvu qu'on ne touchât pas à ses revenus. La nasse de la dette des rois aux financiers se referma en 1789. Louis XI, Richelieu, Colbert, Louis XIV, favorisant la dérogeance, poussent les nobles vers les activités industrielles et commerciales, en vain. Pour favoriser le talent sur la naissance, Louvois avait mis en place en 1675 l'ordre du Tableau. Il fut détesté par Saint-Simon et par Fénelon dans l'entourage du duc de Bourgogne (petit-fils de Louis XIV, il meurt en 1716 avant d'avoir régné). Cette haine de Saint-Simon à l'égard de la « vile bourgeoisie » préfigure la réaction nobiliaire de la deuxième moitié du siècle qui emportera la monarchie.

§ 24. Failles de la monarchie (suite).

De nos lectures, nous avons tiré les notes qui suivent, sans nous souvenir exactement des endroits où nous les avons collectées. Le lecteur voudra bien nous en excuser, l'historien saura les restituer à leurs auteurs. Nous les présentons ici en dépit de notre coupable imprécision, parce qu'elles nous paraissent éclairantes.

C'est François Ier qui forge la machine infernale de la vente des offices publics, et qui empêchera la modernisation de la fiscalité, ce qui causera la perte de la monarchie. Les officiers du roi qui avaient acheté le droit de rendre la justice ou de percevoir des impôts en son nom ne pouvaient léguer leur office qu'à certaines conditions. Pour leur faire obtenir la permission absolue de transmettre leur office librement, Sully leur fait payer la paulette (du nom de Paulet, le financier qui la conçut, 1/60ème du montant de leur charge, droit annuel d'assurance). D'où la naissance d'une caste héréditaire puissante, orgueilleuse, assez facilement anoblie, méprisée par les gentilshommes et enviée par eux, qui produira les Parlementaires, entre autres. La vénalité des offices se systématise en 1604 avec la paulette, d'où la montée de la noblesse de robe, qui modifie l'ancienne frontière entre noblesse et tiers-état. Cette vénalité régnait sur 90% des offices publics qui deviennent héréditaires avec Sully : l'achat des offices renflouait le Trésor. La Fronde en 1644 sera menée par les Parlementaires anoblis. Il exista une opposition parlementaire constante de 1715 à 1788. Louis XV supprime les Parlements en 1771, Louis XVI conseillé par Maurepas les rappelle en 1774.

De même, la monarchie a commencé à vendre l'accès à la Maîtrise au sein des corporations à partir du XVIIème siècle. L'accès aux métiers fut alors fondé sur l'argent et non sur le mérite.

Les impôts indirects étaient prélevés par la Ferme générale formée de quarante capitalistes propriétaires de leurs offices qui avançaient au roi les sommes dont il avait besoin et qui prélevaient ensuite l'impôt ; elle avait été créée par Louis XIV à l'initiative de Colbert. A la veille de la Révolution, ils prélevaient au titre de la gabelle 120 millions de livres et en donnaient 40 au roi.

Louis XV et Louis XVI favorisent les nobles contre les roturiers, 1789 est une révolution bourgeoise préparée par quarante ans de réaction nobiliaire soutenue par les Parlementaires. La cause économique en fut l'inflation. Le traité de libre-échange avec la Grande-Bretagne de 1786 (Monsieur de Rayneval et Eden) n'avait rien arrangé : elle avait créé du chômage en France.

Pierre Miquel rappelle dans son *Histoire de Fran*ce que la Ferme générale fut un nouveau moyen de s'enrichir, procédé soufflé aux nobles par la bourgeoisie, par cette « vile bourgeoisie » dont ils adoptaient sans vergogne les iniquités lucratives.

Il s'agissait de s'intégrer aux Finances publiques qui rapportaient beaucoup aux intermédiaires. Le roi, levant l'impôt, exigeait un règlement immédiat. Des sociétés financières, les Fermes générales, le lui fournissaient. Les fortunes nobiliaires achetaient des parts de Fermes par des moyens discrets. En fait les nobles sont eux-mêmes intervenus auprès du roi pour qu'il attribue les Fermes à leurs protégés. De plus les Fermiers géraient au mieux (les maltôtiers) les fortunes privées des Grands : la boucle était bouclée car le roi ne pouvait refuser aux nobles de cour des prébendes qu'ils réclamaient, puisqu'il dépendait d'eux pour ses finances. Le crédit de Louis XIV était à la merci de l'engagement des fortunes du royaume dans la levée des impôts et le trafic des rentes et des offices. Il y avait 500 maltôtiers qui appartenaient à des clans dont celui de Colbert. La maltôte enrichissait la noblesse authentique puis devenait noble à son tour, ce qui donnait lieu à d'immenses détournements de fonds publics. Louis XIV pratiquait la « savonnette à vilains » (8/10èmes de la noblesse). Le crédit du roi dépendait des maltôtiers qui voulaient être anoblis pour approcher des ducs et de comtes dont dépendait leur fortune. *La rivalité entre nobles était la seule sauvegarde de la monarchie entièrement livrée aux puissances financières* et aux familles capables d'avancer les tonnes d'or et d'argent nécessaires au financement des guerres royales et autres entreprises de grand style. L'essentiel de la fortune des nobles (d'épée, de robe, d'Eglise) était le système fiscal, les pensions du roi ne représentaient que des broutilles (1,4% du budget). Il y eut une presque parfaite dépendance réciproque entre les financiers et les 500 familles du Grand Armorial de France qui s'opposaient à toute réforme fiscale. En 1825 sera votée la loi du milliard des immigrés qui concernera 67250 chefs de famille ; les princes retrouvent leurs vastes domaines et les exploitent selon le capitalisme, soit selon un droit de propriété absolu (à la différence de l'Ancien Régime). Déjà Turgot, appelé après le calamiteux rappel des Parlements par Louis XVI (qui congédie Maupeou) rêvait d'une régie d'Etat pour les impôts, soulevant l'hostilité des Fermiers généraux et des financiers qui préféraient les percevoir eux-mêmes, mais il était champion de la liberté économique (commerce des grains), d'où les manœuvres des spéculateurs génératrices d'émeutes lors de mauvaises récoltes, et le règne des monopoleurs.

On peut constater par ce qui précède qu'il n'y a rien de vraiment nouveau : aujourd'hui les Etats sont les factotums des banques qui les nourrissent, qui créent l'argent ex nihilo en ayant ravi à l'Etat son droit régalien de battre monnaie, et qu'ils remboursent par le moyen de la fiscalité en « tondant » les classes moyennes, selon un processus de concentration des richesses sans précédent dans l'Histoire. Il n'est pas douteux que les banques en viennent à souhaiter se constituer en Etat, mais en Etat mondial. On notera aussi que l'unique manière dont disposait le roi pour conserver une certaine indépendance était d'exacerber la rivalité entre nobles. Or l'office légitime de ces derniers eût été de servir de médiateurs entre le roi et le peuple. En excitant les conflits entre grandes familles, le roi, les affaiblissant, se privait de cette instance médiatrice entre lui et le peuple qu'il fut alors aisé de monter contre le roi en lui faisant croire que l'exploiteur du peuple était le roi. Quand la société n'est pas organique, il n'y a pas d'âme pour animer les parties, pour les unifier en les faisant concourir à la même fin, en les mobilisant de l'intérieur d'elles-mêmes (ce que seule peut une âme, qu'elle soit prise au sens propre ou au sens analogique, c'est-à-dire comme *volonté générale*, dont la notion sera abordée ici aux §§ 69, 70 et 98), pour obtenir un concours efficace ; quand donc il n'existe plus de principe organique d'unité, le seul moyen dont on dispose encore pour y tendre est de créer, dans la société même, un ennemi commun capable de fédérer négativement, à défaut de les unir positivement, des parties qui, de soi, se repoussent entre elles ; ainsi firent, en divers temps, les monarques français favorisant outrageusement une aristocratie décadente pour repousser les audaces d'une bourgeoisie aux dents longues, ou bien s'appuyant sur une bourgeoisie relativement docile pour maintenir les Grands à leur place et réfréner leur impudence. Mais, parce que l'ennemi est dans la place, on est contraint d'*entretenir* ce principe interne de dissension pour obtenir par réaction la constitution d'une force d'unification. Et ce principe de dissension a alors deux destins possibles. Ou bien ceux qui sont supposés s'entre-déchirer deviennent assez puissants pour en venir à supplanter le roi lui-même, et tel est le processus qui fut à l'œuvre lors de la prise du pouvoir par les Capétiens au détriment des Carolingiens. Ou bien ce principe de dissension, ennemi du reste de la société, devient, sous les assauts de ses ennemis, de plus en plus faible, et c'est lui qui saute à la manière d'un fusible, mais en emportant avec lui le manipulateur créateur de tensions au sein de l'aristocratie, et c'est ce qui se produisit en 1789. Dans tous les cas, ce qui doit diviser pour régner ne peut asseoir son pouvoir sans créer des conflits latents qui, tôt ou tard, emportent le faiseur de divisions.

§ 25. « France peuple élu », fille aînée d'Israël...

Il fut question plus haut d'Eric Zemmour, israélite revendiqué, gaullo-maurrassien et ultra-sioniste. Ce dernier, analyste politique et journaliste, en dehors des besoins sordidement démocratiques de la cuisine électorale dont il est un efficace ingrédient à défaut d'en être le libre cuisinier, fut inventé par les médiats dans un triple but.

D'abord, incarner une droite décomplexée aussi radicale que possible dans les limites de l'esprit républicain, c'est-à-dire en son fond une pensée de gauche attachée à certaines valeurs accidentelles de droite, dans le but de mobiliser ce qui reste d'esprit national en France pour le faire servir aux intérêts d'Israël, en exacerbant les tensions communautaires qui sévissent sur le sol de la patrie de sainte Jeanne d'Arc, non sans celer la responsabilité considérable des Juifs dans le fait de la présence de tels immigrés non européens.

La raison du lancement de cette nouvelle fausse droite « zemmourienne » est ainsi que l'on entend écarter, en feignant de s'en faire le héraut, toute réaction véritablement salubre contre la décadence, en faisant servir la cause de l'identité française artificiellement lestée dans son cercueil jacobin des gloires de la monarchie catholique, à celle de l'entité sioniste et du judaïsme politique en général.

Ensuite, cautionner le rêve français d'hégémonie de la France sur l'Europe, caressé par nos rois depuis l'avènement des Valois, et faire assumer ce rêve par une France devenue judéo-sioniste (en République maçonnique, il n'y a pas de séparation de l'Etat et de la synagogue), afin de finir par faire de la France l'appendice du rêve juif d'hégémonie d'Israël sur le monde. Ce rêve germanophobe est peut-être la grande erreur de l'Ancien Régime et le péché originel de la nation française, l'« hubris » qui la rendit folle, et qui rendit possibles les errances doctrinales dont la France se rendit coupable : gallicanisme, jansénisme, universalisme abstrait célébré par le jacobinisme. La diversité des peuples composant la France (tous issus, cependant, du même rameau indo-européen, comme l'a établi scientifiquement Jean Haudry par exemple), la variété extrême de ses paysages, font de la France cette synthèse de toutes les facettes de l'esprit européen et de son génie, ainsi le miroir en lequel chaque nation européenne se reconnaît. Cette aptitude confère à la France, sur le plan *naturel*, une vocation spirituelle particulière qui l'habilite de surcroît à se constituer en instrument intellectuel privilégié d'intelligence de la foi catholique et de défenseur de la papauté considérée dans sa vocation surnaturelle mais non nécessairement dans ses intérêts temporels, lesquels sont assujettis aux mêmes risques de faillibilité que ceux des nations naturelles. Mais cette identité française universaliste ne confère pas à la France une vocation d'hégémonie *politique* sur l'Europe. D'abord parce que l'esprit français caractérisé par le souci de mesure et de clarté s'accompagne d'un souci hypertrophié de réflexion critique prompt à remettre en cause les décisions temporelles, par là peu apte à se tenir à des choix pratiques de long terme ; ensuite parce que l'histoire a prouvé que chaque fois que la France s'est approchée de son rêve d'hégémonie, ce fut au détriment de sa catholicité constitutive et à l'avantage de l'islam et de l'esprit protestant, comme l'a montré par exemple un Jean de Viguerie ; enfin parce que l'Eglise s'est prononcée sur la question de la vocation impériale en Europe en désignant l'Allemagne (Otton Ier en 962), et non la France. Que l'Angleterre, perfidement et congénitalement disposée à trahir le bien commun de l'Europe, ait appuyé le monde germanique (Allemagne et Autriche) pour abaisser la France quand elle menaçait de réaliser son rêve hégémonique, ne signifie pas que l'Allemagne serait solidaire par essence de l'Angleterre pour abaisser une France martyre et immaculée providentiellement destinée à diriger le monde ; cela signifie que l'Angleterre appuie toujours en Europe et ailleurs (aujourd'hui les Etats-Unis dont elle est le cheval de Troie) les ennemis de l'unité de l'Europe. Zemmour rejoint Maurras pour procéder à une captation d'héritage et élaborer un sophisme : l'Angleterre est l'ennemie de l'Europe, l'Allemagne fut alliée de l'Angleterre, donc l'Allemagne serait ennemie de l'Europe et c'est à la France qu'il reviendrait de faire l'Europe en la francisant. Que le don céleste d'une Jeanne d'Arc soit un privilège exclusivement français ne permet pas d'étayer cette thèse stupide en son fond — mais féconde en délectables satisfactions de vanité chauvine et judéomorphe — selon laquelle la France serait le « peuple élu » du Nouveau Testament, comme se plaît aujourd'hui, niaisement, à le clamer, avec une suffisance caporaliste insupportable, tel ou tel spécialiste autoproclamé des dessous de la politique contemporaine, par ailleurs souvent bien informé et éclairant en ce qui concerne les manœuvres des opérateurs obscurs du mondialisme. Sainte Jeanne d'Arc eut pour mission de rappeler, dans les formes contingentes de l'organisation politique de son temps, que la fin ultime extrinsèque du pouvoir politique est la gloire de Dieu et le salut des âmes. Telle était, si l'on y tient, sa mission divine. Le reste n'est que chauvinisme et vanité populaire assaisonnés de la piété malsaine issue du « merveilleux chrétien ».

Le troisième but ayant présidé au lancement médiatique de Zemmour — doué de talents divers auxquels nous croyons volontiers mais dont nous n'avons pas à connaître — est le suivant : oblitérer, en insistant sur la continuité certes réelle et ici plus haut soulignée (§ 19) entre Ancien Régime et centralisme jacobin générateur d'Etat moderne, la différence, l'écart, l'opposition plus accusée encore entre les deux périodes. Zemmour tient ou feint de tenir que les régimes politiques, avec les idéologies ou visions du monde dont ils sont la mise en œuvre, ne seraient que des vêtements dont la nation pourrait changer à sa guise, comme si elle était l'infrastructure essentielle et intemporelle de superstructures politiques superficielles, comme si donc l'adoption par une nation d'une idéologie ne changeait pas la substance de cette nation ; et c'est là une manière de récupérer l'authentique grandeur des siècles monarchiques pour la faire assumer par la République jacobine et servir à son rayonnement.

Cela dit, nous ne voyons pas pourquoi les intentions funestes inspirant la stratégie médiatique de Zemmour en ses prétentions présidentielles devraient nous empêcher de recueillir, dans les propos de ce dernier, la part de vérité dont ils font mémoire : la monarchie était structurellement inachevée, la Révolution française a tenté d'en combler les manques mais, en détruisant ce qu'il y avait de meilleur dans les fondements et principes de la monarchie, elle n'a élaboré les solutions qu'appelaient les insuffisances de la royauté qu'en corrompant intrinsèquement ces solutions : l'idée de nation s'est réalisée dans la forme du nationalitarisme, le centralisme s'est fait au détriment de la vitalité des provinces, l'organicité a dégénéré en égalitarisme, le dépassement de l'esprit théocratique s'est résolu en laïcisme, l'organicité finalisée par le bien commun s'est affaissée en intérêt général.

§ 26. 1936 et 2022.

Retenons donc de cette succincte enquête que l'histoire confirme ce que nous suggérions : le passé n'est « passé », ainsi aboli, récusé, nié, que parce qu'il contenait en ses flancs les germes de la maladie qui l'emporta. Et nos contemporains en ont aussi le pressentiment, de sorte que leurs vagues nostalgies inspirées par un profond dégoût de leur présent, quelque esclaves qu'ils en soient par ailleurs, ne peut pas ne pas les porter vers quelque chose d'original, quelque chose qui tiendrait du présent pour le pouvoir — propre à ce dernier — de révéler les défauts du passé, mais qui conserverait du passé ce dont la hideur désespérée du présent — résultat inadéquat des tensions du passé — révèle cruellement l'absence. Une telle aspiration vague a eu des précédents il n'y a pas si longtemps.

CHAPITRE II

Dans son ouvrage « La Réaction » (1967, *La voix de l'Occident*, Lisbonne, diffusé par *La Libraire française*), Jacques Ploncard d'Assac remarquait (pages 106 à 125) :

« **Quand on parle aujourd'hui du fascisme — et j'entends par là le grand courant d'idées qui, dans la première moitié du XXème siècle, remit en question les principes fondamentaux de la Révolution française — il semble communément admis que le monde indigné se souleva spontanément et que la croisade des démocraties fut un grand mouvement populaire.** »

Or, il n'en fut rien. La guerre fut le résultat de ce que Monsieur Jean Montigny <mort en 1970 ; radical-socialiste, député de la Sarthe, docteur en droit, pacifiste, collaborateur> appelle *Le complot contre la paix <1966>*.

Le 14 juillet 1935, dans une grande manifestation place de la Bastille, les dirigeants du Front populaire faisaient acclamer « la grande paix humaine ». Quatre ans plus tard, ces mêmes leaders entraîneront la France dans la guerre.

'Comment expliquer un tel revirement ? ', demande M. Montigny, et il répond : ' Par des pressions convergentes ', celles des Juifs, des socialistes, des francs-maçons et du brain-trust de Roosevelt 'surtout composé d'israélites antinazis '. ' Tous ces facteurs passionnels aboutissent à créer, à Washington, dans le Labour party britannique, dans les partis de gauche français, la volonté commune de prêcher une nouvelle croisade des démocraties, de faire triompher ses idéaux même au prix d'une grande guerre européenne'.

L'Europe était alors en train de changer. Des secteurs toujours plus larges de l'opinion regardaient la démocratie comme le règne de l'Argent. Un antisémitisme diffus exprimait d'une manière simpliste cette prise de conscience de l'existence de puissances occultes qui détournaient à leur profit les institutions politiques. L'Europe, lentement depuis 1926, rapidement depuis 1936, glissait vers le fascisme.

L'habileté de la gauche fut de travestir ce mouvement aux yeux des masses en dernier effort du capitalisme pour sauver ses privilèges. Puis, rapidement, à travers une déformation systématique de l'information, le fascisme fut transformé en un monstre sous la dictature duquel la vie ne valait plus d'être vécue. La paix allait être dénoncée comme complice du fascisme, et l'écrivain juif Julien Benda écrira : ' La civilisation pourrait périr par la paix si la paix se faisait par l'hégémonie dans le monde des conceptions qui sont proprement la négation de la civilisation. Peut-être même périrait-elle plus sûrement car, dans la guerre, au moins, la civilisation se défendrait peut-être victorieusement '.

Ainsi, civilisation et démocratie étant identifiées, le combat pour la démocratie allait être présenté comme le combat pour la civilisation.

Un écrivain juif, comme M. Jean-Richard Bloch, a mieux saisi qu'un autre le caractère profond de la IIème guerre mondiale.

' L'ère des guerres religieuses est ouverte, écrit-il, race contre race, continents contre continents, philosophies contre philosophies. Elles seront beaucoup plus cruelles et inexpiables que les vieilles guerres des peuples et des nations. Elles seront, à l'échelle mondiale, une immense guerre civile… '.

L'histoire de la IIème Guerre mondiale est encore à faire parce qu'on ne l'a encore jamais abordée sous l'angle qui convenait et qui est précisément **celui de *la convergence des craintes de la Ploutocratie et du Communisme devant une tendance générale en Europe, à un retour aux idées corporatives*, c'est-à-dire à la subordination des forces économiques et financières au bien commun. Le mécanisme de la sujétion de la démocratie par les forces d'argent commençait à être connu et les masses se détournaient du mensonge démocratique, souhaitaient des pouvoirs nationaux et forts** ».

Ne nous trouvons-nous pas aujourd'hui, en 2022, mutatis mutandis, dans une situation analogue à celle des années trente ?

La démocratie est un mensonge qui consiste à chasser les vrais chefs au profit supposé du peuple souverain, lequel devient la proie des faiseurs de l'opinion qui achètent le peuple par l'argent en flattant ses bas instincts, l'abrutissent et l'exploitent ; l'Etat devient dépendant de la société civile qui est la proie des manieurs d'argent. Le peuple finit par s'en rendre compte et aspire confusément à une société juste. Cette société juste, il ne se la représente pas clairement, il aspire vaguement à restaurer la grandeur de son pays tout en ayant non moins confusément conscience du fait que si la monarchie est tombée, ce n'est pas accidentel. Se fait jour, négativement, l'idée indécise, à peine esquissée, qui l'effraie aussitôt qu'éclose, de renier l'esprit démocratique, l'individualisme, le matérialisme, le subjectivisme et la décadence spirituelle, mais aussi l'exploitation capitaliste de l'homme ; vient au jour, non moins vaguement, mais positivement, le besoin de conserver les grandeurs intemporelles et qualités essentielles de la monarchie, non sans réhabiliter ce qui fut par accident rendu possible par l'élimination de la monarchie absolue de droit divin, par là de faire son droit à quelque chose dont elle ne sut pas accoucher et qui, a posteriori, se révèle tel cela même que la monarchie aurait dû instaurer, parce qu'il était dans la logique de son concept de le faire advenir, dans son propre élément, afin de ne point périr. Et l'on peut dire que le fascisme en ses diverses formes n'est pas autre chose qu'une tentative de résoudre cette équation. Donc : appelons « fascisme » ce retour à ce qu'il y avait d'intemporellement bon et vrai dans l'Ancien Régime, mais en intégrant certaines exigences révélées par sa chute et par les dysfonctionnements qui la rendirent possible, lesquelles exigences avaient été dénaturées par l'esprit démocratique. Evidemment, les tenants de l'Ancien Régime condamneront le fascisme en croyant discerner en lui un avatar de la Révolution française.

CHAPITRE III

Réflexion sur les inachèvements de la monarchie traditionnelle.

§ 27. Réaction fasciste.

Le fascisme est d'abord une réaction viscérale contre les mensonges cyniques de l'esprit démocratique et de la philosophie des droits de l'homme qui se sont révélés être la ruse et la caution d'une substitution d'élite, à savoir la substitution de l'élite ploutocratique et bourgeoise, voltairienne puis judéo-maçonnique, à l'aristocratie traditionnelle, ce qui explique l'anticapitalisme et les origines socialistes (un excès appelle l'excès inverse) du fascisme. Le fascisme est en même temps une insurrection non moins vitale contre le type débilitant d'idéal qui est proposé par la philosophie démocratique : bonheur végétatif, médiocrité, frustration du désir de se donner à une cause qui nous dépasse et nous invite à nous sacrifier ; l'esprit démocratique, c'est l'esprit consumériste fardé en esprit de justice, c'est l'individualisme sordide attaché à se travestir en élévation spirituelle par l'évocation incantatoire de la dignité de la personne humaine ; c'est l'égotisme qui se rend supportable à lui-même en s'offrant les apparences de la générosité, et qui s'achète de telles apparences en proclamant le droit de tous à être égotistes ; c'est le penchant à céder aux aspirations les plus ignobles qui gisent dans l'âme humaine, accompagné du recours au mensonge à soi pour se rendre justifiable. Mais l'homme de mauvaise foi conserve toujours la réminiscence latente de son inversion, par là de la véritable échelle du bien et du mal, et le fascisme est, sur le mode de l'indignation agressive, le réveil de ce souvenir. Le fascisme est en troisième lieu une insurrection contre la société d'avant 89, parce qu'elle en venait à cumuler des défauts, des injustices criantes, des dysfonctionnements propres aux fins de cycle ; la société se décomposait, les ordres supposés la constituer dégénéraient en classes, l'égoïsme devenait endémique. Le fascisme est la forme brutale, non dénuée d'exaspération, non immune d'angoisse désespérée, que prend, dans un peuple qui se voit spirituellement mourir, le désir d'héroïsme et de don de soi à une cause noble dépassant les soucis prosaïques de l'individu déraciné dégoûté de lui-même.

§ 28. Absolutisme et papauté.

Ces travers de l'Ancien régime, qui mirent du temps à se révéler létaux, procédaient d'un état de fait que d'aucuns parmi les réactionnaires contemporains s'obstinent à nier, à savoir que les conditions d'harmonie entre le service du trône et celui de l'autel n'étaient pas clairement définies. Plus généralement, les conditions de l'hymen entre nature et grâce (ou surnature) n'avaient pas trouvé, selon nous, la formulation rationnelle de leur expression, ce qui induisit une situation de tension conceptuelle entre les deux sphères, tension qui rejaillit existentiellement sur la manière pratique de vivre leur conciliation, tant au niveau individuel de la vie du croyant qu'au niveau collectif de la vie politique. Il n'est pas acquis que la solution du problème posé par le devoir de conjuguer les exigences de l'ordre naturel et de l'ordre surnaturel ait aujourd'hui trouvé sa formule définitive. Il est nécessaire de s'attarder sur ce point qui nous paraît fort important. Nous prions le lecteur de bien vouloir nous accorder un effort de patience attentive.

Ce qui nous semble peu douteux, c'est que la nature du rapport (harmonieux ou tendu) entre bien commun (politique) et Souverain Bien conditionne celle du rapport entre bien privé et bien commun, par là décide de la possibilité même du bien commun. En effet, supposons que le principe de liaison entre bien commun et Souverain Bien ne soit pas dégagé ou ne soit pas mis en œuvre. Qu'en résulte-t-il ? Notons — mais la chose s'éclairera plus bas — que ce principe de liaison doit garantir tant leur continuité que leur rupture. Leur continuité : le désir qui porte sur le bien commun est ce en quoi s'anticipe le désir qui porte sur le Souverain Bien, car ce sont deux biens que l'on aime en les servant, en leur étant rapporté ; on ne peut se donner tout entier à deux causes antinomiques ou même indépendantes, elles doivent être entre elles comme les deux moments d'actuation d'un même désir. Leur rupture : le bien commun est immanent ; le Souverain Bien est transcendant. Dès lors, faute d'une médiation entre les deux, c'est dans l'élément du bien privé qu'ira se réfugier la recherche du Souverain Bien, avec pour conséquence obligée une dépréciation du souci du bien commun politique par là ravalé au statut d'instrument. C'est en cela que la considération du rapport entre les deux biens a des conséquences politiques déterminantes.

Le trône, c'est César, c'est le service du bien commun terrestre, c'est l'autorité naturelle de l'homme sur l'homme, c'est la majesté de la Cité, c'est l'ordination de la personne à une fin immanente qui se la subordonne tout entière. L'autel, ainsi l'Eglise, c'est le service d'une fin transcendante qui, entendue comme fin ultime par-delà l'espace et le temps, se subordonne elle aussi l'homme tout entier. Mais comment le même homme peut-il, sans contradiction, appartenir tout entier aux deux sphères, si ces dernières sont aussi séparées l'une de l'autre que peuvent l'être un ordre immanent et un ordre transcendant, un bien fini et un bien infini ? On dira que la fin naturelle et terrestre se subordonne l'homme tout entier et non totalement, quand la fin surnaturelle et céleste se le subordonne tout entier et totalement. Mais précisément, comment articuler ces deux exigences qui, au premier abord semblent incompatibles ? Et il faut insister sur cette incompatibilité qui est peut-être surmontable, mais dont nous verrons plus loin qu'elle convoque des concepts et mobilise des raisonnements qui, s'ils ne sont pas à proprement parler étrangers à la tradition philosophique dont se réclame le catholicisme traditionnel, n'ont, de fait, guère été exploités par lui. Quand une chose est tout entière ordonnée à une autre, cependant qu'elle ne lui est pas totalement ordonnée, c'est que cette chose conserve par-devers elle un trésor de disponibilité, un en-deçà secret de son investissement de soi qu'elle réserve pour le service d'une cause plus élevée que celle à laquelle elle est immédiatement ordonnée :

mais alors une telle chose n'est pas vraiment tout entière ordonnée à cette fin prochaine. Il ne semble pas possible de déconnecter l'une de l'autre, l'idée du « tout entier » et celle du « totalement ».

En termes de représentation peut-être plus parlants que ceux relevant de l'ordre conceptuel, observons que ce qui relève de l'immanence se parcourt selon un mouvement horizontal, et c'est selon un mouvement vertical que s'effectue le parcours de ce qui relève de la transcendance. Or ces deux mouvements s'excluent : la transcendance nous arrache à l'immanence, l'immanence nous rive à l'horizon de la finitude en nous condamnant, au titre de substitut de l'infini, à l'indéfinie réitération du même. Courir pour atteindre l'horizon ne fait pas décoller du sol pour atteindre le Ciel.

Pour le christianisme, dont l'avènement définit le moment central de l'histoire du monde, le Royaume n'est pas de ce monde, l'homme n'est fait que pour l'infinité. Certains en viennent alors à considérer que la vie terrestre est une vallée de larmes, l'« homo viator » ne naît sur Terre que pour souffrir, n'y passe que pour y gagner son Ciel dans l'épreuve, et au fond peu importe ce qu'on y fait pourvu qu'on la quitte dans des conditions qui rendent possible une éternité bienheureuse incommensurable à toute grandeur mondaine : l'ordre naturel — dont l'ordre politique — semble n'y être qu'instrument, mais de ce fait il ne saurait avoir raison de fin, il exclut qu'on s'y subordonne tout entier. Autant dire que l'homme n'est fait que pour Dieu, à l'exclusion de toute vocation intermédiaire, et conséquemment que rien de terrestre ne mérite qu'il s'y voue tout entier, corps et âme. Pourtant, la Cité n'est seulement viable que si ses membres acceptent de mourir pour elle, ainsi de s'ordonner à un bien commun ayant raison de fin pour la personne elle-même, autrement la tentation devient invincible de se subordonner la Cité, de la laisser dépérir et de la livrer aux convoitises de n'importe qui — ennemi extérieur ou intérieur —, si l'on tient pour vrai que seul le salut individuel a quelque valeur, et que la condition d'esclave relève des choses indifférentes au regard du salut : on serait même tenté de discerner dans les échecs terrestres autant d'invitations de la Providence à renoncer à tout ce qui n'est pas l'Unique Nécessaire — autant de dispositions sous ce rapport bienfaisantes sollicitant l'abnégation salvatrice. Si la pérennité de la Cité induit l'acceptation du sacrifice de soi, doit aussi être acceptée l'idée que quelque chose se joue en elle qui excède le bien de l'individu puisqu'elle peut exiger sa mort, c'est-à-dire le sacrifice de sa vie, de son meilleur bien temporel qui est aussi condition de tous les autres biens du même ordre. Si le bien commun est, en tant même que commun, par essence supérieur au bien particulier, on doit l'aimer comme s'y rapportant, en lui reconnaissant la fonction de fin.

§ 29. Bien commun immanent, condition du Souverain bien Transcendant.

Quant à l'idée que l'homme est sur Terre pour souffrir, ce n'est là nullement une déviation janséniste de la doctrine catholique ; la vie terrestre est un temps d'épreuve destiné à apprendre à faire le choix ponctuel, qui s'opère dans la mort physique, de la vie ou de la mort spirituelle, pour l'éternité ; et c'est pourquoi la fin de la vie temporelle est identiquement le terme d'origine de la vie éternelle bienheureuse ou déchue ; la fin de la première est ce dans quoi elle s'achève, s'accomplit ou se consomme, et tout autant se supprime pour faire naître l'autre qui la transfigure ; la mort est ce lieu crucial, à la fois césure et trait d'union, dans lequel s'identifient négativement les deux vies. Nous vivons pour mourir, et c'est la mort qui donne son sens à la vie qui par là n'est réussie qu'en se faisant l'acte de mourir à soi, l'acte de se mortifier, tel le grain qui meurt sous la pression d'une pulsation vitale qui l'excède et qu'il ratifie. Non, toute souffrance n'est pas un désordre ; ce qui fait problème selon nous, c'est que cette invitation à lutter et à souffrir doive prendre la forme exclusive, négative, d'une résistance aux tentations mondaines, aux sollicitations naturelles, en excluant pratiquement que l'homme ait sur Terre une tâche positive à accomplir induite par les exigences de sa nature, à laquelle il a vocation à s'ordonner tout entier. Si l'homme doit renoncer à soi-même pour que Dieu l'habite, s'il doit expier des tendances mauvaises pour mériter la vie éternelle, si donc il doit se nier pour se trouver, il convient de ne pas oublier que, dans cette abnégation, il ***se*** nie, il affirme sa souveraineté sur soi dans l'acte de se restituer à son principe, car il faut se posséder pour s'aliéner ; il *s'affirme dans sa négation de lui-même*, exerce sa puissance en y renonçant, parce qu'il lui faut toute sa puissance pour l'instituer maîtresse d'elle-même, et que c'est en tant que maîtresse d'elle-même qu'elle s'habilite à renoncer à soi ; et il y a solidarité dialectique entre ces deux mouvements contraires d'affirmation et de négation de soi, ce qui signifie que le croyant est d'autant plus souverain sur soi-même, d'autant plus en possession de soi, d'autant mieux enraciné en sa nature constitutive qu'il se crucifie plus radicalement ; et il est en légitime attente de faire l'expérience de l'exaltation de cette nature qu'il a en propre, quand il y renonce pour se disposer à se faire surnaturaliser. Mais convenir de cela, c'est reconnaître que le processus d'adéquation de soi-même à son essence, à sa nature, prend la forme d'une tâche mondaine à accomplir à laquelle il se voue tout entier, et que cette affirmation de soi est l'envers obligé du plébiscite de la Croix qui l'arrache à la vie mondaine. Renoncer au monde pour aller vers Dieu, s'écarter du monde pour se placer en attente de Dieu, c'est tout autant, comme condition obligée du projet transcendant, apprendre à habiter son monde pour se disposer à le quitter ; on ne se dispose à le quitter sans arrière-pensée, sans regret, qu'en commençant par l'habiter avec passion. Se donner au bien commun immanent, c'est même, dans cette perspective, l'anticipation de soi *obligée* de l'ensemble des dispositions qu'on adopte pour s'approprier aux réquisits du Souverain Bien céleste. S'il faut être tout entier au bien commun temporel pour se consacrer tout entier au Souverain Bien, c'est que celui-là est un moment obligé du processus qui mène à celui-ci ; c'est que celui-ci assume en lui-même, avant la création du monde, le bien commun fini ; en s'appropriant au bien commun, le chrétien se conforme à une image mondaine d'un moment de la réflexion intemporelle par quoi le Souverain bien s'aime Lui-même. Et c'est dans l'épreuve de cette appropriation même que le chrétien s'oriente vers un bien transcendant ; c'est en tendant vers le bien commun immanent qu'il apprend à aimer tel son bien le plus propre un bien auquel il est rapporté ; c'est par la médiation du service du bien commun politique que le chrétien cultive et éduque son désir de Dieu, désir du Bien qu'on ne peut aimer qu'en se voulant l'instrument de Sa Gloire. Court-circuiter le service de l'immanence, c'est retarder l'avènement du service de la transcendance. Une chose est tout entière en une autre sans y être totalement si et seulement si cette autre chose est un moment de l'acte par quoi la première s'atteint réflexivement, devient effectivement ce qu'elle est : cet homme est tout entier quoique non totalement dans chacun des âges de sa vie, et c'est dans le dernier qu'il est absolument et définitivement lui-même. Ainsi est-on ordonné tout entier au bien commun terrestre sans le lui être ordonné totalement, et tout entier et totalement ordonné au bien céleste, si ce dernier comprend comme un moment de sa vie éternelle l'assomption idéale et idéelle de tout bien commun fini possible. Et c'est à l'élucidation de cette exigence que nous consacrerons nos prochains paragraphes.

Notons préalablement ceci :

Parler de vie divine et de souverain Bien quand on se préoccupe de politique, qui plus est de fascisme, cela peut déconcerter, agacer, faire se gausser le lecteur sévère ou pressé. Quel rapport, dira-t-on, entre les spéculations métaphysiques et théologiques et l'Etat totalitaire ? Pourquoi nous lasser avec des questions oiseuses, compliquées, amphigouriques, des raisonnements tantôt abscons tantôt téméraires ?

Comme nous le verrons bientôt (§ 31), le panthéisme est logiquement intenable, qui par-dessus le marché déifie subrepticement l'homme. A ce titre, il n'invite pas l'homme à se sacrifier pour un bien commun politique tenu, par le panthéiste antichrétien en sa version néo-païenne, pour antinomique d'un Souverain Bien supposé distraire l'homme de sa vocation héroïque immanente. Bien au contraire, devant que de l'arracher à son égoïsme, à son souci jugé misérable de ne songer qu'à son salut individuel, le néo-paganisme exacerbe un subjectivisme qui se consomme honteusement, trahissant ses prétentions héroïques d'origine, en dernier lieu dans l'hédonisme et l'esprit démocratique, sommet de l'individualisme. Mais qui dit affirmation de Dieu dit aussi plébiscite de la Révélation. Si la raison nous dit que Dieu existe, elle nous dit aussi que Dieu a la puissance de Se manifester, de Se révéler, et elle dit encore qu'il serait irrationnel de se fermer à un message qui, exigeant l'adhésion de la raison sous l'injonction de la foi, n'est dit non rationnel qu'en tant qu'il est hyper-rationnel, ce que confirme le développement de l'intelligence de la foi. Et la marque probante de la vérité du catholicisme, c'est qu'il est la seule religion à distinguer adéquatement entre nature et surnature, et à tenir pour un dogme de foi que la raison peut, sans la foi, prouver l'existence de Celui qui se révèle et donne la foi que requiert l'adhésion à cette Révélation. On ne peut rationnellement — on le peut affectivement, mais cela dure le temps d'un sentiment — échapper au cloaque immonde de la déification de l'homme qu'en étant catholique. Mais le catholicisme rend problématique, au moins au premier abord, le besoin d'harmoniser bien commun (politique) et Souverain Bien.

C'est donc en se souciant de métaphysique et de théologie qu'on peut espérer parvenir à une défense rationnelle du primat du bien commun sur le bien particulier, c'est-à-dire de cela même que le fascisme s'était proposé de réhabiliter. Comme tous les biens terrestres, le bien commun politique est superlativement assumé par Dieu selon un mode divin dont le mode humain est l'analogue. D'une certaine façon, l'essence divine est le bien commun des Personnes divines, elle est immanente à elles, elles sont en elle et elle les finalise, puisqu'elles expriment Sa fécondité infinie. Et ce Bien souverainement commun — qui, en Dieu, est le Souverain Bien, bien de tous et de Dieu même qui est pour Lui-même son propre Bien — identifie les deux termes dont l'harmonisation est problématique dans ce reflet de Dieu qu'est la création. Puisque, en Dieu, cette harmonie entre bien commun et Souverain Bien, si parfaite en Lui qu'elle est une identité, est le modèle de leur harmonie dans la Cité terrestre, c'est à l'intelligibilité de celle-là qu'il convient d'essayer de s'élever si l'on entend accéder à l'intelligibilité de la seconde.

§ 30. Enveloppement du fini par l'infini, de l'extérieur par l'intérieur.

Si la Révélation — par définition immanente, l'Infini s'appropriant aux conditions de réceptivité du fini — d'un Dieu transcendant dévoile le sens de l'Histoire et révèle en dernier ressort l'homme à lui-même, deux choses doivent être retenues pour notre propos. Considérons le premier point (le deuxième sera abordé à partir du § 36).

Notons préalablement que si quelqu'un prétend manifester aux autres ce qu'il est en lui-même en sa vie intérieure non perceptible du dehors — par des paroles, des gestes, des attitudes ou des actes — , il faut que cette extériorisation fasse transparaître l'intérieur en elle, ainsi qu'elle le révèle tel qu'il est indépendamment de sa manifestation, autrement, loin de le révéler, cette manifestation le dissimule ; aussi, ce que Dieu révèle de Lui-même dans Sa Révélation n'est pas moins que le dévoilement de ce qu'Il est en Lui-même indépendamment de sa Révélation, parce que, dans l'hypothèse contraire, cette Révélation serait tout simplement un mensonge. D'abord, quand quelqu'un prend la parole, il nous enseigne quelque chose in « actu signato » : son propos est doté d'un contenu ; mais tout autant l'acte même de prendre la parole, indépendamment du contenu nous informe « in actu exercito » au moins du fait que le locuteur n'est pas muet, ou encore qu'il souhaite entrer en relation avec autrui, qu'il est doté d'intelligence etc. De même, ce Dieu qui se révèle, qui nous dit ce qu'Il est en lui-même indépendamment de Sa Révélation, révèle, par le fait même de Son Incarnation, et préalablement au message qu'Il entend nous délivrer, qu'Il est assez puissant pour assumer la finitude sans cesser d'être infini ; l'acte même de Se révéler, en plus du contenu de cette Révélation (ce que Dieu nous dit de Lui-même), nous apprend quelque chose sur Dieu, ainsi constitue un élément déterminant de ce qu'Il révèle ; Dieu est en Lui-même, avant de le faire, cela même qu'Il fait pour nous signifier ce qu'Il est ; dans l'acte même de s'incarner, Dieu nous apprend quelque chose de ce qu'Il est indépendamment de Son Incarnation. L'infini actuel du Parfait a la forme intemporelle d'une assomption du fini que cet Infini surmonte souverainement.

Si l'Infini n'est tel qu'à se rendre victorieux du fini qu'il assume, surmontant ce en quoi il se risque, il a la forme d'une réflexion qui s'achève dans son point de départ, lequel

ne serait qu'une indéfinie relance de la réflexion si, dans l'acte où s'abolit le fini pour se convertir à l'infini dont il est l'auto-négation, ce fini n'était comme confirmé, donné à soi, fixé, de sorte qu'est conjurée par là cette relance réflexive sans fin qui se résoudrait en infinité avortée ou virtuelle. Expliquons-nous, en faisant observer d'emblée que la réflexion dont il est question est prise dans son acception non seulement de réflexion noétique, mais de réflexion ontologique : l'infini n'est réel que comme se constituant comme réel par réflexion.

Il n'est pas de négation qui ne soit suspendue à une affirmation, la négation étant dépendante de ce qu'elle conteste. « L'infini » signifie la négation du fini, comme si le fini était fondement de l'infini qui ne serait qu'à résulter de la négation du premier dont de ce fait elle dépendrait. En vérité, c'est l'infini qui est le fondement du fini, lequel n'est qu'à résulter d'une limitation — ainsi d'une négation — de l'infini. En effet, « abstraire » consiste à tirer l'universel du particulier, comme quand on passe, par la pensée, de l'expérience d'une chose bonne à l'idée de bonté ; on serait tenté de déclarer que « la » bonté n'est que le résultat d'une opération de l'esprit sur la seule réalité objective qui nous soit donnée, à savoir cette chose bonne parmi d'autres choses bonnes ; pourtant, cherchant l'idée de bonté dans les choses bonnes, nous ne remarquons guère que le rassemblement des choses bonnes supposait que nous fussions déjà dépositaires de l'idée de bonté. Mais alors il faut bien reconnaître une densité ontologique, une objectivité à l'idée de bonté, indépendamment du savoir que nous en avons, et antérieurement à l'activité de notre intelligence investigatrice, puisque c'est sous la pression de cette bonté idéale que s'opère la formation de nos idées. L'Idée du Bien ne saurait se limiter au résultat de l'activité intellectuelle, puisqu'elle en est la condition ; l'Idée du Bien est première selon la causalité tant du point de vue des choses bonnes que de nos idées de bonté. Or l'infini est au fini comme l'Idée du bien est aux choses bonnes. Donc l'infini est premier par rapport au fini, il est une réalité positive en dépit de la forme négative de son expression.

Mais cette forme négative n'est pas trompeuse pour autant : si l'infini s'offre à nous telle la négation du fini dont il se révèle pourtant le fondement, c'est que l'infini consiste dans l'acte de négation de cette « négation de soi de l'infini » qu'est le fini. L'infini n'est le fondement du fini qu'à proportion de son pouvoir d'assumer en lui-même, s'y risquant, la finitude qu'il surmonte ; mais c'est à raison de notre propre et seule finitude — celle de notre raison finie — que se présente de manière successive et plurielle l'acte d'auto-négation de soi (l'infini se renie en fini) qui est aussi la négation de cette négation (dans l'acte où il se renie en fini, l'infini fait se renier le fini en lui). Absolument un et immobile considéré en lui-même, quoique doté d'une simplicité exprimable en termes de mobilité et de pluralité souverainement vaincues, l'infini se laisse à penser, dans l'optique d'une raison finie, selon la forme d'un processus.

Coïncidant avec une origine (l'infini non réfléchi en lui-même, l'infini abstrait incapable de se maintenir en son identité d'infini, travaillé par une négativité qui le fait se renier en fini) qui n'est qu'à se convertir en ce fini dont l'auto-négation produit le résultat (l'infini vrai, actuel ou concret), un tel résultat, en confirmant la position du fini dans le moment où ce dernier se convertit en infini, se libère — ***ayant*** **par là le négatif de soi-même qu'il** ***était*** **avant cette confirmation — de sa propension à relancer la réflexion, à renoncer à soi-même en elle, et, par là qu'il s'en libère, il s'intronise activité vitale immobile ; l'immobilité de l'acte pur est « l'activité de l'immobilité », selon le mot d'Aristote. Mais reconnaître que l'instance de finitude intrinsèque à l'infini actuel a vocation à être fixée pour garantir la concrétude de l'infini, c'est admettre que l'infini ne serait pas tel s'il n'assumait le fini, et que, réciproquement, le fini est en quelque façon connaturel à l'infini.**

Si toute révélation de l'intérieur est extériorisation de ce dernier, elle serait une trahison de l'intérieur — elle serait un masque trompeur et non un dévoilement — si cette extériorisation de l'intérieur ne laissait l'intérieur demeurer de l'intérieur dans le moment où il s'extériorise. Mais si l'extériorisation de l'intérieur n'est pas une trahison, si elle est bien extériorisation de l'intérieur *comme intérieur*, c'est qu'il est de l'essence de cet intérieur de s'extérioriser, de se poser comme intérieur dans et par l'acte de son extériorisation. Or l'intérieur et l'extérieur s'opposent et s'excluent. Donc il est définitionnel de l'intérieur de se poser lui-même, de coïncider avec lui-même moyennant l'épreuve de sa négation, laquelle se transcrit dans l'acte de se repousser de soi ; mais tout autant, si l'intérieur est intérieur moyennant cette extériorisation qui le fait se renier, c'est qu'un tel reniement, un tel repousser de soi, est tout autant un acte de s'atteindre. Ce qui s'atteint en se repoussant de soi, c'est ce qui s'accomplit dans un devenir tel que l'avancée est régression, et cela même est une réflexion. L'intérieur est réellement intérieur seulement s'il est intériorisation de cette extériorisation de soi en laquelle il s'est aliéné, selon la scansion d'une négation qui est négation de négation, ainsi d'un repousser de soi qui est tout autant le repousser de soi du repousser de soi qu'il est. L'intérieur fait se convertir l'extérieur à lui-même comme l'infini fait se renier le fini en lui-même. Dès lors, ce qui, dans une révélation, se manifeste aux autres, prévient le risque de se trahir en elle, et il conjure ce risque moyennant l'acte de se donner la forme préalable d'une *révélation de lui-même à lui-même* : il peut se révéler sans se trahir s'il est pour lui-même l'acte de se révéler ; l'intérieur peut s'extérioriser sans se trahir s'il est, en tant qu'intérieur, une extériorisation intérieure. La pensée ne s'exprime fidèlement dans une parole extérieure que si elle est elle-même parole intérieure. En termes théologiques, Dieu peut se révéler parce qu'Il est trinitaire ; c'est parce que Dieu est l'acte de se dire qu'Il peut sans mentir nous dire l'acte qu'Il est, entretenir à l'égard de sa Parole, qu'il est, une relation d'avoir par quoi Il peut la communiquer. La pensée *est* parole, identique à elle, elle doit l'être pour que la parole en laquelle elle s'extériorise ne soit pas son tombeau, l'éclipse de la vie qui la fait être pensée pensante ; mais si l'on en restait à cette exigence, la pensée ne serait pas encore pensante, parce que l'expression de la pensée en parole est une initiative de la pensée, elle est exercée par elle qui, sujet de son exercice, se révèle puissance active par là *différente* de l'acte qu'elle exerce ;

si la pensée n'est pensante qu'en se faisant parole par réflexion, en s'identifiant à elle et en l'identifiant à soi, elle doit conjurer sa contradiction qui la fait se relancer indéfiniment dans une réflexion incapable de se sublimer en être ; et cette contradiction est le fait de l'identité de la pensée et de son verbe, de la puissance et de son fruit ; et, pour conjurer une telle contradiction, elle doit confirmer le moment de sa différence dans et par l'acte de l'abolir, ainsi confirmer son avoir différent de son être dans et par l'acte de faire s'identifier son être et son avoir. L'identité est non contradictoirement identité de l'identité et de la différence si et seulement si elle confirme sa différence — ainsi la pose en elle-même comme son avoir — dans l'acte à raison duquel elle l'abolit en s'en rendant victorieuse.

§ 31. Immanence et transcendance.

Le pouvoir, propre à l'infini, de contenir superlativement les perfections finies, n'exige nullement que le créé soit en Dieu, ou que la créature soit connaturelle à Dieu ; il signifie seulement un mode d'être du fini dans l'Infini actuel, mode d'être essentiellement différent du mode d'être du fini investi dans les créatures, lesquelles préexistent en Dieu tel l'effet dans sa cause. Mais si tous les effets possibles, essentiellement distincts les uns des autres (l'être du chat est le non-être du chien) en tant que créés, préexistent dans leur Cause première en laquelle ils s'identifient avec elle et entre eux, il reste que la différence entre deux créatures, définitionnelle de ces dernières, trouve aussi sa raison ultime en cette même Cause première qui, de ce fait, fait s'identifier en elle, les assumant à l'état parfait, toutes les perfections possibles, mais tout autant les fait se différencier les unes des autres. Et c'est pourquoi nous sommes invités à nous représenter l'unité divine parfaite dans une forme qui ne soit pas ablative d'une différenciation intestine réelle au reste proclamée, à un autre degré (strictement surnaturel) d'intelligibilité de l'essence divine, par le dogme dans le mystère trinitaire : unité de substance et différence des Personnes, cependant que l'essence divine est tout entière en chaque Personne. Et les Idées divines créatrices, paradigmes des créatures, s'identifient réellement dans et avec l'essence divine, mais tout autant elles se distinguent réellement entre elles. Si la différence des Idées ne devenait réelle que par la différence réelle des choses dont elles sont les Idées, il faudrait admettre que Dieu n'accède à la connaissance éternelle qu'il a de Lui-même en tant que participable (telle est l'Idée divine) que moyennant la position des créatures dans l'existence, et cela rendrait Dieu pourtant cause première du monde dépendant du monde selon une action réciproque entre fini et infini qui se résoudrait dans une identité panthéistique elle-même logiquement irrecevable : si la Substance divine une, supposée immanente au monde, s'explicite et s'actualise en s'exprimant dans une infinie diversité de modes, d'attributs, d'êtres ou — comme on voudra — de manières d'être, alors c'est en l'un de ces êtres, à savoir l'homme, que la Substance accède à la conscience d'elle-même ; mais s'il en était ainsi, le philosophe devrait se reconnaître le pouvoir de percer le secret de l'acte à raison duquel la Substance se plurifie en une infinité d'êtres sans cesser d'être elle-même en sa simplicité fondatrice ; or nous nous savons capables d'avoir l'idée de Dieu, de constater la richesse infinie du divers créé ; nous savons remonter des effets à leur Cause, nous sommes impuissants à faire dériver le divers de sa Cause, précisément parce que cette dérivation procède d'une décision créatrice libre, ainsi contingente ; si l'idée que j'ai de Dieu et des Idées divines est unilatéralement l'idée que Dieu a de lui-même en moi, alors le savoir que Dieu a de moi en son Idée créatrice, c'est-à-dire le savoir qu'il a de moi, est le savoir qu'il a de lui-même en moi, lequel est le savoir que j'ai de moi-même ; or cette Idée divine est créatrice ; donc le savoir que j'ai de moi-même devrait se révéler créateur, par là positionnel de mon acte d'exister ; la conscience d'exister serait positionnelle de l'existence de la conscience ; et il est par trop évident qu'il n'en est rien. Force est donc, en répudiant le panthéisme, d'affirmer que les différences des choses trouvent en Dieu la raison de leurs différences, tout en maintenant que ces raisons des différences s'identifient entre elles en Dieu ; et cela revient bien à exiger que l'identité ou simplicité divine soit identité de l'identité et de la différence.

§ 32. Être et avoir.

Ce qui précède peut être établi d'une autre façon. L'absolu est le parfait, l'immobile, l'acte pur : ce qui est en mouvement est nécessairement imparfait, qui ou bien s'achemine vers sa fin que de ce fait il n'a pas atteinte, ou bien s'est éloigné de sa fin que par là il ne possède plus. L'acte pur est l'infini actuel, par là la puissance active infinie. Mais ce qui est infiniment puissant maîtrise toute chose, jusques et y compris lui-même qui s'en trouve de ce fait, d'une certaine façon, esclave de soi-même. Ce qui maîtrise excède en puissance ce qui est maîtrisé. Or le parfait, en tant que maître de soi, ne peut, dans la maîtrise de sa perfection, s'excéder en se posant au-delà d'elle, puisqu'il est déjà par définition absolu et infini. Dès lors, la seule manière dont il dispose pour s'excéder, ainsi pour être absolument l'absolu qu'il est, ou encore pour s'introniser tel ce parfait maître de sa perfection, *c'est de se faire moins que lui-même sans cesser d'être lui-même*, ainsi de parcourir, sans cesser aucunement d'en exercer le degré suprême, tous les degrés de la perfection qu'il est, et c'est là se poser *de telle sorte qu'il ait ce qu'il est*. L'être fort, l'être qui *est* fort au point de tendre à être la force même, est l'être qui, loin d'être emporté par elle, maîtrise sa force qu'il *a*, et la maîtrise en en exerçant tous les degrés jusques aux plus humbles. Mais s'offrir le privilège d'assumer, dans lui-même, indépendamment de quelque production créatrice ad extra, tous les degrés de sa perfection, cela consiste dans l'acte concomitant de coïncider statiquement avec soi et de renoncer à soi pour se faire dynamiquement procéder, en la surmontant, de son absence consentie à soi-même. Si l'infini était exclusif du fini, celui-ci, extérieur à celui-là, serait principe de limitation de l'infini, ainsi de négation de ce dernier qui doit dès lors, pour ne pas se trahir, le contenir comme ce en quoi il s'éclipse et dont il se fait surgir en le niant ; l'infini est infini concret — ou, en termes scolastiques, infini actuel — moyennant l'acte unique — qu'il est — d'instituer l'assomption de la finitude intestine dont il se fait provenir en la faisant se convertir à lui, ainsi en l'abolissant, ***et*** de confirmer cette finitude, c'est-à-dire de se libérer de lui-même en elle afin de conjurer la réitération indéfinie d'une telle assomption —

réitération en quoi il s'épuiserait indéfiniment s'il n'était qu'identité contradictoire de l'infini et du fini.

§ 33. L'activité de l'immobilité.

Nous avons observé que l'infini considéré comme exclusif du fini se révélait contradictoire, habité par une tendance constitutive à se finitiser : par là qu'il prétend n'être pas fini, à n'être pas contaminé par le fini, l'infini lui concède le privilège d'exister hors de lui et, ce faisant, l'infini s'en trouve limité par le fini. C'est pourquoi l'infini véritable, l'infini concret, l'infini actuel qui n'est pas cette potentialité in(dé)finie définitionnelle de l'imparfait ou inachevé (un pur « pouvoir-être tout » est infini à sa manière, mais sur le mode de ce qui n'est rien d'effectif), est ce qui sait faire l'épreuve du fini sans cesser d'être infini ; on peut proposer une image de cette exigence en évoquant la force des forts, lesquels sont d'abord maîtres d'eux-mêmes et doués pour exercer la douceur ; la force des faibles se trahit, révèle sa faiblesse, quand ceux qui se targuent d'être forts font l'aveu du besoin d'exercer leur force en s'inventant des ennemis perpétuels pour se rassurer en se mesurant à eux ; le vrai fort sait assumer la faiblesse sans perdre sa force, et cette assomption révèle l'aspect de faiblesse qu'enveloppe la force sur le mode de la douceur, ou plutôt : ce non-exercice de la force (ou exercice par la force de la faiblesse) qu'enveloppe la force, nécessairement, pour ne pas se convertir malgré elle en faiblesse, est un exercice par la force de la non-force, et telle est la douceur, acmé de la véritable force. Ainsi donc, si l'infini exclusif du fini est contradictoire, l'infini exige d'assumer le fini sans cesser d'être infini ; sous ce rapport il se finitise et surmonte sa finitude (l'extrême du fini est le néant, et le néant est néantisation de toute chose et ainsi de lui-même), s'abandonne et se ressaisit ; mais s'il ne consistait qu'en cela, il se retrouverait dans son état initial et serait contraint de recommencer indéfiniment : *étant*, dans l'origine (qui par réflexion est aussi résultat) de lui-même, cette tendance à se renier, alors, en confirmant le moment de sa finitude dans et par l'acte de faire se renier cette dernière en lui, il se libère de cette tendance qu'il était, il *l'a sans l'être*, et s'intronise par là infini concret libéré de toute tendance à se trahir ; il *est* infini innocent de toute finitude parce qu'il *a* toute finitude en lui. Et l'impression fâcheuse que peut éprouver le lecteur quand on lui parle de moment — ainsi de mouvement — pour évoquer l'acte pur, doit être dissipée si l'on consent à comprendre que faire assumer le fini par l'Infini n'est pas introduire de l'imperfection ou du mouvement en lui. Nous parlons en termes de mouvement de Celui qui est l'Immobile, parce que nous ne sommes pas Lui ; Lui est son dire, de sorte que notre dire de Lui doit différer de Lui ; Il dit en un seul acte ce que nous ne parvenons à signifier qu'en convoquant deux opérations qui attestent, « in actu exercito », notre finitude : l'acte de renier le fini **et** l'acte de le confirmer, acte en soi unique qui est l'acte de l'Infini actuel. Est « sublimation » (Aufhebung) ce qui s'achève dans un acte qui est ce à raison de quoi il se nie ; la consommation de la chrysalide, sa vérité immanente, sa perfection, sa position exhaustive de chrysalide complètement déployée, est aussi l'acte de sa conversion en papillon, par là de sa suppression sans reste en tant que chrysalide. Il en est de même pour le mouvement. Il est impossible que tout soit devenir dans ce qui est en mouvement, parce que tout mouvement suppose des contraires et consiste dans le passage d'un contraire à l'autre ; si les contraires eux-mêmes changeaient, l'un serait immédiatement l'autre, et un tel passage de l'un à l'autre serait impossible ; si le froid est l'acte de s'échauffer, s'il est l'acte même de devenir chaud, alors il n'est plus possible pour un mobile, sujet du changement, de passer du froid au chaud, et ce mouvement se convertit en éternel repos. Si tout mouvement suppose de l'immobile, aucun mouvement n'est absolument mouvement, en ce sens qu'aucun mouvement n'est tel que tout ce qui est convoqué pour le faire être soit en mouvement ; inversement, si la mobilité du mobile s'absolutise, se consomme, se parfait dans son ordre de mobile, alors le mouvement se convertit en immobilité : l'acte d'identification du mobile à son propre devenir est aussi l'acte de sa conversion en immobilité pure. Et en retour est immobilité pure ce qui maximise sa mobilité pour la faire se sublimer, ce qui dans un même acte radicalise et supprime sa mobilité.

§ 34. Immobilité et réflexion.

Ce qui est son devenir consiste dans le devenir de soi ; et sous ce rapport il est l'acte de devenir ce qu'il est, identité du processus et du résultat. Il en est ainsi parce que, en devenant soi-même, lui qui est son devenir, il se consomme dans un terme qui consiste dans l'acte de s'arracher à soi, ainsi dans l'acte même de devenir (devenir est bien nier ce à partir de quoi on devient), mais par là, puisqu'il est tenu pour ce qui est son devenir, il se consomme dans un terme qui n'est autre que lui-même : il est le devenir de soi. Mais ce qui devient soi-même est ce dont l'origine est le résultat, et c'est pourquoi il est sa *réflexion.*

Ce qui est son devenir est le devenir de soi et il est sa réflexion. Mais ce qui est son devenir, sous un autre rapport, se résout immédiatement en immobilité absolue, fait l'aveu de son immobilité parfaite, parce que tout devenir est négation de l'origine et passage en son contraire : ce dont *l'être* est son devenir est un devenir qui *est*, mais par là un devenir qui devient, et qui, nécessairement, devient le contraire de lui-même, à savoir le repos. Ce dont l'être est le devenir de soi est éternelle immobilité parfaite, et réciproquement.

Ce qui *est* sa réflexion — c'est-à-dire ce qui, dans un seul et même acte, radicalise la réduction de soi-même à son pur devenir de soi, ***et*** opère la sublimation en immobilité pure du devenir qu'il est — c'est bien ce qui est absolument simple et immobile à raison même de sa victoire éternelle sur la possibilité du devenir et de la complexité, possibilité qu'il abolit dans l'acte où il l'assume. L'être qui est voué à devenir est une dégradation de l'être immobile, mais l'être immobile est une sublimation de l'intemporelle possibilité, vécue en et par lui, de dégénérer en être en devenir.

§ 35. L'Immuable qui est activité.

Si ce qui précède offusque la conscience raisonnable et prudente du croyant sourcilleux — ce qu'au reste nous comprenons, et dont nous tenons le plus grand compte, ayant souci de demeurer dans la parfaite orthodoxie —, qu'on daigne prendre en compte le court commentaire que nous proposons ci-après du discours théologique suivant (*Initiation à la théologie de saint Thomas d'Aquin*, Desclée & Cie, 1952, par R. P. Raphaël Sineux O. P.) :

« La vie est un principe intérieur qui permet à certains êtres *d'évoluer, de se développer*<nous soulignons>, par opposition aux êtres inertes qui ne se *modifient* <idem>que sous l'action d'un élément étranger. La vie comporte divers degrés : du végétal jusqu'à l'Ange, en passant par l'animal et l'homme, on trouve ce *mouvement* <idem> intérieur plus ou moins parfait, selon qu'il procède d'une plus ou moins grande spontanéité, selon aussi qu'il maintient l'être à un niveau plus ou moins élevé. La forme la plus haute de la vie appartient aux êtres spirituels, non seulement parce que leur action intime est plus spontanée, consciente et libre, mais aussi parce qu'elle les met hors d'atteinte des éléments corrupteurs qui ne peuvent s'attaquer qu'à la vie corporelle. Or, Dieu n'a pas seulement en Lui un principe d'action, Il est lui-même Son action. 'Acte pur ', c'est pourquoi il est essentiellement vivant, ou plutôt 'Il est la Vie' » (p. 32).

Notons, dans ce passage parfaitement orthodoxe, qu'il est de la raison du vivre d'envelopper l'idée de mouvement, mais aussi l'idée d'action, et que tant le mouvement que l'action supposent *des* termes, par là une pluralité ou une différence. Force est d'en inférer que Dieu, qui est vivant au point d'être la Vie, qui est aussi éminemment simple à raison de sa perfection le définissant comme Cause première, cause incausée, raison de toutes les perfections participées, enveloppe en son Concept, en Son essence qu'Il est, à la fois la pluralité et le devenir, non ablatifs de sa simplicité et immobilité, et même intrinsèques à la perfection de cette immobilité qui est simplicité. Et c'est exactement ce que nous sommes invités à penser, non pour percer le mystère trinitaire, mais pour attester que ce mystère — le plus grand des mystères — ne violente pas la raison naturelle : il est nécessaire qu'il ne la violente pas, au regard même des exigences de la foi, parce que croire n'est possible que si l'on sait que l'on croit, tout en sachant ce que l'on croit : la raison est convoquée, devant que d'être — en le sachant — dépassée par ce à quoi elle adhère, dans l'élaboration de l'acte de foi. Si l'objet de la foi apparaît comme contraire à la raison, il devient pour elle inintelligible, ce qui revient à dire que la raison ne sait plus ce qu'elle croit, par là laisse cette *connaissance* qu'est la foi dégénérer en adhésion volontariste aveugle, et ce n'est plus la foi mais obstination passionnelle qui veut se faire passer pour fermeté dans la foi. Or penser l'identité dans la différence, l'immobilité dans l'assomption du devenir, montrer que ce concept est un vrai concept et non un « flatus vocis » auquel se réduirait un discours contradictoire, c'est ce que nous avons essayé de suggérer plus haut. Lacordaire (cité par le Père Sinueux p. 35) enseignait : « Qu'est-ce qu'une relation ? C'est le rapprochement de deux termes distincts. Le rapprochement parfait est l'unité, la distinction parfaite est la pluralité ; par conséquent, *la relation parfaite est l'unité dans la pluralité* <nous soulignons>» (*Conférences de Notre-Dame*, 46ème conférence). On ne saurait enseigner plus clairement que l'unique manière de forger, autant qu'il est possible à une intelligence humaine, un discours sur Dieu qui ne soit ni absurde ni faux, consiste à introduire de la relation en Dieu, à faire des Personnes des relations, par là à proclamer — toute relation supposant *des* termes — que l'identité concrète est identité de l'identité et de la différence. Et il est vrai que chaque Personne divine est relation subsistante :

Dieu est « l'immuable et l'activité tout à la fois » (o. c. p. 32). « Dieu agit de ces deux manières <action extérieure et action intérieure)>. Son action extérieure, c'est la Création ; son action intérieure, c'est la Trinité » (id). « Procéder, au sens étymologique, veut dire : partir d'un point, sortir d'un lieu, émaner d'une chose (...). Mais, comme il existe une action immanente dont les effets ne sont recueillis que par l'être même qui la produit, le rapport entre l'être qui agit et cette action immanente sera aussi une 'procession' intérieure. Des actes immanents de Dieu, actes d'intelligence et de volonté, procèdent le Fils et le Saint-Esprit » (p. 33). Les processions produisent « des relations subsistantes qui constituent des personnes » (p. 34). « Le Père, le Fils et le Saint-Esprit forment trois réalités distinctes entre elles, à cause de la relation de chacune avec les autres. Bien que Paternité et Filiation soient une même chose en réalité avec l'essence divine, cependant la Paternité et la Filiation impliquent, dans leurs raisons propres, des rapports qui s'opposent. C'est pourquoi elles se distinguent réellement l'une de l'autre » (p. 36). On obtient bien que les Personnes s'identifient à l'unique Essence et s'identifient entre elles en elle, tout en se différenciant réellement les unes des autres ; donc l'Essence n'est identique à soi qu'en se différenciant de soi, assumant une différence intestine formatrice de son identité à soi. Et c'est en raison de ces exigences que nous avons été sommés d'introduire le concept de réflexion subsistante.

Notons enfin, au risque d'achever de scandaliser, parmi nos bienveillants lecteurs, le sourcilleux censeur qui aurait pu nous faire l'honneur de se glisser au milieu d'eux, que le concept de relation subsistante, dont use l'Aquinate pour tenir un discours vrai sur Dieu en définissant ainsi les Personnes, semble bien porter en lui, au rebours de la lettre du thomisme, l'idée de cause de soi. « Sicut enim deitas est Deus, ita paternitas divina est Deus Pater, qui est persona divina. Persona enim divina significat relationem ut subsistentem » (Saint Thomas, *Somme théologique*, I[a] qu. 29 a. 4). « Hoc nomen 'persona' significat relationem in recto et essentiam in obliquo » (id. ad 1). La propriété qui rend les Personnes incommunicables, cependant que chacune est l'essence divine tout entière à elle communiquée, est la relation d'origine opposée à son contraire dont elle est solidaire. Une Personne divine est une relation subsistante. S'il est de la raison de toute relation, entendue comme prédicament connotant un accident, d'avoir des termes qui la définissent, dans le moment où de tels termes sont ce qui fait être cet accident qu'est la relation, alors, s'il s'agit de relation *subsistante*, ainsi de relation substantielle et non plus accidentelle, c'est elle qui fait être les termes qu'elle unit mais, n'étant pas cette relation qu'elle est sans référence aux termes qui la définissent, alors, en se faisant positionnelle de ses termes, elle se fait positionnelle d'elle-même. Or les Personnes qui sont des relations sont une même chose, sous le rapport de l'identité de substance, avec l'essence divine. Donc l'essence divine est tissée par des relations dans et par le jeu desquelles elle se constitue comme substance ; mais cela signifie qu'elle se fait exister. On sait que l'idée de cause de soi semble contradictoire, qui voudrait que la cause fût déjà là pour se causer, tout en n'étant pas encore là en tant qu'effet, de sorte que l'identité de la cause et de l'effet voudrait que le principe fût présent et absent en même temps et sous le même rapport. Si ce qui précède est recevable, nous sommes invités à définir le non-contradictoire telle une victoire opérée sur la contradiction assumée. Et tel est l'acte d'être entendu comme réflexion.

Si une relation subsistante, ainsi substantielle, par là positionnelle de ses termes, tient cependant d'eux son statut de relation, alors, en les posant, elle pose le déterminant par quoi elle est relation, mais alors, de ce fait même, elle se pose elle-même ; une relation subsistante est par définition « causa sui ». L'être entendu comme réflexion est relation subsistante. Nous nous souviendrons, pour apaiser quelques scrupules ou dissiper quelques inquiétudes, du fait que saint Thomas admet le concept de relation subsistante et en use sans vergogne.

§ 36. Fin naturelle et fin surnaturelle.

L'Infini n'est tel qu'à assumer le fini qu'il surmonte souverainement. Mais tout ce qui procède de Dieu Lui ressemble d'une façon ou d'une autre ; le fini, en tant même que fini, fait mémoire, sans le savoir — et non sans celer ce qu'il révèle par le fait même, paradoxal, d'en faire mémoire —, de l'Infini, ce qui revient à dire qu'il existe dans le fini une vocation naturelle à s'infinitiser sans renoncer à sa finitude constitutive, tel l'envers, dans l'élément de la contingence, de ce prodigieux pouvoir de l'Infini en acte de vivre l'épreuve du fini sans cesser d'être infini. Les choses sans pensée révèlent cette tendance à s'infinitiser en s'usant, en se corrompant, en consommant leur finitude dans le néant où elles se résolvent, elles renoncent en fait à leur finitude constitutive ; leur manière d'aspirer à l'infini est de refuser, fût-ce au prix de leur existence, la finitude qui les tient à distance de leur Source et qui pourtant les constitue. Les choses vivantes exercent cette propension à s'infinitiser en procréant, en projetant dans l'infini potentiel la réitération spécifique du même, c'est-à-dire en proclamant par là leur pouvoir de conjurer la mort. Et l'être d'esprit atteste cette tendance à s'infinitiser en faisant éclore en lui ce qu'il est convenu de nommer le désir de Dieu, désir qui fait de l'homme un étranger dans ce monde qui l'accueille et qu'il ne peut s'empêcher de bouleverser, de remettre en question, d'amender, d'organiser, d'embellir et de détruire tout en un. Autant confesser que cette Révélation unique, quoique gratuite et non désirée à proprement parler, répond néanmoins à une convenance naturelle et la révèle à elle-même. Mais c'est ce même homme qui aspire à l'infini et qui plébiscite sa finitude, puisque ce qui lui donne d'être, sa limite ontologique qui le circonscrit, est aussi ce qui lui enjoint de n'être que ce qu'il est. On retombe bien sur l'aporie : la condition humaine consiste à désirer l'infini et le fini tout en un, à s'enraciner dans le fini et à nier sa finitude, ce qui prend la forme au premier abord contradictoire d'une glorification de la Terre culminant dans le service du bien commun politique, *et* d'une aspiration au Ciel ayant pour corollaire obligé le mépris de la Terre et l'abaissement du souci de la chose politique.

Et cette difficulté à concilier immanence et transcendance, fini et infini, s'est réfractée dans la société catholique — comprenons : dans la société faisant à bon droit de la catholicité le fondement et la fin ultime surnaturelle de l'organisation naturelle de la société — historiquement et logiquement organisée en monarchie. Aussi longtemps que l'espérance chrétienne fut assez vive pour faire supporter, dans l'obscurité de la foi, ce qui en l'état ne pouvait pas ne pas être vécu sur le mode d'une contradiction, la société s'est développée sans se fissurer de manière létale. Mais, avec la reviviscence d'aspirations naturelles jadis déployées dans un contexte païen et nouvellement écloses du fait de l'aiguisement de l'esprit critique suscité par la convocation de la raison dans les progrès de l'intelligence de la foi, la tension entre aspirations mondaines et soif de l'absolu non mondain s'est exacerbée jusque dans l'organisation politique de la société qui ne s'est pas relevée de cette épreuve.

On peut bien essayer de penser à viser l'éternité en vivant au rythme immanent du temps, mais là encore : comment le temps peut-il mener à l'éternité ? Eternité n'est pas sempiternité ;

l'éternité est l'autre du temps, elle est un présent pur et subsistant. Vivre au rythme du temps en visant l'éternité, sans médiation permettant de concilier les deux sphères, cela consiste à vivre selon deux registres qui se chevauchent et ne se rencontrent jamais.

Autant dire que l'homme est déchiré entre deux fins qu'il ne fait s'harmoniser qu'en faisant de l'une l'instrument de l'autre, ce qui en soi n'est pas illégitime mais encore faut-il rendre raison du fait que ce qui a raison de moyen au regard de la fin surnaturelle peut avoir en même temps raison de fin pour le croyant que son statut de croyant ne laisse pas de demeurer naturellement un animal politique habité par des appétits politiques : le citoyen faisant de la vie politique le moyen de son salut est frustré dans sa conscience politique s'il lui est enjoint de ne jamais s'ordonner au bien commun de sa patrie comme à sa fin.

On pourrait aussi déclarer que l'homme ne donne à la Cité que la vie de son corps, réservant à Dieu celle de son âme ; mais là encore se pose immanquablement la question de savoir si la Cité, pour qui entend ne vivre que pour Dieu, mérite seulement qu'on lui sacrifie son corps, ce corps qui demeure, ici-bas, la condition d'exercice des facultés spirituelles. Sacrifier son corps, cela peut être pris en deux acceptions. On peut entendre par là qu'on abandonne son corps, telle une défroque sans importance, à la Terre, afin de réserver son âme pour le Ciel, et cela revient à quitter la vie terrestre à laquelle, sous ce rapport, on ne donne rien de positif, et l'on est dans la situation de celui qui réduit tous les biens du monde tantôt à de vils instruments de la vie éternelle, tantôt à de véritables obstacles à la vie éternelle : on concède quelque chose de soi-même à l'instrument, on ne se donne pas à lui tout entier. On peut aussi entendre qu'on sacrifie son corps, bien précieux et condition de la vie terrestre, en vue d'une fin terrestre, mais c'est confesser logiquement qu'il est des fins terrestres méritant qu'on leur sacrifie sa vie terrestre tenue pour précieuse en elle-même ; or cela revient à admettre qu'il est des biens terrestres méritant que l'on s'ordonne à eux tout entier, puisqu'une chose n'est précieuse, pour l'homme en tant qu'il est homme, que si elle précieuse pour son âme et non seulement pour l'animalité qui est en lui. Non, une telle dichotomie de la matière et de l'esprit ne répond pas aux exigences du problème : se donner tout entier à deux maîtres (le maître du bien commun et Celui du Souverain Bien) sans trahir aucun des deux. Au reste, « nul ne peut servir deux maîtres ». Mais alors comment rendre à César ce qui est à César et à Dieu ce qui est à Dieu ?

Il n'est donc pas abusif de souligner que la société définie par la monarchie catholique, elle-même produit de la décomposition de l'Empire païen tout investi dans la temporalité, déchirait l'homme entre deux fins, immanente et transcendante, naturelle et surnaturelle, à telle enseigne que, dans les temps modernes, on en est venu à définir cette déchirure telle une « conscience malheureuse » ; il en résultait que le service de la fin ultime, surnaturelle et intemporelle, s'exerçait au détriment de la finalité immanente et naturelle du dieu mortel qu'est l'homme. Ce qui contrevient aux lois du rapport entre nature et surnature, entre nature et grâce ou don divin habilitant son donataire à vivre de la vie même de Dieu : la surnature, en droit, soigne et surélève la nature ; en la faisant s'excéder, elle la restitue paradoxalement à elle-même et la fait re-coïncider avec soi, en rectifiant son désaxement peccamineux ; mais plus la nature est naturelle, plus elle est maîtresse de ses opérations ; plus elle est autonome, mieux elle se contre-divise à l'ordre de la surnature, non pour s'en émanciper mais pour s'accomplir au mieux dans son ordre propre et, moyennant ce souci d'accomplissement naturel de soi, viser la Fin transcendante.

§ 37. La philosophie, seulement « ancilla theologiae » ?

Ainsi, **tant au niveau théorique qu'au niveau pratique, tant au niveau moral qu'au niveau politique et institutionnel, les conditions d'harmonie entre fini et infini, nature et surnature, n'ont pas été appliquées ni même véritablement trouvées dans les sociétés monarchiques**. Encore moins l'ont-elles été dans les sociétés démocratiques, qui ont évacué le problème en supprimant toute aspiration à la transcendance, pendant que, en leur sein, les rescapés spirituels de l'avant des démocraties tendaient à se constituer en ghettos dans lesquels, pratiquement, ils évacuaient le problème en s'efforçant à exténuer les aspirations à des biens immanents, considérant que rien en ce monde ne vaut au fond que l'on meure pour lui, ou que l'on s'y ordonne comme à sa fin.

Ce qui peut être illustré comme suit.

Quelque soucieux que l'on puisse être — au reste légitimement — de saluer l'extraordinaire effort d'intelligence de la foi que constituent les produits conceptuels de la scolastique, en particulier du réalisme thomiste, l'ère des monarchies catholiques, aussi longtemps qu'elles restèrent véritablement catholiques, vit la philosophie reléguée au rang d'« ancilla theologiae », d'instrument d'explicitation du dogme, laissant de côté maintes questions profanes que la raison se pose spontanément ; ce qui frustrait l'appétit naturel de connaître et la souveraineté de la raison sur son domaine propre ; on ne déployait les ressources de la raison que pour servir le développement théologique. C'est cette frustration qui induisit la tendance — coupable du point de vue catholique — à faire droit aux besoins de la nature au détriment des exigences de la vie surnaturelle. Telle fut cette pulsation de naturalisme constitutive de ce qu'il est convenu de nommer la Renaissance, qui consista en une entreprise dévoyée d'achèvement du processus pourtant nécessaire — admirablement déployé par la chrétienté médiévale, mais non achevé par elle — de réassomption, par le christianisme, des grandeurs du paganisme.

De surcroît, est-il, oui ou non, naturel de lutter, par le développement technique, contre une nature hostile dont on ne cessera cependant d'admirer, de plébisciter, de respecter l'ordre universel admirable ? A peine d'être tenu pour un masochiste ou un homme insurgé contre sa condition terrestre — ainsi contre sa condition d'homme, mais par là contre l'Auteur de cette condition —, on répondra positivement à cette question, pour autant que le souci de maîtrise de certaines forces naturelles se fasse conformément à l'ordre universel de la Nature, et sans se substituer à la fin de l'action humaine, qui est l'activité contemplative. Mais ce sera cautionner la légitimité du lancement des sciences expérimentales, des Grandes Découvertes, du développement de l'art profane. Il nous semble réducteur et injuste d'opposer complaisamment le Moyen Âge, sommet — de fait — de la Chrétienté, à la Renaissance païenne, comme si l'aspiration aux biens visés dans l'époque renaissante n'était pas inscrite dans et cultivée par les progrès mêmes du Moyen Âge chrétien ; comme si les progrès accomplis par cet âge béni n'avaient pas été générateurs d'une dynamique faisant se déployer l'appétit et la curiosité pour le monde, pour ses beautés et ses secrets qui parlent de leur Auteur, à proportion du réveil de l'appétit pour le divin qui n'est pas de ce monde. Nul doute que ce tournant renaissant ne s'est pas, pour le catholique, déroulé comme il l'aurait dû. Mais ce n'est pas à dire que l'on pouvait faire l'économie d'un tel tournant, ou que ce dernier était intrinsèquement mauvais.

Si le thomisme s'établit assez tôt comme la philosophie privilégiée du catholicisme, non sans connaître de longues périodes de désaveu au profit du cartésianisme, c'est seulement avec Léon XIII qu'il conquit son droit de cité dans le domaine politique, mais il ne se développa alors que dans un contexte démocratique, celui du funeste « Ralliement ». Dans les temps monarchiques de Chrétienté, les sociétés furent organisées selon les impératifs de l'augustinisme politique plus que selon ceux du thomisme. Pour l'augustinisme politique, ainsi qu'on peut s'en persuader à la lecture de la *Cité de Dieu* (livre XIX chapitre 15), le pouvoir de l'homme sur l'homme n'est pas naturel ; il est issu du péché, au titre de sanction divine consécutive à la Chute ; si l'homme n'avait pas péché, il n'eût pas été dans la vocation de l'homme d'obéir à l'homme. Aussi n'y avait-il pas, en ces temps de chrétienté politique, de recherche du bien commun entendu en son sens fort de bien de la totalité et de bien diffusif de soi d'autant meilleur que plus commun ; une telle acception du bien commun, pratiquement considérée tel un vestige empoisonné des sombres grandeurs païennes, était tenue pour incompatible avec la sublimité de la destinée surnaturelle de la personne humaine ; la fonction du politique était essentiellement castigatrice, et le principe de légitimité du pouvoir était religieux et ecclésial, strictement surnaturel puisque sans fondement naturel préalable. D'où cet esprit théocratique culminant avec Boniface VIII, selon lequel le constitutif formel de la légitimité politique aurait été le sacre, conformément aux exigences de la doctrine dite des Deux Glaives. Le souverain pontife, originairement détenteur des deux glaives en tant que vicaire du Christ roi des nations, déléguerait au prince le pouvoir temporel, dans une synergie entre ordres temporel et spirituel faisant du prince le détenteur du pouvoir sans autorité (qu'il recevrait du pape), et du pape le détenteur de l'autorité sans exercer le pouvoir (qu'il ferait assumer par le prince). De même que la philosophie était réduite au statut d'instrument de la théologie révélée, de même le Politique vis-à-vis de la morale et de la christianisation des masses ; on se souciait de l'ordre naturel autant qu'il le fallait pour que la nature servît d'instrument à la surnature, mais cela ne suffisait pas à satisfaire tous les besoins de la nature en tant que nature.

§ 38. Poussé à l'extrême, le surnaturalisme naturalise la surnature.

Autre chose, soit dit en passant, est de reconnaître à l'autorité ecclésiale son légitime statut de « stella rectrix », ainsi de norme extrinsèque du développement du savoir naturel, par là encore de lui attribuer la vocation de cause *finale* surnaturelle ultime de l'ordre naturel ; autre chose est de reconnaître à l'ordre surnaturel et à l'Eglise le statut de cause *efficiente* des initiatives naturelles, ainsi de principe intrinsèque de développement des savoirs profanes.

A prétendre déposséder les pouvoirs et instances naturels de leur vocation et aptitude à fonder par eux-mêmes l'ordre appelé par la nature des hommes et des choses, on atrophie la nature, mais par là on sape les fondations naturelles de l'ordre surnaturel, et c'est ce dernier qui dépérit par intumescence. Et c'est bien au fond ce qui s'est historiquement produit.

Autre chose est d'enseigner que la nature, sous le seul effet des bienfaits de la grâce, recouvre, soignée par celle-ci dans le moment où elle est surélevée, l'intégrité de ses puissances et avec elles son aptitude à fonder politiquement l'ordre naturel : la vie ecclésiale demeure cause finale de la vie politique ainsi que sa norme extrinsèque, mais elle n'en est pas la cause efficiente ; autre chose serait de prétendre que la nature investie par la grâce est en demeure de se réduire au véhicule passif de cette dernière, de se vider d'elle-même pour que la grâce l'investît et s'y substituât : ce serait faire de la vie ecclésiale la cause efficiente de la vie politique. Et ce serait là adopter une compréhension réductrice et fausse de l'adage paulinien de l'épître aux Galates : « ce n'est plus moi qui vis, c'est le Christ qui vit en moi ». S'en remettre si totalement à Dieu que Dieu vit en l'âme, signifie que l'âme, en tant qu'elle est volonté, s'en remet à l'Auteur de la volonté même, se soumet sans condition, s'efface pour être recreéée, car le don de la grâce est recréation de l'âme et non pas sa dissolution dans l'océan de la grâce ; or cette reddition libre de la volonté humaine à son Auteur, loin de consacrer la perte de son autonomie et de sa puissance, bien au contraire la confirme en la rectifiant, la redonne à elle-même d'autant plus maîtresse d'elle-même que paradoxalement plus soumise à son Créateur.

Nous abordons avec cette difficulté un problème apparenté à celui de la prémotion physique : Dieu crée non seulement les volontés humaines, mais encore les actes volontaires qu'elles posent, ce qui n'empêche pas ces volontés d'être causes totales de leurs actes. Quand l'homme reçoit la grâce, il est tenu, par le Docteur angélique, pour d'autant plus méritant des actes vertueux qu'il posera grâce à elle, au lieu que la réaction spontanée de l'entendement consisterait à penser que l'homme est d'autant moins méritant qu'il est plus aidé. Or c'est le contraire qui est vrai. Quand le Christ vit en l'homme, quand donc la grâce habite son âme, la vie naturelle de l'homme subsiste éminemment. « Ce n'est plus moi qui vis » signifie : j'ai su me donner complètement à Dieu, je ne me suis pas soustrait à Sa bienfaisante et salvatrice puissance recréatrice. Adopter une lecture surnaturaliste de la formule de saint Paul, exténuer la nature au profit de la surnature, c'est en retour prendre le risque de laisser entendre que, surnaturalisée, la créature, délestée de sa nature, deviendrait Dieu au point que la création entière contracterait le statut panthéistique (une forme de « pan-enthéisme ») de moment intestin de la vie divine. Telle était la position du défunt Père jésuite Pierre-Jean Labarrière s'efforçant à récupérer l'hégélianisme pour élaborer la métaphysique sous-jacente à la théologie de Vatican II.

CHAPITRE IV

Esquisse des fondements métaphysiques d'un fascisme de droite.

§ 39. Le fascisme, médiation entre désir d'immanence et désir de transcendance.

Pour ce qui est du domaine de l'exercice et des modalités du pouvoir temporel, le Politique, dans les âges de Chrétienté, actualisait la nature en tant que de besoin au regard des requêtes du salut, mais ne l'actualisait pas pour elle-même et selon toute son extension. Quand la nature, recréée sous l'effet de la grâce, en vient progressivement à se redécouvrir selon toute son extension, elle ne peut pas ne pas faire valoir ses besoins propres qui ne se limitent pas au statut de matière sacrificielle de la vie surnaturelle. Il n'est pas douteux que, pour le chrétien, certaines puissances opératives naturelles, même non déviées par les effets du péché, ont vocation à être sacrifiées pour être sublimées, ainsi vécues sous une forme plus spirituelle, plus conforme aux besoins de la vie surnaturelle ; ainsi en est-il par exemple du pouvoir humain de procréation volontairement sublimé en enfantement spirituel dans la vie des religieux. Mais cela ne signifie pas que tout l'ordre naturel aurait même vocation. La nature est le sujet de la grâce ; en exténuant la nature on compromet la réceptivité de la grâce ; en abolissant la nature au nom de la surnature, on convoite subrepticement de la faire se sublimer tout entière en surnature, et cela n'est autre qu'une forme pieuse d'exercer le désir dévoyé d'être Dieu. On peut même se demander si telle n'est pas l'essence secrète ou le principe inavoué d'inspiration du luthérianisme, du jansénisme et de toutes les déviations qui leur sont apparentées.

Ce besoin nouveau, d'ordre naturel, libéré en la nature par la grâce, et consistant à aspirer à faire se déployer pour elles-mêmes toutes les ressources de la nature humaine, s'est manifesté au tournant de la modernité avec la Renaissance, mais, parce que le *point de suture* entre nature et grâce n'était pas adéquatement défini, le tournant s'est vécu sur le mode d'une insurrection de la nature contre la grâce, et c'est ainsi qu'un Machiavel nationaliste put aller jusqu'à déclarer qu'il préférait le salut de sa Cité à celui de son âme. Parmi les besoins naturels nouveaux — non pas nouveaux par essence, mais nouvellement éclos —, il y avait le souci du bien commun complet, c'est-à-dire d'un bien commun immanent aimé pour lui-même, et il reste à se demander comment l'homme peut être tout entier à la Cité et tout entier à Dieu, ou encore tout entier et non totalement ordonné à la Cité mais tout entier et totalement ordonné à Dieu.

Une autre manière de définir l'essence du fascisme consiste selon nous à faire observer ceci :

Est fasciste celui qui tend vers la transcendance sans renoncer à l'exhaustivité des biens temporels qui méritent que l'on meure pour eux. Est fasciste celui qui sait poursuivre une fin transcendante selon une conception du rapport entre immanence et transcendance capable de faire de l'entéléchie de la poursuite des biens relevant de celle-là le point de départ de la quête de celle-ci. Et c'est à l'explicitation de cette exigence que nous vouons les efforts dispensés dans la rédaction du présent ouvrage. Notons qu'à notre sens un fasciste perdu dans l'immanence unilatérale, exclusive de la transcendance, ne reste pas longtemps fasciste, pour les raisons évoquées plus haut (§ 31) et résumées comme suit :

Si Dieu est immanent au monde dont il est la puissance intérieure (cette force tenue pour divine, envers des phénomènes qui constituent le monde, sera nommée Désir, Vie, Vouloir-vivre ou Volonté de puissance, au gré des inclinations de chacun), sans transcendance, un tel absolu accède au savoir de lui-même en l'homme qui s'intronise conscience de soi de Dieu ; comment un tel homme peut-il encore, avec d'aussi pesantes prémisses, grevé d'aussi effrayantes capacités, ne pas se prendre pour fin ? Mais alors l'honneur de servir, le sens du sacrifice, l'aspiration au dépassement de soi disparaissent obligatoirement ; si l'homme est l'absolu, alors l'unique relation que puissent supporter, dans l'hostilité réciproque, de tels hommes, est un rapport d'égalité fébrile, sourcilleuse, vigilante, hypertrophiant le subjectivisme et génératrice d'esprit égalitaire mais aussi d'hédonisme.

§ 40. Le fascisme comme médiation (suite).

Pour qu'il y ait bien commun, la société doit être organique, elle est organique si elle est vivante, si elle a *en elle-même* le principe de sa genèse, de sa régénération, de son renouvellement et de sa croissance, si donc elle repose ontologiquement sur soi, à tout le moins si elle y tend.

Nous développerons ces divers points dans le prolongement de ce que nous avons exposé aux §§ 4, 5 et 21.

Nous montrerons qu'il y a bien commun si et seulement si la Cité a en elle-même le principe de sa légitimité, sa raison d'être. Or, dans les sociétés chrétiennes d'avant 89, la Cité avait dans l'Eglise seule le principe de sa légitimité ; d'où l'hétéronomie de la Cité, corrélative de son inachèvement : elle était féodale et n'avait pas redécouvert le principe de l'Etat ; d'où l'absence de bien commun, sinon comme ensemble des conditions des intérêts particuliers vertueux et de leur coexistence. Se refusant à se réformer en vue du service d'un bien commun pris dans la pleine acception de ce terme, la société monarchique catholique, insurgée, par surnaturalisme, contre le destin que lui prescrivait son concept, s'est progressivement défaite. Elle s'est refusée à faire naître l'Etat, à rendre la société organique en s'émancipant du féodalisme ; elle s'est rendue incapable de conjuguer le souci du bien commun et celui du souverain bien, ne les faisant coexister qu'en tronquant le bien commun de son exigence d'organicité effective. Elle a légué à ses fossoyeurs le soin de procéder aux changements qu'elle n'avait pas su s'imposer dans son propre élément. Mais de tels fossoyeurs, pour liquider les inachèvements de la monarchie — ainsi ses défauts —, ont liquidé la monarchie elle-même. Ils se sont insurgés contre la monarchie à la manière dont la dernière étape, particulièrement pénible et dangereuse, d'une crise de croissance, peut faire croire à l'existence d'un vice congénital irréformable et parvenir à plonger le sujet qu'elle affecte dans la tentation du suicide. Nous nous efforcerons de montrer dans les §§ qui suivent quelle est la véritable acception du bien commun dont les rois et leurs théoriciens du Politique, souvent hommes d'Eglise, eussent dû se rendre dépositaires pour conjurer efficacement la montée de l'atomisme démocratique et de l'hédonisme, matrices de la décadence et solidaires de l'irréligion. Et nous observerons que cette acception du bien commun pris en sa plénitude fut redécouverte par le fascisme moderne, et ne le fut par nul autre courant de pensée. Afin d'étayer cette thèse, nous développerons dans les §§ qui suivent un certain nombre de notions que nous avons déjà expliquées ailleurs maintes fois, mais dont l'exposition ne nous paraît pas pouvoir ici être passée sous silence sans nuire au reste de notre argumentation.

§ 41. Le contenu du bien commun.

Le bien commun politique immanent et réel, véritable et complet, célébré dans la Cité antique mais non plus véritablement dans la Cité chrétienne de l'Ancien Régime, **c'est la réalisation en acte de toutes les potentialités de la nature humaine, à l'intérieur d'une communauté de destin expressive d'une manière nationale paradigmatique d'être homme.** Et ce bien est voulu pour lui-même et se subordonne l'individu qu'il ne nous paraît nullement pertinent de distinguer, ici, de la personne.

L'individu est l'individuation d'une nature, de sa nature humaine qui, tout entière en chaque homme (autrement l'homme singulier serait nécessairement un avorton) sans y être totalement (autrement ce qui fait que Socrate est homme serait ce qui le fait Socrate, et Socrate serait l'humanité), fait valoir en lui sa causalité universelle, l'invite à s'excéder, à se réaliser (à se conformer aux exigences de sa nature) en allant au-delà de soi, ce qui se produit diachroniquement et synchroniquement. Diachroniquement : tout individu vivant — dont l'homme — parvenu à maturité, engendre biologiquement, il se communique, il se fait l'instrument de diffusion de sa nature en attente et en exigence de se réaliser selon toutes ses potentialités. Synchroniquement : aucun individu n'est capable de manifester en les actualisant toutes les richesses de sa nature ; mais une communauté ordonnée de personnes humaines le peut — à tout le moins le peut-elle de manière moins incomplète —, et c'est en cela que l'homme est par nature un animal politique : ce qui le pousse à vivre avec ses semblables, par-delà le besoin que chacun a des autres pour ses besoins propres, est le désir de faire se déployer, dans une forme collective, la totalité des richesses de la nature qu'il individue, mais qu'il n'individue qu'en sélectionnant ses virtualités : on ne peut exister humainement en étant homme et femme, en ayant tous les talents, etc.

Ces considérations exigent que soient rappelées les raisons pour lesquelles la nature humaine n'est pas un « flatus vocis », parce que la chose est contestée et — de manière peu rationnelle — par divers courants se revendiquant du fascisme. Elles appellent qu'il soit fait mémoire de la nature du bien commun, afin que soit établi ceci : le bien que nous voulons se veut en nous ; l'adéquation à notre nature, que nous cherchons, est l'expression du désir de soi de notre nature en nous ; notre désir de société est le désir de soi de la société en nous, et l'idéal en lequel se dessine l'expression historique — selon l'une de ses facettes — de la nature humaine, à savoir la nation, est ce qui mesure un tel désir de société ; et dans les trois cas notre bien le plus éminent et le plus propre est un bien auquel nous sommes rapportés, qui ainsi a raison de fin, mais tout autant ce bien est l'essence humaine elle-même envisagée sous des aspects et selon des modes d'existence différents. Et bien sûr un bien commun n'est tel que s'il est le bien d'un vivant, d'un tout se voulant en ses parties, d'où l'idée de réflexion : est vivant ce qui se fait principe de différenciation de lui-même en ses parties en lesquelles il se risque et dont il se fait provenir en les intégrant à lui. Ce qui suit sera une reprise développée du contenu de notre § 5.

C'est en tant que nationalistes que certains fascistes adoptent une position nominaliste, ce qui donne les résultats suivants : il n'y a pas de nature humaine, « l'homme » est une chimère peuplant un arrière-monde fruit du ressentiment ; un idéal national vaut pour ceux qui le choisissent et le construisent et n'a aucune prétention à l'universalité ; la culture est la nature de l'homme qui se choisit et se définit en la choisissant ; les cultures sont incommensurables, chaque peuple a sa vision du monde à nulle autre pareille, sa vérité, ses normes morales qui lui sont relatives ; toute prétention à l'universel est néfaste qui égalise et efface les différences et qui, comme principe d'égalisation, induit logiquement le prurit démocratique ; la raison étant universelle, toute prétention à l'universalité des valeurs est prétention à régler les différends, à traiter les conflits, par le recours à la raison, à l'exclusion de la force, et ainsi tout universalisme est un pacifisme bêlant qui évacue la dimension tragique du monde ; si « l'homme » existe, c'est la philosophie des droits de l'homme qui prévaut, et avec elle la programmation de la genèse du « dernier homme ».

Voyons les choses de plus près.

§ 42. La nature humaine est un principe objectif.

Nous déclarions plus haut (§30) que l'infini, l'« in-fini », en dépit de la structure négative du mot, connote une réalité positive dont les réalités finies tirent leur être en tant qu'elles en sont la limitation. Nous en voulions pour preuve le fait que l'universel en général n'est pas d'abord le résultat d'une abstraction intellectuelle, mais ce qui préside à l'élaboration de cette dernière, de sorte qu'il est tant le « terminus a quo » que le « terminus ad quem » de l'abstraction ou de l'induction ; et dire qu'il est origine et résultat, c'est dire qu'il a la forme d'une réflexion, et c'est confesser que, se révélant avoir les attributs d'une pensée, alors, quand nous le pensons, c'est lui qui se pense en nous. Il y a de l'imparfait parce qu'il y a du parfait, et tel est au reste le nerf de la preuve de Dieu selon la « quarta via » de saint Thomas. Il n'est possible d'identifier l'imperfection de l'imparfait, ou la finitude du fini, que parce que l'idée d'infini ou de parfait est condition a priori d'objectivation de l'imparfait et du limité, même si, du point de vue du progrès de la connaissance humaine (« nihil est in intellectu quod non prius fuerit in sensu » : rien n'est dans l'intellect qui n'ait été d'abord dans le sens), l'universel n'est atteint qu'au terme d'une induction ou d'une abstraction. Cela dit, si, aux principes a priori d'objectivation de la réalité, qui structurent notre raison, ne correspondait aucune réalité idéelle plus réelle que cette réalité dont nous avons l'expérience, dont elle est l'Idée et par laquelle cette réalité contingente est connaissable, c'en serait fait d'une connaissance objective du monde. Si de tels principes d'objectivation n'avaient pas été comme plantés en nous, au jour de notre advenue à l'existence, par une Réalité idéelle dont le réel qui nous entoure et l'idée que nous en formulons sont les rejetons disjoints mais que notre pensée réunit en ses idées, alors toute notre connaissance de la réalité serait phénoménale et il faudrait distinguer entre l'être en soi et l'être pour nous, entre l'être tel qu'il est en lui-même et l'être tel qu'il est pour nos facultés de connaître. Notre savoir serait limité aux phénomènes qui ne seraient pas donation du monde, mais donation de notre manière humaine de nous le représenter. Or c'est là quelque chose de contradictoire, parce qu'un savoir limité semble bien impuissant à accéder au savoir de sa limite qu'il doit avoir dépassée pour la circonscrire. Si la logique, comme système des lois régissant l'ordre du connaître, n'était qu'une physiologie de l'intelligence humaine sans être le reflet, en elle, des lois de l'être auquel est ordonnée la puissance de connaître, cette dernière ne serait même pas capable de s'en rendre compte ; si l'instrument du connaître ne livre pas son objet tel qu'il est mais tel que le connaître le construit, alors, en se prenant pour objet, le connaître est impuissant à se savoir tel qu'il est, c'est-à-dire, dans l'hypothèse envisagée, tel que ses lois ne sont pas celles de l'être ; par là même qu'il prétend opposer le savoir du réel à la réalité sue, le sujet d'un tel savoir, « in actu exercito », fait le contraire de ce qu'il déclare faire. Aussi, en vérité, à nos idées générales correspondent des natures ou essences créatrices confondues dans l'entendement divin, dont le principe abstractif de notre entendement garde mémoire, ou plutôt — la réminiscence ou anamnèse conceptuelle de Platon relevant du mythe, « mensonge qui dit la vérité » — dont ce principe abstractif est une dérivation, une similitude créée. Et les choses qui sont offertes à notre expérience sont autant de réalisations contingentes de ces Idées nécessaires. Dès lors que le commerce avec des hommes divers suscite en nous l'idée d'homme, c'est qu'il existe une nature humaine paradigmatique. Ce qui peut se confirmer par le fait que toute morale capable de nous dire ce qu'il faut faire (à la différence de la morale de Kant qui, sous la pression de l'impératif catégorique se contentant d'éliminer ce qui n'est pas universalisable, nous dit seulement ce qu'il ne faut pas faire) présuppose l'idée de nature humaine : tout jugement est comparaison ; est dit mauvais un acte qui n'est pas conforme au bien, c'est-à-dire qui n'est pas conforme à ce que l'on doit faire, et que l'on doit faire parce que cela exprime ce que l'on doit être (se rendre adéquat à son essence). On ne saurait donc choisir un système de valeurs, comme nous y invitent les négateurs de la nature humaine ; on ne saurait suspendre la valeur de ces valeurs au choix de la pure liberté à laquelle nous nous réduirions : un tel système ne saurait être objet de choix puisqu'il est principe de choix. C'est en vertu d'une valeur antérieure au jugement de valeur que ce dernier est possible. Donc les valeurs morales ne dépendent pas de nos choix mais révèlent en nous, du seul fait qu'elles sont dévoilées, l'existence d'une nature humaine.

§ 43. Nature humaine et liberté.

Si l'homme est l'individuation ineffable — ainsi unique — d'une nature commune à tous, une telle nature a pour chaque homme, en droit, raison de fin. C'est que, en effet, tous les désirs d'un être procèdent de sa nature, même ceux qui, contre nature, empruntent à la causalité de la nature la dynamique à raison de laquelle l'homme pécheur transgresse les lois de sa nature. Et c'est encore par sa nature humaine qu'il est doté du pouvoir de choisir, ainsi qu'il est doté de liberté. L'homme est conditionné par sa nature qui, le conditionnant selon tous les degrés de conditionnement dont elle est capable, fait jouer en lui jusques à sa puissance nulle de conditionnement, selon un degré de causalité équivalant à une rétention de causalité, livrant l'homme à lui-même : une cause est d'autant plus cause qu'elle conditionne plus parfaitement ses effets ; mais elle est aussi d'autant plus cause qu'elle produit des effets qui sont aussi des causes ; or le degré souverain d'exercice de la causalité est la liberté, parce que l'acte libre tire sa position de l'existence de la volonté seule, dès lors qu'elle est, en tant que volonté auto-déterminante, le commencement premier d'une série causale ; elle est toujours déterminée par un bien, mais c'est elle seule qui le rend déterminant pour elle. Par conséquent une cause est d'autant plus parfaitement cause, d'autant plus nécessitante ou « conditionnante » qu'elle est plus à même de produire des effets plus libres, plus autonomes, plus innocents de tout conditionnement. Ce qui revient à dire qu'il est rationnel que la nécessité s'accomplisse moyennant un moment obligé de contingence. La causalité de la nature humaine se radicalise en donnant à lui-même, ainsi en rendant libre, celui dont elle est la cause.

Puis donc que l'homme est littéralement informé par sa nature humaine s'individuant en lui, tous ses désirs procèdent de sa nature. Mais désirer n'est autre que manquer de ce qui est requis pour que l'on soit parfaitement soi-même, c'est-à-dire adéquat à sa nature au point de tendre à s'identifier à elle. Désirer consiste à être attiré par ce que nous prescrit notre nature. Tout désir est ainsi, en son fond, dirigé vers ce dont il procède, à savoir la nature humaine elle-même. Or si notre essence est la racine de la pulsation qui nous ramène à elle, c'est que notre essence se veut en nous moyennant la confiance — pouvant être trahie — qu'elle met en notre liberté pour nous faire accomplir ses desseins. Dès lors, quand nous tendons vers notre essence, c'est elle qui se veut en nous, de sorte que nous tendons vers elle comme vers un bien auquel nous sommes rapportés. Toute réalité substantielle, tout existant concret a la forme d'une identité à soi réflexive faisant de l'essence de cet être l'origine et le terme de la causalité immanente qu'elle exerce en un tel être. Et tendre vers ce à quoi l'on est rapporté, c'est reconnaître en lui une cause finale.

§ 44. Nature humaine et bien commun.

Or telle est la loi qui régit le bien commun : meilleur bien, en droit, du particulier, il est aussi ce bien du tout pris comme tout, qui se subordonne le particulier, parce qu'il se veut en lui. Et il est clair que le désir du bien commun, génitif objectif qui est aussi subjectif, n'est rien d'autre que la pression, en nous, de notre nature commune à tous. La pulsation invitant chaque homme à s'excéder en vue du bien commun n'est autre que la pulsation l'invitant à se dépasser en direction de son essence. Si le bien commun a raison de cause finale, à la fois de l'individu social et de la société entière, c'est que la forme de la société est réalisation macrocosmique (extériorisation) de la nature intérieure qui habite chacun d'entre nous, de même que chaque individu est une réalisation microcosmique (intériorisation) de la société entière et même de l'univers entier. La Cité est comme un « homme en grand ».

La société, dès lors, dont la cause finale est le bien commun consistant dans l'ordre qui la régit, est pour elle-même sa fin, et, dans cette perspective, l'homme trouve, en droit sinon en fait son meilleur bien temporel dans la jubilation consistant à servir la Cité qui vit en et par lui, s'ordonne à lui et se le subordonne, selon la relation d'action réciproque entre tout et parties. Et c'est sur cet aspect des choses que le fascisme a beaucoup insisté. Cet aspect fut négligé tant par l'Ancien Régime frustrant — faute d'une évolution interne émancipant la Cité de la théocratie — l'ordre naturel, que par l'esprit démocratique mécaniste et non organique, individualiste et subordonnant le tout à la partie ; ce sont là deux manières de frustrer le bien commun, la première au nom d'un souverain bien transcendant qui serait ablatif de toute fin mondaine, la seconde au nom d'un bien privé absolutisé, qui se trouve être exclusif de tout bien transcendant.

D'où la tendance fasciste, en soi légitime, à exalter le mouvement — non n'importe quel mouvement errant, mais le mouvement circulaire — entendu comme fin en soi, c'est-à-dire comme jubilation d'une participation de la vie de la partie à la vie du tout qui se régénère en et par elle, et qui n'est que dans et par ce mouvement même en forme de réflexion : la partie s'ordonne au tout qui n'est qu'à vitaliser les parties, qui ne serait rien sans elles qui, en retour, ne sont que par lui ; c'est là une manière de rendre hommage — fût-ce inconsciemment — au Créateur en imitant Sa Vie intestine éternelle ; et cette

imitation, impuissante à satisfaire — quoique inspirée par lui — le besoin d'une saisie de Dieu, *se dispose à se sublimer en appétit de transcendance à mesure que se satisfait le désir d'immanence par là destiné à s'achever, aux deux sens du terme, dans la forme religieuse.* La forme inadéquate — finie — en laquelle s'exerce le désir d'infini, ne le laisse pas de s'y exalter, de prendre conscience de lui-même, par là de préparer sa mutation en attitude religieuse. Et en retour l'appétit de transcendance s'anticipe de manière obligée dans la forme — qui est politique — d'imitation de la vie de l'absolu. Dans une formule peut être téméraire, nous dirons que l'essence du Politique, c'est l'exercice du désir de Dieu dans la forme d'imitation temporelle du divin la moins inadéquate, celle d'une totalité inchoativement substantielle mais impuissante à le devenir, qui se constitue vitalement dans le tissage intersubjectif de personnes s'ordonnant au même bien commun.

Ce qu'il y a selon nous d'irremplaçable dans le fascisme, c'est cette manière de rappeler que le désir d'absolu, qui fait le fond du désir humain, est en demeure, pour ne pas dégénérer malgré lui, tôt ou tard, en déification des petits Moi, de s'anticiper dans une forme politique radicalisant l'organicité de la Cité.

Est organique une société qui se veut fonctionnellement substantielle sans jamais oublier qu'elle ne l'est ni ne doit jamais l'être entitativement. Elle ne doit pas l'être entitativement parce que ce serait là la substituer à Dieu : elle serait cause première de l'existence de l'homme qui n'en serait qu'un accident, une manifestation, une modification. Et il est clair que la Cité, nonobstant son droit à faire servir, par l'individu qu'elle absorbe, le bien commun qui définit son bien propre de Cité, n'est pas cause première de l'homme, même si c'est en elle qu'il accède à l'actualisation de ses potentialités d'homme, car la Cité n'existe que par les hommes qui s'inscrivent en elle.

§ 45. Le Politique s'achève en s'excédant en religion.

Et de même que la nature humaine radicalise ou accomplit le meilleur de sa puissance causale en donnant à lui-même, magnanimement, celui dont elle est cause, ainsi en rendant libre de la ratifier ou de s'écarter d'elle celui en lequel elle se concrétise, de même la Cité, cause finale de l'individu, se subordonne ce dernier tout entier mais de telle sorte qu'elle l'invite à l'excéder elle-même en direction d'un bien religieux. Nous disions plus haut (§ 5) que la maturation, en l'homme, de sa vie sociale, ainsi du service du bien commun, mène cet homme au-delà de la société, l'invite à transgresser les limites de ce bien commun politique. Nous expliquions que cette maturation y parvenait parce que le bien commun est d'autant meilleur que plus commun, et qu'il n'est absolument bon qu'en étant le bien absolu, le souverain bien qui est de ce fait parfaitement commun. Nous ajoutions que si l'on aime le bien commun à raison de sa communauté même, on doit reconnaître en l'appétit politique de société une anticipation de soi du désir de Dieu, bien absolu. Et nous finissions par déclarer que la Cité avait vocation à renvoyer, après qu'il s'est ordonné à elle comme à sa fin, l'individu à lui-même afin de l'inviter à se subordonner à un au-delà du bien commun politique. **Mais nous comprenons mieux pourquoi, maintenant, elle ne le renvoie adéquatement à lui-même pour la faire s'excéder en et par lui que s'il commence par se subordonner à elle sans réserve, c'est-à-dire tout entier (quoique non totalement). C'est en se subordonnant au bien commun *comme à sa fin* que l'homme actualise ses potentialités d'homme, celles-là mêmes qui sont requises pour l'habiliter à tendre, tout entier et cette fois totalement, vers un bien transcendant la vie politique. Par conséquent, loin d'être en demeure de l'inviter à s'arracher au service du bien commun politique, la morale qui prescrit à l'homme d'aimer Dieu par-dessus toute chose l'invite à se parfaire dans son rôle de membre de la Cité.** Et nous comprenons encore pourquoi il n'est pas absurde (la chose était encore problématique quand nous l'abordions aux §§ 28, 29 et 39) de se donner tout entier et non totalement à une chose, tout entier et totalement à une autre. Il suffit, pour cela, que la finalité ultime, ou Souverain Bien, ait la forme d'une identité à soi réflexive faisant du bien intermédiaire, ou plutôt de l'Idée dont ce dernier est la concrétisation créée, un moment de la Réflexion par quoi l'essence divine est Dieu. Car alors l'essence divine est tout entière en chacune de Ses Idées, bien que n'y étant pas totalement.

C'est donc moyennant la recevabilité de l'idée de réflexion ontologique que peuvent être tenus pour coextensifs le souci — requis par la juste acception du bien commun — de s'ordonner tout entier à la Cité, et le souci de s'ordonner tout entier à Dieu comme à sa Fin dernière. Tendre à faire du service de la Cité une fin, c'est encore tendre vers Dieu puisque faire vivre la Cité revient à imiter la vie divine trinitaire, paradigme de toute réflexion ontologique (au sens où nous avons usé de ce mot au § 30), et qu'imiter le modèle consiste à tendre à s'assimiler à Lui. La transcendance et l'immanence se réconcilient si la transcendance consiste dans la victoire sur l'immanence, dans l'abolition souveraine de la possibilité — en laquelle se risque la transcendance — de dégénérer en immanence. Une même nature humaine tout entière et non totalement investie en chaque homme l'invite à s'excéder au service de cet « homme en grand » qu'est la Cité, laquelle fait se réaliser en acte, autant qu'il est possible dans une communauté particulière de destin, toutes les virtualités de la nature humaine. Mais selon ce même processus, « l'homme en grand » est invité à s'excéder, par cette même nature humaine dont il ne déploie qu'un bien commun particulier au regard de l'absolument Bien commun qu'est le Souverain Bien, en direction d'une communauté ecclésiale qui vit surnaturellement de la vie même de Dieu. C'est en invitant l'homme individuel à l'excéder en la quittant par sa mort terrestre que l'« homme en grand » s'excède lui-même. Et c'est parce que l'Idée divine d'homme, où la nature humaine est absolument déployée en toutes ses richesses possibles, est éminemment assumée par la simplicité de l'essence divine, que l' « homme en grand » s'excède en vue de la poursuite d'un bien désormais religieux. Pour clore ce projet de résolution, il nous reste à aborder deux choses : le sens de la catégorie politique de nation ; la signification rationnelle de la consécration de la puissance politique par l'Eglise, opérée en régime monarchique par la cérémonie du sacre.

§ 46. Raison politique et nation.

La nation, la vie nationale est une catégorie politique essentielle, elle n'est pas une réalité à laquelle l'Etat pourrait demeurer indifférent. L'homme est invité, sous la pression immanente de sa nature, à la faire se réaliser dans un « homme en grand » plus adéquatement qu'elle ne le fait en lui-même.

Rappelons ces choses un peu techniques du vocabulaire classique de la philosophie. Est substance ce qui existe en soi, est accident ce qui existe en un autre, à savoir dans une substance qui se révèle être le sujet de ses accidents qui la manifestent, l'explicitent et l'actualisent. Est essence ce dont l'individuation est la substance ; elle désigne dans la substance le « ce à raison de quoi » elle est ce qu'elle est, le déterminant qui la fait classer dans une certaine espèce. La nature est l'essence en tant que principe de croissance et d'opérations. Un homme est une individuation, parmi d'autres, de la nature humaine. Selon la théologie catholique, un ange est son espèce. Socrate n'est pas l'humanité, Gabriel est la « Gabriéléité ». La substance aspire naturellement à se conformer au mieux à l'essence dont elle est la réalisation, et le processus d'adéquation d'elle-même à son principe formel s'accomplit par ses opérations, lesquelles sont l'actuation de puissances opératives, ou facultés. Ainsi donc, si la substance s'actualise dans et par la position de puissance opératives, et en vue de se conformer à son essence, c'est que l'actuation de ces puissances opératives tend inchoativement à faire s'identifier la substance à son essence, laquelle, origine et terme des appétits de la substance, se veut en elle, entend par elle déployer ses richesses. Mais il n'appartient à une substance de déployer exhaustivement, par ses opérations, le contenu de son essence, que si elle est son essence. L'individuation partielle d'une essence, telle la substance humaine, ne peut déployer que de manière partielle les richesses de l'essence ou nature qui l'habite. Quand un homme suscite l'admiration de ses semblables, par ses dons — son intelligence, sa force morale, sa vaillance, son courage, l'élévation de ses pensées, ses talents artistiques, son adresse, ou même sa force physique et sa beauté plastique —, cela prouve qu'il sait faire éclore en lui les attributs de la nature humaine commune à tous, elle-même expression d'une Idée divine ; on dit de lui qu'il est excellemment homme, comme on dit d'un beau chien qu'il est un bel animal, adéquat à son concept, à ce concept dont tous les chiens sont autant d'inégales conceptions, ainsi divers engendrements ; est beau ce qui suscite l'admiration, le tressaillement de la raison face à une réalité singulière douée du pouvoir de faire resplendir l'universel dont elle est l'individuation ; est beau ce qui se fait le support de son Idée ; et aucun homme n'est l'humanité ou ne parvient à en exprimer toutes les richesses, parce que, aussi excellente soit-elle, l'actuation de ses facultés, ou position de ses accidents, ne coïncide pas avec l'essence ou forme dont procèdent de telles facultés. Ce qui établit la hiérarchie des essences, c'est la puissance plus ou moins grande, dont chacune est dotée, de se faire atteindre réflexivement par les puissances opératives qu'elle pose dans les substances en lesquelles elle se réalise. Et l'humanité est la plus humble des essences spirituelles ou raisonnables.

Si donc l'homme est invité à faire se réaliser dans la Cité, « homme en grand », les ressources de sa nature dont il n'exprime en tant qu'individu qu'un aspect fort limité, une communauté en exprimera un aspect moins restreint, mais il est impossible que soit posée, par l'œuvre de l'homme, une réalité qui soit l'extériorisation exhaustive des richesses de sa nature. C'est pourquoi le désir humain de faire être la chose politique dont il se veut l'organe en s'inscrivant en elle s'actualise dans la position de vies nationales *plurielles*, et ne saurait s'actualiser dans une communauté mondiale, car ce serait là conférer à l'homme un mode d'existence angélique. Et, comme on sait, qui fait l'ange fait la bête ; en l'occurrence, il fait la Bête :

L'Etat mondial prohibe par définition tout extérieur. Il est l'humanité en extension, il a pour sens de la réaliser en compréhension, ainsi d'incarner l'essence ou nature humaine tout entière et totalement, de lui faire déployer en et par une entité unique l'exhaustivité de ses richesses. L'Etat mondial est la manière dont l'homme se confère un mode d'existence angélique, mais avec la prétention supplémentaire — pourquoi s'arrêter en si bon chemin ? — de se faire le maître de la donation et de l'exercice d'un tel mode d'existence, puisque de manière générale une société est un produit de l'art humain ; par l'Etat mondial, l'homme entend se donner sa nature définie comme l'ensemble des relations sociales, ainsi se faire exister en tant qu'homme, en réduisant l'individu à un accident de la substance sociale qui en retour n'est que par lui, qui prend conscience d'elle-même en lui. Autant dire que l'homme entend signifier qu'il est créateur de lui-même, qu'il se fait exister, et qu'il est Dieu.

Retenons que la vie nationale est une expression partielle, ou plutôt un degré toujours limité d'actualisation et de manifestation de l'essence humaine se voulant en l'homme. Et parce qu'une actualisation a raison de fin pour ce qui s'actualise en elle, la vie nationale a raison de fin pour l'appétit politique de l'homme. Seule la structure de l'Etat rationnel, forme universelle de « l'homme en grand », est expressive (conformément à l'intuition de Platon exposée dans le livre IV de *la République*) de l'essence humaine considérée en son épure, et elle a vocation à n'exister que comme individuée par la vie nationale.

Une nation est l'expression historique d'une idéale manière d'être homme, l'incarnation excellente à valeur paradigmatique d'un aspect ou d'une facette de la nature humaine. C'est en ce sens que chaque patrie est tenue, du point de vue fasciste, pour avoir une vocation spirituelle à remplir.

Dans son séduisant « Qu'est-ce que le fascisme » (o. c.), Maurice Bardèche fait observer que les seuls fascistes véritables pendant la guerre d'Espagne furent les phalangistes, et que le seul doctrinaire d'après-guerre à emporter l'adhésion de tous les fascistes fut José Antonio Primo de Rivera. Ce qui montre que le fasciste est un idéaliste qui ne réduit pas son idéal à un idéal kantien de la raison pure, idéal régulateur (cela ne mange pas de pain) et non constitutif de la vie ; cela montre que le fasciste en fait une tâche à accomplir réellement. Bardèche ajoute (o. c. pp. 64 et 65) : **contre l'Etat libéral, l'Etat phalangiste prévoit pour l'individu un destin autrement plus noble que celui de gagner**

sa vie et son confort, car, « pour le phalangisme, la patrie se définit comme l'ensemble des hommes qui ont par leur naissance le même destin. Chaque patrie a donc une mission historique ou morale à accomplir. *L'Etat a pour tâche de réaliser ce destin national* <nous soulignons>. C'est là sa justification et il n'en a pas d'autre. (...) Tout Etat qui ne s'identifie pas à un destin de la nation, à cette mission qui est la patrie elle-même, n'est qu'un Etat tyrannique et non la représentation et le guide de la nation. *Ce sentiment absolu de ce qu'on veut est comme la conscience de la nation ; il est aussi ce qui unit le peuple et chaque individu* <nous soulignons> (...) Et il donne aussi un sens à chaque vie individuelle ». Chaque homme réalise son destin en participant, à sa place, même la plus humble mais qui devient exaltante et glorieuse aussitôt que l'on a compris ce qui se joue en elle, au destin de la nation. Tout homme, même un balayeur, peut, ajoute Bardèche, être un seigneur, car est un seigneur celui qui est capable de renoncer à soi pour servir. Une telle volonté de servir, expressive d'un « sens ascétique et militaire de la vie » (José-Antonio), « transforme non seulement l'essence du travail accompli chaque jour, mais l'homme lui-même » (Bardèche), elle le fait s'élever à mesure qu'il s'oublie dans le service de sa tâche. L'homme fasciste se veut au service de l'effectuation du destin national, et c'est en ce sens que le bien commun immanent, politique, a pour lui raison de fin, sans être ablatif de la fin dernière non mondaine. Une telle tâche, c'est la vie nationale entendue comme déploiement hiérarchisé de toutes les facettes d'un aspect idéal de la nature humaine.

Si l'on ne retient, du métier qu'il faut bien exercer pour gagner sa pitance, que l'aspect socialement gratifiant, ou pécuniairement intéressant, ou amusant, ou passionnant au regard de la curiosité de celui qui l'exerce, il faut bien avouer que bien peu de métiers peuvent susciter des vocations et convoquer les dévouements. On aboutit, dans ce contexte, à la condition laborieuse propre aux sociétés démocratiques, aux sociétés des loisirs dans lesquelles le travail est un mal nécessaire que l'on ne pratique que dans le but de s'y soustraire au plus vite et le plus fréquemment. D'où le recours à l'immigration pour l'exercice des tâches ingrates dont personne ne veut ; d'où l'accélération de la division internationale du travail, qui fait se défaire la nation dans une interdépendance de plus en plus accusée qui prépare l'avènement de l'Etat mondial, du fait d'un recours opéré sans vergogne à l'importation de denrées que l'on n'aime pas produire ; d'où l'hostilité entre corps professionnels qui s'accusent mutuellement de prendre une trop grande part du gâteau économique ; d'où l'hostilité entre classes. Tout change évidemment quand les hommes d'un même pays se voient investis de la dignité de coopérer, par leur travail, au destin de la nation, quand donc le devoir de servir le bien commun prend la forme — qui le rend appétible — d'une tâche collective consistant à faire s'extérioriser dans leur figure nationale les trésors de l'intériorité humaine, en vivant ce processus permanent sur le mode d'une anticipation de soi du désir de Dieu.

Il faut bien avouer à ce sujet deux choses :

D'abord, seul le fascisme a rappelé la manière adéquate de convertir la répulsion à travailler en tâche exaltante, par l'intromission, dans la vie politique et surtout dans la conception du Politique, du concept de destin national entendu comme mission historique et morale. Ensuite, cette dégénérescence de la société consécutive à son impuissance à unir le peuple autour d'un destin affectait déjà la société avant le déclenchement de la Révolution française, précisément parce que la nation comme catégorie politique n'était pas thématisée. Si donc il est souhaitable de se soustraire à la pieuvre de la réalité jacobine, ce n'est pas en faisant retour à l'avant de 89 qu'on y parviendra. C'est en insufflant dans la monarchie cette instance idéaliste, cette exaltation des finalités immanentes et cette organicité promotrice du vrai bien commun, qui sont le propre du fascisme.

§ 47. Etat et Eglise.

Le catholique s'est habitué, comme si cela allait de soi, à l'idée que le pouvoir politique n'est légitime que s'il est béni par l'Eglise, ratifié par elle, dans une cérémonie traditionnellement nommée « sacre ». C'est là un effet de l'esprit surnaturaliste, comme nous l'avons montré ailleurs. Nous avons tenté d'établir au § 4 du présent travail que le bien est d'autant meilleur que plus commun, et que le Souverain Bien, absolument commun à raison de son excellence absolue, doit être reconnu comme cause des biens participés innombrables offerts à l'expérience. Si la vie politique procède d'une invitation naturelle, immanente et spontanée, ainsi intérieure à chaque homme, à s'excéder en tant qu'individu pour déployer son essence qu'il ne réalise que de manière partielle ; s'il en est de même, à un autre niveau, pour cet « homme en grand » qu'est la société même ; si en revanche, dans ce dernier cas, il ne s'agit pas de passer d'un bien commun immanent à un autre bien immanent qui serait plus commun (puisque l'Etat mondial exténue l'humanité dans l'homme), alors cette invitation faite à la Cité de s'excéder en direction d'un bien plus commun requiert qu'il ne soit plus immanent mais transcendant, et cela atteste que la vérité du désir politique est le désir religieux. Le Politique se consomme naturellement, par sublimation, en Religion. Il était ainsi rationnel, si l'on se souvient que le surnaturel ne détruit pas la nature mais la restaure et la surélève, que l'Eglise se fît procéder, en le sublimant, en le niant, du judaïsme, ainsi s'anticipât dans un peuple qu'elle *achève*. Et il était naturel que César fût aussi Pontifex. Sur le plan naturel, le roi est garant du bien commun, mais ce dernier est d'autant meilleur que plus commun, de sorte que le Souverain Bien est aussi le bien le plus commun : le garant du bien commun est ainsi naturellement le médiateur entre vie politique et vie religieuse considérée comme pratique de la vertu naturelle de religion. Par conséquent, César étant Pontifex par là qu'il est César, alors, en recevant le sacre d'une Eglise qui est d'essence surnaturelle, il accomplit un acte qui peut se définir comme suit : l'Eglise métamorphose en adhésion à la religion révélée cette vocation naturelle à honorer Dieu immanente à tout homme et accédant à l'unité collective dans et par le chef politique ; mais par là, loin de recevoir une autorité qu'il n'aurait pas, ou une permission et une caution de la part de l'Eglise, César signifie, par cet acte, qu'il se dépossède librement, souverainement, de sa prétention à exercer la fonction de médiateur entre la Terre et le Ciel, confiant cette tâche à l'Eglise ; en d'autres termes, c'est lui qui décide souverainement de se déposséder d'une fonction religieuse attachée au Politique qui se consomme en elle, ainsi de s'ouvrir à la vie de l'Eglise. Il remet au pape le privilège dont il eût joui par nature en régime de pure nature, à savoir sa souveraineté religieuse ; il ne reçoit pas du pape sa légitimité politique. Cela dit, de même que la grâce est au-delà de la nature et gratuite, cependant qu'il est contre nature de refuser la foi et la grâce (Saint Thomas d'Aquin, *Somme théologique*, II^{a} II^{ae} q. 10 a. 1), de même, cependant que naturellement attachée à sa fonction politique, la fonction religieuse du chef d'Etat n'est pas telle qu'il pourrait se refuser à la faire assumer par l'Eglise : il serait contre nature qu'il ne consentît pas à s'en déposséder. Moyennant cette précision qui préserve la souveraineté du Politique dans son ordre propre, il nous semble aisé de faire accepter, par un Etat fasciste légitimement indigné par les prétentions théocratiques de trop de princes de l'Eglise, le principe de la non-séparation de l'Etat et de l'Eglise. Dans une société bien faite, le clergé fait organiquement partie, en tant que clergé catholique, de la société. Parce que la religion catholique est la seule religion vraie, les autres religions n'ont aucun droit à subsister dans la société, mais la prudence et l'incapacité à convertir par la force (la foi est librement consentie) invitent l'Etat à ménager autant de tolérances que nécessaire en ce domaine, pour autant qu'elles ne compromettent ni le bien commun civil ni l'apostolat de la religion catholique. On n'oubliera cependant jamais qu'il ne s'agit que de tolérances.

§ 48. Problème de l'hymen entre nature et grâce.

Fut évoquée plus haut (§ 44) la tendance fasciste à exalter le mouvement, en tentant de dire en quelle acception cette tendance pourrait être recevable.

La conscience du fasciste en ses exigences politiques subit en effet le veto des partisans de la transcendance (devoirs religieux) exclusive de l'immanence (le service du bien commun temporel envisagé comme ayant raison de fin), parce que les défenseurs institutionnels des droits de la transcendance ont trop souvent été affligés d'une propension surnaturaliste. Cet interdit, il faut bien l'avouer, disposa le fasciste à négliger, tout investi qu'il était dans le service de la Cité selon le modèle de l'action réciproque entre tout et partie vivants, l'autre aspect de la vie humaine, sa vocation transcendante. Cette dernière, sans cesser de conférer à la Cité le statut de cause finale, invite la vie politique à s'excéder en direction d'une fin supra-politique, à l'intérieur d'une communauté spirituelle (ecclésiale) consistant à contempler Dieu, à vivre de la vie de Dieu (réhabilitation de la « theoria » antique) se communiquant. Dieu se communique en effet, soit naturellement soit surnaturellement, à ses créatures à la manière dont, évidemment sous le rapport de l'analogie, un tout se communique à ses parties et les ramène à son unité. Dieu n'avait nullement besoin de se faire le chef d'une communauté de créatures parce que la diffusibilité définitionnelle du Bien est assumée de toute éternité dans la Vie trinitaire, où Dieu se communique Lui-même à Lui-même dans une Vie qui, loin de compromettre Son unité ou simplicité absolue, l'exprime, dans une communication de Lui-même où Il se fait le tout substantiel de Personnes réellement distinctes, et en même temps l'Origine monarchique de ces dernières. Mais, ayant décidé librement de créer, Dieu manifeste sa diffusibilité en se communiquant à ses créatures, en se faisant — s'il est permis de s'exprimer ainsi — la partie (royale) d'un tout dont Il est en même temps le principe, de sorte qu'Il est suréminemment, en ce principe, le tout. Toute la difficulté est de penser les deux exigences en même temps, de telle sorte que soit rendu compte de l'exigence suivante : la Cité politique a pour l'individu raison de fin immanente et elle est, corrélativement, ce qui, en tant que politique, s'excède, en et par chacun de ses membres qui lui donne congé en mourant, pour se sublimer en Communion des saints.

Cette difficulté est l'application, au registre politique, de la difficulté métaphysique à concilier nature et surnature : *la nature d'une chose est sa fin et, puisque la fin surnaturelle (la vison de Dieu, la béatitude) excède par définition la fin naturelle, on doit se demander à quelle condition celle-là n'est pas contre nature* ; on doit corrélativement se demander quelle est la structure de la nature (humaine) pour être à même d'être perfectionnée dans son ordre propre, soignée, restituée à elle-même en son intégrité, par le don de quelque chose qui l'invite à s'excéder, à se renier en quelque sorte puisque ce qui définit une chose en la limitant est aussi ce dont la transgression la défait ; comment la nature doit-elle être faite pour trouver son accomplissement dans l'acte de renoncer à soi ?

Telle est la difficulté dont nous allons désormais traiter, qui explicitera l'esquisse de solution ci-dessus exposée (§ 45). Se demander ce qu'il doit en être des rapports entre fini et infini pour expliquer que l'homme puisse être ordonné comme à sa fin tout entier et non totalement à la Cité, ***et*** tout entier et totalement à Dieu et à la Vision béatifique, c'est équivalemment se demander ce qu'il en est du point de suture entre fini et infini, ordre naturel et ordre surnaturel.

§ 49. Deux fins dans l'homme ?

Cette question du « point de suture » entre nature et surnature est peut-être la préoccupation centrale des tendances théologiques ayant fini par accoucher des nouveautés de Vatican II. Une telle question a suscité maints conflits intellectuels en particulier entre les deux dernières guerres mondiales, et il n'est pas certain que, dans le milieu de ceux qui ont su s'épargner de la contamination moderniste de Vatican II, elle ait aujourd'hui trouvé sa solution. Nous aurions même tendance à penser que la manière, chez eux, de l'aborder, consiste en vérité à l'éviter, en refoulant honteusement les apories auxquelles elle soumet la raison. Et c'est là ce qui fait se reproduire aujourd'hui, dans la mouvance dite catholique traditionaliste, les réflexes surnaturalistes ruineux pour la santé morale et politique de l'homme condamné à se tronquer, en tant qu'homme naturel, pour tenter d'accéder — comme il a le devoir de le faire — à cette surhumanité qu'est la sainteté, œuvre de la surnature. Les conflits entre les autorités catholiques et les partisans des forces de l'Axe vite taxés de paganisme n'ont pas d'autre cause, avec, il est vrai, de la part de ces dernières, des réactions malheureuses à l'égard du Saint-Siège. Vatican II, selon nous, propose des réponses inadéquates à un problème réel ; le drame, qui s'ajoute à la catastrophe d'un concile moderniste, est que trop d'opposants à Vatican II prétendent que ce problème n'existe pas.

Afin de se dispenser de l'affronter — ce qui suppose que l'on en respecte toutes les données —, on a éliminé, à gauche et à droite, le problème de deux façons.

Pour les uns, l'ordination de la nature à la vie surnaturelle serait tellement naturelle que la nature, même intègre, ne pourrait subsister sans la grâce, au point que Dieu ne pourrait créer des êtres spirituels sans leur donner la grâce qui, de ce fait, deviendrait sinon un dû, à tout le moins, du côté du Créateur, une obligation. C'est là évidemment compromettre la gratuité de la grâce et disposer à une sorte de panthéisme latent : si la grâce est comme connaturelle à la nature, la nature est comme surnaturelle en tant même que nature, et Dieu en vient à être tenu pour consubstantiel à sa création. Ce n'est certes pas ce qu'ils enseignent, mais il est dans la logique de leur propos d'en venir à cette thèse.

Pour les autres, plus respectueux du dogme, la grâce ou surnature est incommensurable à toute nature créée ou créable ; elle est absolument gratuite ; un état de pure nature eût été possible, mais il plut à Dieu de créer l'homme en état de grâce, qui plus est aidé de dons préternaturels qu'il perdit en même temps qu'il perdait la grâce par la Chute, vie de grâce qui lui fut à nouveau rendue accessible par les mérites rédempteurs du Christ, mais sans les dons préternaturels (impassibilité, science infuse, immortalité). Cela dit, il ne saurait pour eux exister un désir naturel de Dieu, car un tel désir devrait, explique-t-on, pour être satisfait, requérir la grâce qui ne serait plus gratuite du fait qu'elle serait requise : le désir de Dieu dit désir de Le connaître tel qu'en Lui-même, ce qui est impossible à une intelligence créée. Il n'existe donc pas, dans cette perspective, de désir naturel de Dieu auquel correspondrait une fin surnaturelle ; il existe, expliquent-ils, deux fins, une fin naturelle et une fin surnaturelle, indépendantes l'une de l'autre ; une fin naturelle qui eût été l'horizon des espoirs humains si l'homme avait été créé « in puris naturalibus », qui eût consisté à contempler Dieu dans Ses Œuvres, et une fin surnaturelle, la seule qui subsiste aujourd'hui, gratuitement assignée à l'homme par le don céleste de la grâce ; la béatitude naturelle ne vaut au fond, en cet état post-lapsaire, que pour les enfants morts sans baptême, reposant dans les limbes (enseignement traditionnel contesté par la nouvelle théologie).

Introduire deux fins dans l'homme, cela revient, nous semble-t-il, à déchirer l'homme entre deux fins, l'une immanente et l'autre transcendante. Parce que la fin ultime, surnaturelle, doit être cultivée dès ici-bas, en cette vallée de larmes où l'homme ne séjourne que pour souffrir afin de gagner son Ciel, l'homme est bien déchiré entre une fin qui l'arrache à la finitude, et une fin qui l'invite à s'enraciner en elle ; en effet, on a beau enseigner que la fin surnaturelle se substitue à la fin naturelle, cette dernière ne laisse pas de faire valoir ses besoins dès lors que la nature même de l'homme subsiste : la nature d'un être, on l'a dit, est sa finalité même. Et bien entendu le privilège sera accordé à la fin surnaturelle, à telle enseigne que la grâce ne sera cultivée que moyennant la frustration obligée des aspirations naturelles, même celles qui ne sont pas déviées, et en particulier le souci du bien commun politique. Ce dernier souci sera accusé plus ou moins clairement de statolâtrie païenne. On ne consentira à tendre vers un bien auquel on est rapporté que si ce bien est le Bien divin ; tout le reste — en particulier le bien commun de la chose politique — ne sera qu'instrument et exclura d'avoir jamais raison de fin. Et tel est le surnaturalisme. Si la fin surnaturelle prétend se substituer à la fin naturelle, la tentation devient presque invincible d'insinuer que la vie surnaturelle se substitue à la vie naturelle désormais cantonnée dans le rôle minimal de sujet de la grâce, aussi étique, exténuée, fustigée que possible, non seulement en tant que nature déchue, mais même en tant que nature. Une certaine lecture de l'opposition augustinienne entre les Deux Cités n'est pas sans conduire à ce genre d'aversion pour le monde.

S'avisant des dangers liés à ce type de réponse, on suggéra qu'il existe bien une tendance naturelle en l'homme à la vie surnaturelle, mais que cette tendance relève non de la volition mais seulement de la velléité. « Je voudrais cette fin surnaturelle si cela était possible mais, en l'absence du don de la grâce qui n'est pas exigible, je ne la veux pas vraiment ; quand la grâce m'atteint, c'est alors seulement que la velléité se convertit en volition ». Le problème lié à cette réponse est, selon nous, que le propre de la velléité est de trouver, quand elle est livrée à elle-même sans aide extérieure, sa résolution dans le renoncement à son objet : poursuivre l'impossible est chimérique, un tel désir de Dieu sans l'aide de la grâce ne se libère de sa souffrance constitutive qu'en renonçant à son Objet. Si l'on se souvient que l'indétermination du vouloir à l'égard des biens qu'il peut par là choisir en tant qu'ils ne le nécessitent pas (c'est lui qui les rend nécessitants pour lui) vient de ce que la volonté humaine est prédéterminée et donc nécessitée par son ordination naturelle au Bien absolu, force est d'en déduire que la volonté ne peut se détourner d'un bien que s'il est fini, ainsi non nécessitant ; on comprendra ainsi qu'il n'est possible d'éprouver une velléité pour quelque chose que si un tel bien est lui-même fini et relatif. Le fameux Père Garrigou-Lagrange (dans *Le Sens commun, la philosophie de l'être et les formules dogmatiques*, Desclée-Debrouwer 1922. Page 120), thomiste éminemment orthodoxe, évoquant un passage de la *Somme théologique* (I^a^ II^ae^ q. 2 a. 7), rappelait que l'objet de la volonté est le bien universel ; ce n'est pas le bien abstrait « in universali » car, disait-il, la volonté se porte sur le bien qui est dans les choses ou qu'elle veut réaliser, ainsi vers le bien tel qu'il est en lui-même, « prout se est », et non tel qu'il subsiste en tant que connu par l'intellect (dans une forme abstraite). Il rappelait aussi que ce bien universel, ce n'est pas immédiatement Dieu même, qui ne spécifie immédiatement que les vertus théologales. Alors de quoi peut-il s'agir quand on parle de bien universel, objet naturel de la volonté ? C'est, disait-il, le bien non limité, un bien qualifié par Cajetan de « bonum non coarctatum » (non restreint). Le Père Garrigou-Lagrange en déduisait que ce bien, « comme tel (...) n'existe qu'en Dieu qui peut être connu et aimé soit naturellement soit surnaturellement ». A quoi nous sommes contraints de répondre que si ce bien ne peut exister qu'en Dieu, c'est qu'il est Dieu. Si le bien qui définit l'orientation naturelle de la volonté est Dieu même, c'est que la volonté ne peut structurellement se détourner de la recherche d'un tel bien, puisqu'une telle recherche la définit dans son essence, puis donc que la volonté — pour s'exercer, pour poser un choix — puise à ce désir de Dieu jusque dans le choix de décider de s'en détourner (en fait elle se détourne, pécheresse, des voies douloureuses qui mènent à Dieu, elle refuse de se détourner des biens finis qui la détournent de Dieu). Dès lors, le désir qui fait tendre vers un bien auquel on est invité à renoncer ne peut relever de la velléité. Ce qui revient à dire qu'il existe bien, spéculativement encombrant, un désir naturel de Dieu.

§ 50. Point de suture en nature et grâce.

En vérité, on doit maintenir qu'il existe un désir naturel de Dieu, mais tout autant que la grâce est gratuite. Entre l'ordre naturel et l'ordre surnaturel, il doit exister une réelle rupture, sans quoi la surnature n'est pas incommensurable à la nature, et la gratuité du don surnaturel devient problématique. Mais il doit tout autant exister une certaine espèce de continuité entre les deux ordres, sans quoi Dieu, dont la nature est l'ordre surnaturel lui-même, ne saurait être l'objet de la volonté humaine, et l'homme serait écartelé entre deux finalités hétérogènes. Cette double exigence de continuité et de rupture évoque sans conteste l'idée hégélienne d'« Aufhebung », de conservation et de négation tout ensemble. Le papillon est l'« Aufhebung » de la chrysalide, laquelle *s'achève* en lui : elle s'y consomme, mais aussi s'y consume, elle s'y consomme comme s'y consumant ; elle s'y accomplit et s'y supprime ; elle ne s'y conserve pas comme telle, sinon en tant qu'elle s'y achève, c'est-à-dire s'y parfait, mais de telle sorte que l'acte de sa perfection soit aussi ce qui la supprime. Le juif se conserve dans le chrétien non en tant que juif, mais en tant que chrétien, parce que le juif en esprit et en vérité est le baptisé.

L'ordre naturel exige ainsi de s'achever dans un terme qui l'achève en tant qu'il le parfait, et qui donc relève de l'ordre naturel. Il doit tout autant s'achever dans ce même terme en tant qu'il le supprime, et qui donc relève de l'ordre surnaturel. On voit là se dessiner les caractéristiques de cet étrange point de suture entre nature et surnature ; il doit exclure tant l'ordre naturel que l'ordre surnaturel, tout en relevant ***et*** de l'ordre naturel, ***et*** de l'ordre surnaturel ; il doit être principe de séparation exclusive de ce dont il est aussi le principe de continuité. Il doit faire s'identifier en lui les extrêmes de telle sorte qu'il soit tout autant leur négation commune.

Si le bien universel qui définit l'orientation de la volonté humaine n'est autre que Dieu, c'est qu'il est accessible à l'homme ; s'il est accessible à l'homme, c'est que l'homme est par soi capable d'accéder à l'infini ; mais l'homme étant constitutivement fini, il faut que ce bien absolu soit lui-même, d'une certaine façon, fini sans cesser d'être infini. Un tel bien doit ainsi s'offrir le privilège d'être divin et d'être fini, ce qui, pour le moins, est paradoxal, voire contradictoire, ou absurde.

Ce qu'il faut expliquer sur le plan politique, rappelons-le, c'est ceci : la grâce étant « sanans » et « elevans », elle surélève la nature, ainsi — semble-t-il, la désaxe — par l'acte même de la restituer à son intégrité, ainsi de la faire coïncider et se réconcilier avec elle-même ; aussi, il faut expliquer pourquoi l'invitation faite à la nature soignée de reposer sur soi et de viser sa fin immanente (les deux opérations n'en font qu'une), ainsi de se déconnecter au moins momentanément de la poursuite de sa fin transcendante, loin de détourner de la fin transcendante, la sert. Pourquoi l'enracinement de la nature en elle-même (le sacrifice du moi au bien commun national) est-il solidaire du pouvoir de s'oublier, de se quitter en direction d'un bien extérieur transcendant (le don de soi au service de la gloire de Dieu, inclusive de la béatitude personnelle) ? Il nous souvient que nous avons affirmé naguère que le fascisme était l'effort de faire réassumer par le christianisme, promoteur de la personne vouée par ce dernier à transgresser le service de la chose politique, le souci antique, en sa forme nationale, du service du bien commun immanent. Le roi de la monarchie catholique est tenant-lieu du Christ, le peuple ne fait pas corps, toute l'unité du corps national est comprise dans la seule personne du roi ; et le principe d'unité de la multitude est, dans ce contexte, l'allégeance au prince, alors que, pour les Anciens, nul homme (à moins d'être déifié comme dans l'Empire romain, mais c'était là l'annonce de sa proche décadence) n'est au-dessus du bien commun consistant dans l'ordre vivant de la cité organique pensée en sa forme nationale.

§ 51. Suite du § précédent.

Lorsque B est l'« Aufhebung » de A, c'est que A est un moment du processus circulaire à raison duquel B s'identifie réflexivement à soi. Expliquons-nous.

Le fini est limitation de l'infini, ainsi un certain degré de négation de l'infini. Mais la négation est relative à ce qu'elle conteste, comme la maladie qui n'existe que par le corps sain qu'elle ronge ; c'est à la santé qu'elle conteste qu'elle emprunte la puissance de la contester. Donc le fini est négation (de soi) *de l'infini*. Cela dit, si le néant est radicalisation du fini (un fini qui diminue au point — s'exténuant de manière exhaustive — de se réduire à rien), il est tout autant néant de cette « limitation de l'infini » qu'est le fini, mais un néant de néantisation, c'est une négation de négation, par là cela révèle la position de l'infini ; ou encore : une limitation, en se radicalisant, infinitise ce dont elle est la limitation dans l'acte où elle le supprime ; quand le fini, en tant que fini, se néantise en s'absolutisant, la négativité qui préside à cette radicalisation en vient à s'exercer contre ce néant en lequel un tel fini s'est résolu, ce qui le convertit en être et en infini. Mais puisque cette négativité est ontologiquement suspendue à la positivité de l'infini, c'est que cet infini se révèle consister dans la négation victorieuse du fini en lequel il se nie, mais qu'il fait se renier en lui par là qu'il lui enjoint de se radicaliser. L'infini concret est l'acte réflexif par lequel il s'atteint selon un itinéraire circulaire dans lequel un certain degré de finitude n'est que l'un des moments de ce processus : l'infini s'anticipe dans le néant à partir duquel il s'identifie réflexivement à soi-même en faisant se sublimer tous les moments de son retour à soi. Le fini est un moment de l'infini, en ce que tout degré de finitude s'achève, s'accomplit (dans sa ligne d'instance limitatrice, au degré nul de cette quantité d'être résiduelle enveloppée par l'infime) et se convertit en son contraire, ainsi se renie dans la position concrète de l'infini ; le fini existant est une réalisation ad extra d'un moment du processus réflexif par lequel l'infini se pose comme victoire sur le fini.

Appliquons ce résultat aux termes de notre propos :

Le point de suture entre nature et surnature est achèvement (accomplissement et auto-négation) de la nature, ce en quoi elle éprouve sa limite idéale et au-delà de quoi elle ne peut aller par ses propres forces ; donc l'ordre naturel, la nature humaine et toute nature, tout degré fini d'être, sont chacun, pris en lui-même, un moment intemporel, indépendamment de la création contingente du monde, de la vie surnaturelle ; et le créé est une réalisation ad extra, qui en change intrinsèquement le mode d'exister, d'un moment de la vie divine. C'est à cette condition qu'un tel point de suture satisfait aux caractères paradoxaux que nous lui avons reconnus pour satisfaire aux réquisits de la fonction qui est attendue de lui. Mais on notera que l'extériorisation d'un moment du processus circulaire de la vie divine, ce n'est rien d'autre que ce processus même exercé par un moment de lui-même, par là contracté en ce moment, de telle sorte que l'infini concret et le fini existant comme créature coïncident par le néant intestin de leurs réflexions ontologiques respectives. Ce qui les rend commensurables, c'est le néant, le degré nul de leurs perfections respectives. Par là, ils demeurent, positivement pris, parfaitement incommensurables. En termes non « ésotériques », plus imagés et moins précis, mais peut-être plus parlants et plus rassurants, nous dirons que l'absolu ou le parfait est tout-puissant, mais qu'il n'est véritablement tout-puissant que comme se faisant maître de sa puissance, et qu'il éprouve cette maîtrise en s'offrant le privilège d'être moins que lui-même sans cesser d'être lui-même, allant jusqu'à ce degré nul de limitation dans lui-même de sa propre infinité ; or c'est par ce point de pénurie ontologique qu'il est en droit accessible aux convoitises naturelles du fini créé, et seulement par lui. Et les créatures qui procèdent de Dieu Lui ressemblent non seulement par le fait que chacune a en Lui son modèle idéel éternel, mais encore par le fait que sa manière d'exercer le plus parfaitement son propre degré fini de perfection, c'est de se voir conférer la forme d'un résultat issu d'une victoire sur ses propres degrés d'être inférieurs.

Le fini trouve son entéléchie naturelle dans un terme qui est le départ de l'ordre infini, terme qui sépare et qui unit en même temps, qui appartient aux deux sphères tout en les récusant ensemble, à la manière dont l'instant est dans le temps sans être une partie du temps, faisant s'identifier les contraires que sont le passé et le futur.

Ce qui satisfait à un tel réquisit est tel que chacun des extrêmes le contient comme son autre, sa négation intestine, ce dont il est le résultat victorieux, ce qui suppose que chacun des deux extrêmes ait la forme d'une réflexion, d'une identité à soi réflexive, de telle sorte qu'ils communient ou s'identifient dans le néant, c'est-à-dire dans le moment — qui leur est commun — de la différence d'avec soi de leurs identités respectives ; ils n'ont rien de commun, n'ayant en commun que le rien.

Ce qui est certain, c'est que plus l'homme se subordonne à la Cité, plus il satisfait aux réquisits de sa nature puisque c'est sa nature qui lui commande de faire société pour exalter toutes les richesses de cette nature ; plus il satisfait à de tels réquisits, mieux il se dispose à s'ouvrir à la surnature qui lui donne d'excéder l'ordre naturel lui-même sans le violenter ; plus il s'ordonne au bien commun, ainsi aux exigences de son essence (selon lesquelles l'essence se déploie dans la forme de la Cité), mieux elle le renvoie à cette instance négative à lui intestine et où il est aussi bien puissance à (et de) sa nature que puissance à la surnature et à partir de laquelle il peut aller, par un don gratuit, au-delà de sa nature.

Résumons :

L'infini n'est concrètement infini que s'il se finitise et fait se renier sa finité pour s'identifier réflexivement à soi et, dans le même acte, se libère de sa propension — qu'il est — à se finitiser, en s'objectivant, c'est-à-dire en reposant ou confirmant le fini qu'il libère et donne à soi du fait qu'il s'en libère, ainsi qu'il l'a été expliqué au §30. Selon le même processus, le tout pose ses parties (la Cité ne crée par l'homme en tant qu'homme, mais en tant que citoyen), se divise ou s'aliène en ce dont il nie l'indépendance pour l'ordonner à soi, et ainsi se pose comme Etat stable, identique à soi quand ses parties se renouvellent, par le fait de reposer ses parties, de les donner à elles-mêmes, de les libérer.

Les libérer revient à les inviter à le transgresser en direction d'un souverain Bien non mondain. La tendance, en l'homme, à s'ordonner tout entier à la Cité tel un organe qui ne vit que par elle, ainsi à la faire s'identifier à elle-même comme Etat, s'achève dans la position d'un tout qui s'intronise Etat souverain par le fait même de redonner l'homme à lui-même dans le service d'un au-delà de l'Etat. Le redonnant à lui-même, *il le rend disponible pour s'ordonner à Dieu, selon un itinéraire voulant que l'homme puise l'énergie de s'ordonner à Dieu tout entier et totalement du fait même de s'être ordonné tout entier et non totalement à la Cité.* Dès lors, cette tendance humaine à s'ordonner à la Cité comme à sa fin, à raison de laquelle l'homme est tout entier quoique non totalement ordonné à elle, prend son origine dans ce qui est le moment négatif des identités à soi réflexives du bien commun et du Souverain Bien, ainsi en ce moment en lequel ils s'identifient sans cesser, positivement, de se différencier radicalement.

§ 52. D'un négatif non peccamineux.

On voit que la solution au problème posé est que soit admise l'existence d'un négatif non peccamineux dans l'être en tant qu'être, lequel, comme dialectique de l'intérieur et de l'extérieur, définit l'ordre comme victoire sur la possibilité du désordre, la paix comme victoire sur la possibilité de la guerre. Et, parce que la victoire dit la guerre assumée et achevée, la paix conserve l'énergie déployée dans et par la guerre. Et cette relation dialectique exposant l'un des deux termes telle la victoire sur la possibilité de l'autre se retrouve dans le rapport entre l'infini et le fini, la forme et la matière, l'acte et la puissance, l'universel et le particulier, le tout et la partie, le sujet et l'objet, le bien et le mal, le rationnel et l'irrationnel, la nécessité et la liberté, l'éternité et la temporalité, la transcendance et l'immanence. Et c'est pourquoi, en tant que vivante, faisant vivre ses parties qui la font vivre en retour, la Cité a entitativement raison de tout d'ordre, et fonctionnellement raison de substance ; ainsi, prise comme tout formel intégrant ses parties constitutives, elle a la maîtrise non seulement du processus d'identification de ses différences (elle les unit en les faisant concourir au même bien, le bien commun), mais de différenciation de son identité (le tout prenant conscience de soi dans son chef fait son aristocratie, la fait se renouveler, ne se réduit pas au premier des pairs du royaume). Ainsi l'Etat moderne est-il au-dessus des dynasties. Et cette intromission du négatif dans la positivité du bien nous fait un devoir d'assumer la polémique en toute chose, en particulier en morale : l'équilibre dans l'homme est victoire sur la possibilité de pécher, sur la tendance *naturelle* des passions à se soustraire au magistère de la raison et de la volonté ; il est dans l'ordre qu'il y ait lutte contre la tendance au désordre. Il n'est donc pas question d'exténuer les passions ou la tendance à la démesure, il est question de s'en rendre maître, mais encore faut-il les accueillir pour les maîtriser. Le péché n'est pas le négatif, il est la langueur du négatif, son impuissance à s'exercer sur lui-même. Toute l'histoire de la monarchie — française en particulier — est celle de la tentative exercée par le trône de se soustraire à la féodalité pour se poser telle la conscience de soi du tout de la Cité, pour conquérir son organicité ; mais cette émancipation de la pyramide des dépendances féodales, légitime, s'est faite sans souci de l'organicité, en allant chercher dans une sacralité théocratique le principe extrinsèque de son unité, ce qui ne pouvait pas promouvoir le souci universellement partagé d'un authentique bien commun (d'où la chute de la monarchie) : le roi n'était pas et ne voulait pas être la conscience de soi de la volonté objective de la multitude. La Révolution de 1789 a ainsi accouché des concepts de volonté générale et de nation, mais en les dévoyant dans une perspective individualiste. *Le fascisme, c'est la tentative de faire s'achever la monarchie en se réappropriant les vérités captives (Etat au-dessus du personnel politique, volonté générale, esprit d'un peuple, nation) confisquées et corrompues par l'esprit révolutionnaire*. La monarchie est morte au moment où elle était proche de réaliser son concept qui se cherchait en elle depuis ses débuts.

§ 53. Catholicisme ou gnosticisme.

La solution par nous esquissée, développée sous d'autres angles dans d'autres travaux, souffre d'un défaut dirimant. Nous n'aurons pas la candeur boniface de croire que nul ne sera tenté de nous faire à son sujet un tel procès. Le défaut apparent de notre solution est de proposer une conception de la vie divine que d'aucuns verront semblable à la représentation gnostique de l'absolu.

Pour le gnosticisme, il existe un drame dans la vie originaire de l'absolu qui prend conscience de lui-même en engendrant, en s'objectant un monde spirituel sans trop savoir ce qu'il fait, un monde imparfait composé d'éons dont l'un, créateur de la matière supposée mauvaise, est particulièrement pervers et vindicatif ; dans la sphère inférieure ou matérielle de ce monde, le dieu originaire débordé par sa puissance génitrice aliène quelque chose de sa propre substance en s'y dispersant ; il s'agira alors, pour ces étincelles divines perdues, de recouvrer leur condition glorieuse et de réintégrer le Plérôme, de se sauver en sauvant Dieu dont elles sont l'immanence dans le monde et l'Histoire, d'achever Dieu auquel elles sont consubstantielles, de vaincre le mauvais dieu créateur de la matière, de refaire le monde en passant de l'obscurité catholique (l'Eglise du démiurge méchant) à la Lumière luciférienne : le Grand Frère ami des hommes est en effet un éon lumineux martyrisé par la vindicte du démiurge tenant sous sa coupe les hommes abusés qu'il terrorise en leur envoyant le Déluge, et auxquels il cache leur nature divine ; ce Grand Frère est symbolisé par le père du Fils de la Veuve, de la Sagesse fille du mauvais démiurge et épouse de ce dieu bon, ami des hommes, vengé par son fils exécuteur du dieu mauvais. Telle est la vocation des « élus » — qu'ils soient maçons ou juifs cabalistes, ou même parfois sectateurs runiques d'une loge nordique raciste à prétention aristocratique et régénératrice — que de lever l'étendard de la révolte contre le Dieu despote. Il est piquant de constater, à cet égard, qu'une frange ésotériste — beaucoup moins importante dans les rangs du national-socialisme qu'on n'a bien voulu le dire, et d'un poids politique marginal dans le Parti, parce que désapprouvée par Hitler — du camp des Réprouvés, particulièrement antichrétienne et toujours disposée à vous expliquer qu'un chrétien serait un juif masqué, adopte exactement la même vision du monde que les Juifs, jusques et y compris la doctrine de la métempsycose : si le nombre des élus divins originellement aliénés est fini, ce sont les mêmes qui revivent quand les siècles se prolongent. La seule différence entre ces sectes et sociétés secrètes antagoniques est dans l'identification des « élus ». Il est, dans cette perspective gnostique, opportun de s'opposer aux lois du monde produit d'un démiurge mauvais et d'un dieu maladroit, de les transgresser et de refaire la création à la gloire de l'Homme-Dieu, de l'homme qui se prétend Dieu par nature, destiné à se substituer à Celui qu'il tient pour une imposture, à savoir le Dieu-Homme, Notre Seigneur Jésus-Christ. Le gnosticisme, toujours plus ou moins dualiste, parle d'émanation et de retour, d'aliénation et de salut, par là fait sienne l'idée de négativité intrinsèque à la positivité du Bien. Cela ne ressemble-t-il pas à ce que nous exposons ? Mais il ne s'agit que d'une ressemblance de façade.

Pour nous, le monde n'est pas émané mais créé, il est de part en part contingent, il n'est nullement divin, Dieu pourrait le renvoyer sans dommage pour Lui dans le néant, et le monde est foncièrement bon (même la matière) en tant qu'il est œuvre divine ; le mal dans le monde est œuvre du seul péché des mauvais anges et des hommes. L'homme est invité par la grâce à être déiformé, gratuitement, sans que cette surélévation le fasse changer de nature : il reste une créature, un être fini. Qu'il existe une similitude apparente entre notre position catholique et la gnose qui en est le contenu inversé, cela comporte selon nous deux ou trois leçons.

La première est qu'il existe une vérité captive dans la gnose, une vérité dont la gnose est l'adultération, une vérité que nous croyons appartenir en droit au corpus thomiste même si l'Ecole n'en a guère fait mémoire jusqu'à présent ; c'est l'idée, déjà présente chez les néo-platoniciens au reste expressément anti-gnostiques, de circularité ou de réflexion ontologique, ainsi l'idée de négatif non peccamineux, ou de devenir dans l'immobilité, d'activité de l'immobilité, de différence intrinsèque à l'identité en tant qu'identité, ainsi de l'identité qui ne serait pas telle si elle n'était le résultat du surmontement de sa différence d'avec soi.

De plus — et cela semble bien vérifier le bien-fondé de notre propos — la vérité de la philosophie réaliste (thomiste) est négation souveraine de la gnose, à la manière dont l'infini est négation souveraine du fini qu'il contient comme son moment, ou dont il assume le risque pour le sacrifier à sa victoire. En d'autres termes, la doctrine du négatif non peccamineux est elle-même l'expression d'un négatif non peccamineux : la vérité catholique, par essence anti-gnostique, est le résultat d'une victoire opérée sur la tentation d'une vision gnostique du monde, ainsi sur la tentation d'un dualisme ou manichéisme ; c'est bien d'ailleurs ce chemin qu'il fut donné à saint Augustin d'emprunter ; le christianisme de saint Augustin, matrice de tous les grands courants de la scolastique, n'eût pas été celui qu'on lui connaît si son auteur n'avait éprouvé la tentation du gnosticisme manichéen.

Souvenons-nous en effet du contenu de notre § 35 : il existe une solidarité logique entre l'idée de relation subsistante et celle de cause de soi. Mais une cause de soi est ce qui d'une part doit n'est pas pour être l'origine — au moins selon la causalité — de soi-même en tant que terme ou effet, et tout autant ce qui, pour causer, doit être ; ce double réquisit induit l'idée de réflexion, dans laquelle un terme tient son être du résultat de la réflexion qui le pose (origine et résultat coïncident), par là n'est pas s'il est considéré dans l'origine chronologique de la réflexion, mais dans laquelle, tout autant, ce qui a raison de cause ou de sujet de la réflexion qu'il exerce doit être, pour l'exercer. Or ce qui est réflexion est négation de négation, victoire sur son autre. Si l'on tient pour possible que cette victoire ne soit pas absolument réussie, on a bien l'idée d'un être originaire qui n'est pas vraiment être et qui, en vertu de cette pénurie ontologique, bascule dialectiquement dans son contraire, dans le néant de l'indifférencié matériel (un être matériel qui serait seulement matière, privé de toute forme, serait néant), lequel, faisant advenir l'origine à sa vérité (ce « prope ens » s'est révélé néant), a vocation à se renier lui-même puisqu'il est définitionnel de l'origine de se renier ; si elle est en vérité néant, et s'il est de sa raison de se nier, alors c'est en tant que néant qu'elle se renie, et se reconduit par là à elle-même, se sauve elle-même en sauvant son origine, et sauve son origine en niant ce en quoi une telle origine avait eu la faiblesse de s'aliéner. On retrouve bien, par édulcoration en idée de la négativité intestine à l'identité à soi réflexive, le schéma central de la gnose. Et nous sommes ainsi fondés à identifier dans la gnose ce en quoi dégénère le catholicisme quand il renonce à la toute-puissance de ses vertus explicatives du monde ; le catholicisme, ou doctrine de la Trinité des Personnes consubstantielles dans l'unité de l'Essence, est bien la radicalisation — qui la fait se sublimer — de la gnose.

Ajoutons ceci : qu'il y ait du négatif non peccamineux dans l'être en tant qu'être invite à penser la vie tel un combat permanent ; c'est le repos qui est anormal ou exceptionnel, et la paix n'est le repos de l'ordre que parce qu'elle est victoire permanente sur le risque de désordre, victoire qui transporte l'énergie héroïque de la guerre, sur le mode de puissance active (l'Acte pur est bien puissance active infinie), jusque dans le giron de la sérénité de la paix. Vivre est un combat, vivre est une tâche, et le fascisme est la dernière manière dont, politiquement, l'Histoire a pris soin de nous le rappeler, même si le fascisme n'est peut-être pas parvenu, au temps où il s'inventait — se découvrait à lui-même en se construisant —, à produire de lui-même un concept en tous points satisfaisant.

§ 54. Activité de l'immobilité.

Mais, nous dira-t-on, si votre solution concernant le rapport entre nature et grâce, fini et infini, immanence et transcendance se veut si effrontément fidèle au réalisme thomiste catholiquement orthodoxe, d'où vient que vous ne cessiez d'introduire du devenir dans la vie de l'absolu ? N'est-ce pas là une espèce de séquelle hégélienne, une trace révélatrice de cette philosophie qui n'est autre, trahissant le réalisme du dogme chrétien trinitaire, qu'une formalisation logique de la pensée gnostique ? Introduire du négatif non peccamineux, n'est-ce pas insinuer qu'il y aurait une Chute originelle en Dieu même, et que cette chute, étant divine, serait bonne, telle une chute de Dieu dans l'élément du monde fini chargé, par l'homme, d'opérer, comme consubstantiel à Dieu, la rédemption de Dieu qui serait, tout en un, rédemption du monde ?

Résumons, pour écarter cette objection, ce que nous tentions laborieusement d'exposer ici aux §§ 30 à 36.

Dieu est absolument simple et immobile.

Mais Dieu est doué du pouvoir d'agir, au sens où Dieu est éminemment puissance active. Il faut bien qu'à Dieu soit reconnu un tel pouvoir. En effet, ce qui est bon si parfaitement qu'il est la Bonté même ne laisse pas d'être dit bon parce qu'il *exerce* parfaitement une telle bonté ; or exercer une perfection, c'est l'acte même d'agir ; puis donc que Dieu est la Bonté, Dieu l'exerce parfaitement, par là, nécessairement, Il agit ; si ce qui est sa perfection n'était pas doué du pouvoir d'agir, il ne serait pas véritablement sa perfection.

Dieu agit, mais tout autant Dieu est son agir, puisque la perfection divine exige la simplicité ; l'agir divin ne saurait s'ajouter à son être. L'agir est un acte immanent et, en Dieu, il est parfaitement immanent. L'agir absolument immanent fait coïncider l'origine et le terme de l'agir, lequel est tel qu'il est de sa raison de comprendre une origine et un terme, quand bien même les deux, « materialiter », s'identifient. En effet, ce dont l'origine coïncide avec le terme, ce peut être l'immobilité de ce qui n'agit pas, telle l'immobilité d'un non-vivant, et dans ce cas il est vain de parler d'origine et de terme, car la spontanéité de l'agir s'exténue dans la coïncidence de l'origine et du terme, laquelle, en l'occurrence, signifie qu'il n'y a pas de terme. Ce dont l'origine coïncide avec le terme, cela doit signifier l'immobilité de ce qui agit, mais alors le terme est une réelle nouveauté par rapport à l'origine, cependant qu'il est « materialiter » identique à elle. Et dans ce cas l'agir est un acte de *réflexion*. Et parce que le parfait qui agit *est* son agir, alors cette réflexion qu'est son agir sera une réflexion *ontologique*. Est réflexion ontologique ce dont l'être est l'acte de s'atteindre, par là de se poser. Un tel être, en vertu de ces prémisses, n'est proprement soi-même que dans et comme l'acte de s'atteindre. Or l'acte de s'atteindre ne se peut signifier qu'en termes de mouvement, ainsi de devenir, s'il est vrai qu'il est de la raison de tout agir de posséder *des* termes, ainsi de se distinguer de l'immobilité de ce qui n'agit pas. Dès lors, est réflexion ontologique *ce dont l'être est l'acte de devenir soi*, puisqu'il est l'acte de s'atteindre et qu'un tel être est un devenir. Et ce qui est l'acte de devenir soi, c'est ce qui est son devenir. Et il est aisé de comprendre que ce qui est son devenir soi-même, ce qui est identiquement processus circulaire et résultat, est tel que son devenir est son être et que son être est de devenir ; en tant que son être est de devenir et que son devenir est son être, alors ce devenir – qu'il est – est quelque chose qui, lui-même, nécessairement, devient, et qui sous ce rapport ne peut devenir que le contraire de lui-même, par là qui se résout dans l'éternel repos.

Si l'on entend signifier conceptuellement ce qu'Aristote nomme « activité de l'immobilité » (*Ethique à Nicomaque*, VII 15), c'est-à-dire activité d'immobilité et non activité de mouvement ; si donc on entend distinguer conceptuellement ces deux formes d'activité, nous ne voyons pas d'autre manière de procéder que de faire de l'activité d'immobilité une sublimation de l'activité de mouvement.

L'activité d'immobilité n'est pas l'absence d'activité, et de même l'immobilité d'un agir immanent n'est pas l'absence d'agir. Il est de la raison d'un agir de comporter une origine et un terme, comme il est de la raison d'un acte de vivre de comporter un mouvement (spontané quant à son origine et immanent quant à son terme, avec un degré de vie mesuré par le degré d'immanence d'un tel mouvement). Quand l'immanence de ce mouvement est absolue, le degré de vie est maximal, il est un acte d'intellection, mais tout autant il y a immobilité puisque l'origine coïncide avec le terme, excluant sous ce rapport un changement, au sens de nouveauté entendue comme actualisation d'une puissance passive ; pourtant il y a l'immobilité de ce qui vit absolument, et l'immobilité de ce qui ne vit pas ; ce qui les distingue, c'est que l'immobilité de ce qui est ou qui agit absolument est le dépassement et le *passage à la limite* d'une radicalisation ou absolutisation du mouvement, lequel doit être circulaire d'une part pour faire coïncider origine et terme, d'autre part pour se constituer en immobilité absolue à raison même d'une maximation de sa mobilité ; **et il y a maximation de sa mobilité en tant qu'il est circulaire, parce que c'est là le mouvement de devenir soi-**

même, le mouvement de devenir ce qui n'est qu'à devenir. Si l'on désigne l'immobile en termes de mobilité qui se sublime du fait qu'elle s'absolutise, on ne devra pas être inquiété par l'usage du mot « mouvement » : on désigne le passage à la limite de la mobilité se convertissant en immobilité, un terme dans lequel s'achève (se conserve et se nie) ce qui se sublime. Le mouvement circulaire est tel que, comme tout mouvement, le terme est le contraire du départ, sa négation.

Mais parce que, ici, le terme coïncide avec le départ, il est sa position. Dans le retour réflexif, il y a position du départ, c'est-à-dire de ce qui n'est qu'à se nier, et tout autant il y a négation de la vocation à se nier d'un tel départ. De telle sorte que la position de ce qui n'est qu'à se nier est à la fois la confirmation du processus réflexif (où l'avancée est régression), à la fois la libération par le résultat (qui est origine) de lui-même en tant qu'origine, ainsi de lui-même considéré en sa vocation à se nier, ou de lui-même en tant que contradictoire ; le résultat qui est origine, confirmant le processus réflexif, s'objective ainsi dans un moment du circuit de la réflexion. Si l'on observe que le résultat du processus est l'acte de le relancer, **le résultat est identité du résultat et de son processus ; quand le résultat est réduit à un moment du processus, c'est le processus qui est réduit à un moment de lui-même, et tel est l'immobile vivant ou actif :** ce qui est son mouvement est absolu repos, car le mouvement est, donc le mouvement devient et ne peut devenir que le contraire de lui-même. Exposer l'acte pur en termes de réflexion et de réflexion dans son processus, c'est montrer que la structure du raisonnement consistant à réfuter Héraclite (Aristote, *Métaphysique* IV 3) est la structure de la réalité immobile. Ce qui explique jusqu'à un certain point la possibilité de la Trinité (l'Esprit procède du Père et du Fils, de ce Fils engendré par le Père), et maintes autres choses qu'il ne convient pas d'aborder ici. L'immobile agissant et vivant, c'est un pur mouvement capable de se réduire tout entier à un moment de lui-même, tout comme l'intériorité vraie n'est pas un intérieur exclusif de l'extérieur (car un tel intérieur serait *extérieur* à son extérieur), mais une extériorisation intérieure, ou encore ce qui est capable d'intérioriser son extérieur. L'immobile actif, riche de toute la vitalité des choses mobiles, est réflexion ontologique. Et cette réflexion ontologique, qui fait s'identifier le processus et le résultat de son acte, est telle qu'elle réduit le processus entier à un moment de lui-même, s'émancipant ainsi de toute processualité ou devenir, puisque le propre d'un moment est de se nier dans l'acte d'être posé. Ce qui est réflexion est l'acte de se poser ; or il pose son être, donc il pose l'acte de se poser qu'il est ; mais il se fait par là le *sujet d'exercice* de sa propre réflexion que, en tant que sujet, il ***a*** et qu'il n'est pas du fait qu'il l'a.

L'absolu ou acte pur est victoire éternelle sur la possibilité de l'être en puissance et du fini, l'être est en soi victoire sur la possibilité du néant, l'acte de se risquer dans ce dont il fait la matière sacrificielle de sa victoire est l'acte de se rendre victorieux d'elle **et par là de l'abolir** dans le temps où il la pose.

Le mode d'unité — qui les identifie les unes aux autres — des différences dans la Cause première (celle qui distingue entre origine et terme de l'agir, celle qui distingue les Personnes, celle qui distingue les Idées divines pourtant réellement identiques à l'unique essence divine), est celui de la *puissance active*.

Les contraires, qui s'excluent dans l'être en acte, s'identifient dans l'être en puissance : on ne peut être à droite et à gauche en même temps et sous le même rapport ; mais tout autant, à la croisée des chemins, le marcheur est en puissance à droite et en puissance à gauche, de sorte que la droite et la gauche s'identifient dans leur être en puissance commun. Cette identité des contraires, cette suspension du principe de contradiction pour l'être en puissance, vaut aussi pour la puissance active, cette puissance qui pose et maîtrise un acte qu'elle possède parfaitement, ainsi qu'elle pose et dont elle dispose. Mais se demander comment le divers trouve dans l'unité le principe de sa diversité, c'est-à-dire comment il se fait que les différences dites « actuelles-formelles » dans le vocabulaire de Duns Scot sont aussi réellement indifférenciées, et se demander comment l'acte pur peut être puissance active, c'est une même chose. Or aucun thomiste ne conteste que Dieu est puissance active en tant même qu'Il est acte pur ; Dieu est son acte et le maîtrise ou exerce, Dieu est Celui qui est absolument tout ce qu'Il a, et réciproquement. Et les choses, les créatures, les sociétés sont aussi autant de réflexions ontologiques analogiquement semblables à leur Cause, cependant qu'aucune n'est la raison suffisante de la réflexion par laquelle son essence est posée comme existante. Mais parce que l'avoir suppose la différence du possédant et du possédé, être ce que l'on a revient à être ce que l'on est à raison de son pouvoir de n'être pas ce que l'on est. Et c'est le concept de réflexion ontologique qui autorise à entrevoir l'intelligibilité de cette étrange identité de l'être et de l'avoir. Le thomisme nous dit bien *que* Dieu est acte pur *et* puissance active, absolument simple *et* trinitaire, une seule essence *et* toutes les essences ou possibles réellement distincts les uns des autres ; mais il ne nous dit pas le *comment* de cette exigence. Par exemple, saint Thomas nous dit bien que le Bien est diffusif de soi (C. G. II 45) : Dieu créa une pluralité de créatures inégales afin que, dans cette création, le supérieur pût manifester sa bonté, la communiquer à ses inférieurs, exercer sur eux une causalité bienfaisante, de telle sorte que le tout constitué par le supérieur et ses inférieurs est quelque chose de meilleur que la bonté du supérieur pris sans eux qui pourtant ne lui ajoutent rien puisqu'ils lui sont inférieurs ; cela signifie que la communication du bien est constitutive de sa perfection ; mais qui dit communication dit diversité, pluralité obligée ; et la création reste libre et contingente puisque Dieu est trinitaire ; corrélativement, plus un être est parfait en tant qu'être, meilleur il est ; meilleur il est, plus il est simple ; dès lors, ce qui est absolument bon est absolument simple, et *en même temps* il requiert de la diversité intestine pour satisfaire au réquisit de sa communicabilité essentielle. Saint Thomas nous révèle cette double exigence de simplicité et de diversité, mais nous ne discernons pas dans le thomisme la clé de compréhension de l'unité des deux thèses, à savoir de l'identité de l'identité et de la différence ; les données du problème relèvent toutes deux de l'ordre naturel, et elles appellent de ce fait une résolution rationnelle.

Seule l'analogie, pour le thomiste, autorise l'établissement d'un mode de communauté entre Créateur et créature ; quand on prédique une perfection du Créateur et de la créature, cela ne se peut entendre que sous le couvert de l'analogie (*Somme théologique*, Iª q.13, 5). Quand donc il s'agit d'établir la différence réelle des attributs divins, lesquels nous sont connus non en eux-mêmes mais dans le miroir des créatures, on dira qu'ils signifient la Cause première en tant que préexiste en elle, sur un mode qui nous est inaccessible, ce que chacun de ces attributs signifie (Iª, q. 13, 2). Comme le remarquait Etienne Gilson, le problème de l'unité des attributs divins en Dieu « se noie <pour saint Thomas> dans le vague même de la connaissance que nous en avons » (*Jean Duns Scot* Vrin 1952 p. 243). Ce qui revient à ne pas répondre à la question du « comment ? », laquelle appelle pourtant d'être posée puisque l'exigence de faire tenir ensemble l'identité et la différence semble inintelligible, par là impossible ; peut-on croire à une telle exigence quand elle semble absurde ?

§ 55. Conclusion du § précédent.

La réconciliation de la nature et de la grâce, de l'immanence et de la transcendance, a été menée par la convocation du concept de négatif non peccamineux (ou de réflexion ontologique). C'est bien une telle réconciliation qu'il convenait de tenter de fonder si l'on entend rendre raison de l'exigence suivante : s'ordonner, comme à sa fin, tant au bien commun immanent qu'au Souverain Bien transcendant, en se dispensant — s'il est permis de parler ainsi — de les faire se court-circuiter l'un par l'autre. Et nous avons plaidé en faveur du fascisme parce qu'il nous rappelle les conditions à raison desquelles la société est pleinement organique. Quand elle est pleinement organique, elle est structurée de telle sorte que la poursuite du bien commun immanent est possible. L'organicité fait du tout de la Cité considérée dans sa réalité formelle, ainsi de l'Etat, principe d'unité des différences dans le corps de la nation, une victoire sur la diversité des parties que pourtant cette unité fonde et confirme. Dans l'Etat organique, il existe une coextensivité dialectique, opérée sous l'égide du tout, entre réduction des parties à l'unité et différenciation de soi du tout en ses parties.

Il nous reste à rappeler succinctement, d'un point de vue descriptif et historique, ce que furent les points communs entre les divers fascismes, afin de corroborer, par la réalité des fascismes réels, le concept que nous avons cru forger du fascisme. Après avoir fait mémoire de la manière dont le fascisme a tenté de se penser lui-même dans la doctrine de Giovanni Gentile, il nous sera possible de procéder, en ayant sous les yeux les résultats des trois démarches (rappels historiques, doctrine de Gentile, nos propres résultats), à un bilan de ce qui est à retenir du fascisme historique, théorique et pratique, en vue de dresser quelques principes valables pour le fascisme « du jour d'après ».

Mais, avant de poursuivre, revenons un instant, par acquit de conscience, sur un point traité un peu vite peut-être, dans le précédent §, afin de prévenir une possible critique. Ce qui est sa bonté doit l'exercer pour l'être véritablement. En effet, le Bien est aimable, et Celui qui est infiniment bon s'aime infiniment. Mais l'acte d'aimer est lui-même aimable, de telle sorte que l'amour, intrinsèque au Bien qu'il aime, aspire à se régénérer dans l'acte où il est comblé, à se maintenir, en s'exerçant, dans sa différence d'avec lui-même : intrinsèque au Bien, il est objet pour lui-même, sans cesser d'être ce sujet qui aime, il est sujet-objet. Or l'amour est force d'union et de concrétion, principe d'unité de l'amant et de l'aimé, laquelle unité culmine dans l'identité. L'amour intérieur au Bien est ainsi tel qu'il fait s'identifier le Bien en tant que sujet et le Bien en tant qu'Objet, non sans exiger de préserver leur différence. Et cette conjugaison d'identité et de différence se résout dans l'engendrement d'un troisième terme en lequel le sujet et l'objet sont un, sans cesser d'être deux. Le Bien est par là, par essence, diffusif de soi ; il est d'autant meilleur que plus communicable. Or il doit avoir ce qu'il communique pour le communiquer, il doit ainsi avoir ce qu'il est, ce qui revient bien à dire qu'il doit avoir (et être, en vérité) la puissance de l'exercer pour l'être absolument.

CHAPITRE V

Brefs rappels historiques et compléments doctrinaux à propos du fascisme.

§ 56. Sources.

Dans *Les Fascismes*, d'Henri Michel (Puf 1977), Mussolini et le *fascisme* de Paul Guichonnet (Puf 1966), *L'Allemagne de Hitler* de Claude David (PUF 1961), on trouve quelques informations assez éclairantes, malgré la condamnation du phénomène fasciste opérée par les auteurs, qui était probablement la condition sine qua non de la diffusion de leurs travaux dans une grande maison d'édition. Notre unique souci, par ces rappels sommaires, est ici de collecter certains caractères communs aux fascismes à partir des travaux d'historiens ayant déjà procédé à une synthèse. Il s'agit pour nous d'éprouver, par le rappel de constantes empiriques, la pertinence du concept que nous nous sommes forgé du phénomène fasciste. Voici donc, exposé au rythme d'une prise de notes de lecture livrées en l'état, ce que nous retenons pour notre propos de la fréquentation de ces auteurs. Nous les commentons plus ou moins au gré de nos réactions spontanées.

§ 57. Fonds commun.

Il existe un fonds commun fasciste, un mélange de rejets et de propositions, une sorte de « seuil minimum » d'un ensemble complexe, sur lequel se greffent des variantes. Ce que le fascisme rejette a priori et en totalité, c'est la société libérale du XIXème siècle, inspirée par la philosophie des Lumières, transposée politiquement dans la Révolution française. Le fascisme est un et multiple, en fonction du passé national de chaque pays.

Phénomène original, il se manifeste presque partout en même temps.

« En dehors de l'histoire, l'homme n'est rien. C'est pourquoi le fascisme est contraire à toutes les abstractions individualistes, à base matérialiste, genre XIXème siècle ; c'est pourquoi aussi il est contraire à toutes les utopies et à toutes les innovations jacobines. Il ne croit pas à la possibilité du 'bonheur' sur la Terre, comme le voulait la littérature des économistes du XVIIIème siècle ; aussi repousse-t-il toutes les conceptions téléologiques d'après lesquelles à un certain moment de l'histoire le genre humain parviendrait à un stade d'organisation définitive. Une telle doctrine est contraire à l'histoire et à la vie, qui est mouvement incessant et perpétuel devenir » (Mussolini, *La Doctrine du fascisme*, Editions du Trident, 1987 p. 13). Dans *Pour l'installation du nouveau Directoire national du Parti*, le 7 avril 1926, (ou dans *Scritti et discorsi*, vol. V, Milan, Hoepli, 1934 p. 307), le Duce avait affirmé : **« Nous représentons un principe nouveau dans le monde, nous représentons l'antithèse nette, catégorique, définitive de la démocratie, de la ploutocratie, de la maçonnerie, en un mot, de tout le monde des immortels principes de 1789 ».**

Pour les uns, le fascisme est une maladie morale de l'Europe, ne s'inscrit pas dans le cours de l'histoire, est un cancer des démocraties libérales, le refuge dans la dictature des sociétés effrayées par la liberté. Pour d'autres il est le produit nécessaire et logique de certains pays, Luther pour l'Allemagne, pouvoir fort en Italie à cause de sa faible conscience politique. Pour les marxistes, le fascisme est un produit du capitalisme : Staline en 1935 disait que le fascisme est « la dictature ouverte terroriste du capital financier », le cercle de fer destiné à consolider le tonneau défoncé du capitalisme. Le capitalisme engendrerait le fascisme quand il parvient au stade de la concentration monopolistique et de l'impérialisme, c'est-à-dire quand le capitalisme industriel et le capital financier fusionnent, et au moment où ont pris forme les grands trusts lancés dans la conquête des marchés dans d'autres pays que celui où ils sont nés.

Ce qu'il y a de vrai par accident dans ces interprétations fausses, c'est que les groupements fascistes ne peuvent parvenir au pouvoir sans l'aide multiforme des classes dirigeantes, en particulier des industriels. Ils demeurent non leurs obligés mais restent avec eux en situation de dépendance réciproque. En fait le fascisme est né de la Grande Guerre, qui vit se fissurer l'ordre international naturellement régi par l'Europe, avec la montée de ce que l'on appellerait bientôt la mâchoire américano-soviétique ; cet ordre incontesté, fondé sur une pensée chrétienne et gréco-latine reconnue comme universelle en droit, était vécu telle l'expression d'une loi naturelle et divine immuable ; mais il révéla sa fragilité par ses contradictions intérieures manifestées dans le conflit franco-allemand qui voyait se conclure par un échec lamentable, après qu'un tel conflit se fut envenimé jusqu'à son paroxysme suicidaire, la prétention de l'une des deux grandes nations continentales à faire l'unité de l'Europe, ainsi à actualiser pour toujours la vocation propre à l'Europe d'être le centre du monde. Si la vision occidentale du monde se révélait incapable de s'incarner dans une unité politique, n'était-ce pas qu'elle s'était trompée sur elle-même ? Le fascisme se voulut le réflexe fébrile du ressaisissement de soi de l'Europe effrayée par sa langueur, investissant dans ses défilés, ses « messes » politiques, sa discipline, ses manifestations de puissance, ce qui lui restait d'énergie pour conjurer les doutes mortifères qu'elle s'était brutalement mise à nourrir sur son propre compte, ainsi pour chasser sa peur de n'être pas digne de recouvrer la sérénité de son magistère planétaire. Le fascisme fut soutenu par les classes moyennes, qui sont la moelle épinière de toute société, et il eut ses intellectuels : Yeats, Ezra Pound, T. S. Eliott, Pirandello, Konrad Lorentz, Heidegger, Richard Strauss, Céline, Drieu la Rochelle, etc.

§ 58. Révolution antirévolutionnaire.

Le fascisme est « révolutionnaire anti-révolution » (Hitler), foncièrement réactionnaire en tant qu'opposé aux principes libéraux et individualistes des sociétés dans lesquelles il a surgi, soutenant la reviviscence des valeurs traditionnelles contestées par le subjectivisme qui fait le fond la modernité, mais révolutionnaire en tant que désireux de ne pas reproduire les erreurs du monde qui avait vu se développer de telles valeurs.

Ce qui fit écrire à Maurice Bardèche (*Qu'est-ce que le fascisme* ?, Les Sept couleurs, 1970, p. 141) : « Le fascisme, mouvement révolutionnaire par choix, par principe, est *en même temps*, et peut-être sans le savoir, la forme *la plus antirévolutionnaire* de l'action politique ».

Le fascisme vise à produire un homme nouveau, viril, volontaire, apte au commandement comme à l'obéissance, courageux, ayant le sens de la solidarité : « credere, ubbidire, combattere ». Il est hostile à l'esprit d'examen qu'il juge corrosif. L'art et l'éducation ont vocation à produire ce type d'homme antihumaniste, attaché au sang et au sol, à la nation et au terroir. Caractère moderne du fascisme : importance de la propagande et tendance à la schématisation des problèmes. Le parti est un ordre presque religieux, avec sa hiérarchie, sa tenue, ses oriflammes, ses insignes, ses parades, ses défilés.

Ce que l'on peut en contexte socialement plus serein tenir pour des travers s'explique par le souci d'aller vite, dans une situation d'urgence, dans une atmosphère fébrile d'inquiétude inspirée par la conscience de l'imminence de la fin d'un monde. On retourne contre les forces ennemies leurs propres armes, on use de la puissance du livre, du journal et de l'audiovisuel tenus, depuis trop longtemps et sans partage, par les corrupteurs dont il s'agit d'enrayer l'influence délétère. On manifeste une hostilité ouverte aux opposants et aux tièdes. Le fascisme est un régime d'exaltation et de transition, structurellement destiné à s'apaiser quand auront été éradiquées les conséquences des poisons inoculés. Le fascisme eut un succès immense pendant plus de vingt-cinq ans, il fut un phénomène mondial (Henri Michel, o. c. p. 10).

Les antécédents et la genèse du fascisme sont à chercher à la fin du XIXème siècle, dans le contexte suivant : fusion entre le capitalisme industriel et le capitalisme bancaire, concentration des entreprises, écarts immenses de richesses, monde rural désertifié, prolétariat urbain, taylorisme déshumanisant, prolétarisation des classes moyennes qui sont anti-collectivistes et qui rêvent d'un Etat au-dessus des classes, inquiétudes métaphysiques accrues par les bouleversements scientifiques, remise en cause du rationalisme scientiste du XIXème siècle (id. p. 11).

Tout fascisme prend son essor dans un climat de crise, économique et politique. La science et la technique peuvent être meurtrières, la Grande Guerre brasse les populations, remet en cause les hiérarchies civiles ; maints demi-solde se révèlent incapables de se réinsérer, d'où la montée d'un sentiment d'injustice à l'égard des « planqués » durant la guerre qui tiennent le haut du pavé pendant la paix, jointe à une nostalgie de la fraternité du front, mais aucun de ces traits n'est vraiment déterminant ; se fait jour surtout le sentiment que les civilisations elles aussi peuvent être mortelles (id. p. 13).

« *Il n'est aucun élément de la doctrine fasciste qui n'ait été emprunté par lui <le fascisme> à un penseur de* ***droite*** *des XIXème et XXème siècles* » (id. p. 15) ; ce sont des choses qu'il est bon de rappeler, contre la gauche qui fait de lui un instrument du capitalisme, contre la droite qui voit en lui un fils honteux du jacobinisme. En Italie et en Allemagne, le fascisme est apparu grâce à la courte échelle des milieux dirigeants et de l'Etat libéral qui les représentait. En Espagne, en Grèce, au Portugal, le fascisme a fait bon ménage avec la droite traditionnelle, dans l'équilibre des forces institué par la dictature. Les deux courants (conservateur économiquement libéral, et fasciste) avaient les mêmes ennemis : communistes, démocrates, étranger hostile, francs-maçons, Juifs ; les deux communiaient dans le nationalisme. Hitler a lui-même préféré s'appuyer sur des éléments conservateurs, favorisant Antonesco par rapport à Horia Sima, Horthy par rapport à Szalassy, Pétain par rapport à Doriot. [Antonesco était un pragmatique, il fut soutenu par Hitler contre la Garde de Fer, mais Hitler lui demandera de libérer les légionnaires ; Sima (fasciste roumain successeur de Codreanu, fondateur de la Garde de Fer) fut soutenu par Mussolini, mais Ciano le livrera à la Gestapo en 1942. Ami de Skorzeny, il meurt à Madrid en 1993].

Aujourd'hui, une telle conjoncture est impossible, sauf si un danger nouveau survient qui pourrait inquiéter les puissances d'argent, ce qui semble peu probable puisque la crainte du bolchevisme n'existe plus. On pourrait penser que la montée de plus en plus visible du mondialisme en viendra, parce qu'il se consomme logiquement dans le communisme, à susciter l'hostilité de certaines puissances d'argent, pour autant que les intérêts de ces dernières soient déconnectés de la puissance financière ; or le capitalisme industriel s'est depuis longtemps rendu dépendant de la puissance financière, de sorte que nulle puissance industrielle de poids n'a intérêt à faire cause commune avec une puissance politique nationale désireuse de se soustraire au mondialisme. Au moment où sera mis en pleine lumière le projet mondialiste aujourd'hui bien avancé, peut-être un affaiblissement du processus rendra-t-il possible une velléité d'indépendance nationale, qui pourra prendre la forme d'un fascisme, pour autant que l'un des promoteurs de la manœuvre mondialiste entre en conflit avec les autres pour faire servir le mondialisme à son profit. Au vrai, les conditions de renaissance du fascisme semblent, à vue d'homme, impossibles. Pour qu'il y ait fascisme, il faut qu'il y ait un attachement au moins résiduel à certaines valeurs antérieures à la Révolution française, puis que soient éprouvés les effets mortifères des conséquences de la Révolution française et du libéralisme ; il faut enfin que s'éveille la conscience de ce que la genèse de l'individualisme est provoquée par des carences inhérentes aux anciennes sociétés d'ordre. Or aucun de ces trois éléments ne subsiste aujourd'hui dans la population et dans les classes dirigeantes, même de manière minoritaire et édulcorée. Il est plus probable, donc, qu'il faille attendre que le monde subisse les effets de la tyrannie en laquelle se consommera ultimement le mondialisme lui-même, pour que reprenne le cycle : anarchie, monarchie, déliquescence libérale, communisme, fascisme. Et le mondialisme ne peut pas ne pas se consommer ultimement en tyrannie, parce que la forme qu'il ne peut pas ne pas prendre (un socialisme planétaire) est intrinsèquement contradictoire : sa finalité est la déification de l'homme créateur de lui-même en tant que créateur de la société à laquelle il réduit son essence, or cette déification de l'individu suppose le socialisme pour que l'essence humaine soit réduite à la société, cependant que la conscience de sa supposée déité induit en l'homme une exigence de consommation infinie que le socialisme est incapable de satisfaire.

Le contraste entre fascistes et conservateurs est vif dans la composition du personnel dirigeant. L'extrême droite conservatrice place à la tête les aristocrates et les grands bourgeois ; les élites du fascisme (sauf José Antonio Primo de Rivera) ne sont pas celles de la naissance, de la fortune ou de la promotion par concours, mais du front de 1918, des combats de rues, de l'activité au Parti et du dévouement au chef. L'aristocratie italienne se gaussait de Mussolini, les généraux de la Wehrmacht des déclassés qui gonflaient les rangs des Sections d'assaut. Il put même y avoir conflit : les nationaux-socialistes autrichiens ont assassiné Dollfuss, et Von Stauffenberg a fomenté un attentat contre Hitler en 1944. Cela dit, c'est une toute petite fraction d'aristocrates qui se sont opposés à Hitler et à Mussolini ; le prince de Hohenlohe fut même agent d'Himmler en Suisse, et le prince Borghèse fut fidèle à Mussolini jusqu'au bout. Tel Adolphe Thiers affirmant qu'il mènerait Napoléon III par le bout du nez, les conservateurs ont accepté le fascisme pour se le subordonner. En fait, c'est Hitler qui les a embarqués dans son aventure dont ils n'avaient pas voulu tous les aspects, et dont ils profitèrent largement. Extrême droite et fascisme ne sont pas identifiables, mais entre 1920 et 1945 ils se sont associés et intégrés l'un à l'autre. Le fascisme, nous semble-t-il, se distingue de l'extrême droite par deux caractères solidaires l'un de l'autre. Comme elle, il entend subordonner la multitude à un ordre immuable dont la valeur s'impose aux subjectivités, mais en s'efforçant à mobiliser leurs initiatives, organiquement, pour le faire se réaliser ; contre elle, il entend recueillir la dynamique contestataire et la soif de changements propres à la mentalité de gauche, mais pour les faire servir à la pérennité d'un ordre des choses tenu pour immuable.

Que le fascisme intègre quelques élites du monde auquel il se substitue, ce peut être une chose excellente, au reste inévitable pour des raisons techniques, qui assure la continuité de la vie sociale, et qui renouvelle les élites traditionnelles sans les récuser.

§ 59. Fascisme et communisme.

Le fascisme est, si l'on y tient et seulement en un certain sens (ils ont les mêmes ennemis et leurs méthodes se ressemblent), le « frère » ennemi du bolchevisme, mais il n'est pas son contraire, ils n'appartiennent pas au même genre parce qu'ils ne visent pas les mêmes fins ; s'il lui emprunte, c'est pour mieux le combattre ; c'est le créateur du bolchevisme que Hitler veut pourfendre dans le Juif. L'objectif primordial du fascisme, même s'il n'est pas le premier dans le temps, est de détruire le communisme. Lénine avait prédit que le fascisme serait la dernière forme que prendront pour survivre les sociétés qui ne capituleront pas devant la dictature communiste ; il avait raison quant à la chose mais non quant aux raisons de la chose. Le fascisme est anticommuniste avec plus de virulence que les capitalistes et par opposition au libéralisme et au capitalisme, parce qu'il a pressenti avant les capitalistes que le communisme est l'ignoble nourrisson flétri, dévoreur de son géniteur, dont accouche logiquement le capitalisme. Contre Lénine, le fascisme n'est nullement le bras armé du capitalisme ; il ne l'est ni subjectivement ni objectivement. Son deuxième objectif est de réhabiliter les vertus des sociétés d'ordre, celles d'avant 1789, en les purgeant de ce qu'il pouvait y avoir d'iniquités en elles, et en les rectifiant afin de conjurer cet état d'inachèvement qui les avait rendues vulnérables et qui avait été la vraie cause de leur chute : le mystère d'iniquité est à l'œuvre depuis Adam et Eve, il s'est renforcé depuis l'avènement du Sauveur, mais il ne prolifère et progresse que dans les sociétés malades. Est vivant ce qui résiste à la mort ; les corps sains ne sont pas ceux n'ont pas de déchets, ils sont ceux qui savent les éliminer ; ils ne sont pas ceux qui n'ont pas d'ennemis ou d'agresseurs (tels les microbes), ils sont ceux qui savent lutter contre eux et qui se renforcent du fait même de lutter. « Oportet haereses esse » : il est bon « secundum quid » qu'il y ait des hérésies, parce qu'elles nous obligent à préciser le dogme, à approfondir l'intelligence de la foi, et à nous ressaisir moralement ; elles ne sont bonnes que par accident, car ce qui est intrinsèquement mauvais ne saurait en tant que tel produire de bons fruits et être nécessaire, puisque le mal est une privation ; elles sont bonnes en ce sens qu'elles mettent en évidence un mal, dont elles sont les effets obligés, qui leur préexistait, ce qui permet de le détruire du fait qu'il est rendu visible ; elles sont bonnes encore en tant qu'elles contiennent des vérités captives inaperçues aussi longtemps, paradoxalement, qu'elles n'ont pas été trahies et récupérées en état d'adultération par de mauvaises causes. Et cela vaut pour l'ordre politique et philosophique. Si les sociétés contre nature ont été rendues possibles, c'est parce que la société monarchique n'était pas parfaite. On dira qu'elle l'était autant qu'il est possible et que ce sont les hommes qui, par leurs péchés privés, les ont affaiblies. Mais c'est une réponse faible, parce qu'il est définitionnel du Politique d'assumer la morale en la dépassant. Si les pratiques immorales se mettent à proliférer, c'est parce que l'ordre politique n'est pas parfait, lequel ne se substitue pas à la morale, mais prévient son affaiblissement. Donc il est opportun d'étudier les fascismes aujourd'hui, surtout si l'on est monarchiste et catholique : afin de ne pas refaire les erreurs du passé, mais aussi afin de développer une réflexion critique sur le fascisme lui-même dans le but de n'en pas épouser les caractères déviants.

§ 60. Le contresens de la Peste et du Choléra.

Il est vrai que les communistes et les fascistes ont pu à l'occasion s'accorder comme « alliés objectifs » contre le libéralisme, mais s'agissait-il vraiment de fascistes, et/ou cela est-il essentiel au fascisme ?

Les frères Strasser préconisaient même une entente durable entre NSDAP et URSS. Cette union ponctuelle se fit lors du pacte germano-soviétique en 1939. Jules Monnerot, dans sa *Sociologie de la Révolution*, a fait observer que le fascisme est la lutte contre le communisme par le moyen des méthodes du communisme. C'est, pour autant que la chose soit avérée, ce qui explique les ressemblances de façade entre communisme et fascisme (omnipotence de l'Etat, confusion entre les pouvoirs, ainsi refus de la doctrine de la séparation des pouvoirs, liquidation des opposants par la terreur, police toute-puissante, nationalisme soutenu par une forte armée, culte du chef) ; mais l'essence et la finalité sont bien différentes, ce qui renvoie à la poubelle bien-pensante les thèses du type « peste et choléra ». Les réactionnaires antifascistes, scandalisés par le fait que les fascistes eurent l'outrecuidance de faire à leur place ce qu'ils s'étaient révélés impuissants à concevoir et à diriger, se plaisent à voir entre le communisme et le fascisme deux frères ennemis plus frères qu'ennemis, deux visions du monde semblables qui n'auraient été en compétition que comme les deux étalons d'une même écurie subversive, et ils veulent faire endosser par le fascisme tout le mal qu'ils reconnaissent dans le communisme. Cette thèse est, selon une perspective opposée, relayée par les libéraux qui, incapables de reconnaître dans le communisme le terme final de leur errance, sont impuissants à haïr en lui ce qui est haïssable, et s'efforcent à le rendre répulsif selon leur conception erronée du mal, en le rendant semblable à la « Bête immonde », leur véritable ennemi. En fait, il n'y a rien dans le fascisme (italien ou hitlérien) qui ressemble à la liquidation des koulaks et à ses millions de morts ; le fascisme a laissé subsister l'aristocratie, l'Eglise, les structures industrielles, la propriété privée, la séparation du public et du privé.

« *En réalité, les différences entre le nazisme et le paroxysme du bolchevisme que fut le stalinisme sont fondamentales. L'Union soviétique a procédé à une transformation totale de la Société et de l'Economie, que le nazisme s'est borné à préconiser. Le fascisme refuse la dictature du prolétariat ; il entend dominer la lutte des classes par leur coopération ; s'il procède des masses, il veut les mater et non les déchaîner ; les conditions dans lesquelles le bolchevisme a triomphé en Russie, par une situation de désordre et d'anarchie où s'exprimait en théorie la volonté des masses, le fascisme les condamne : pour lui le bolchevisme, qui reconnaît à la base une infaillibilité qu'elle n'a pas, même si, par la suite, il ne la laisse plus s'exprimer, est l'aboutissement logique de la démocratie.* Aussi bien, une des idées fixes d'Hitler, avec le racisme, était que le communisme venait d'une Asie barbare et qu'il fallait le refouler en Asie. Nazisme et bolchevisme, tendant tous deux à l'universalité, s'excluaient en réalité l'un l'autre, et ces frères ennemis se sont entrebattus farouchement pour s'exterminer » (pp. 19-20, Henri Michel, o. c.).

Il ne nous paraît pas artificiel d'ajouter ceci, dans le prolongement de notre § 57 : le fascisme peut se définir telle la Droite considérée en la plénitude de ses exigences conceptuelles, ainsi l'extrême droite, mais en tant qu'elle nourrit en son propre sein l'instance critique lui enjoignant de ne pas s'affaisser sur elle-même en s'assoupissant ; cette instance critique, ou énergie en forme de négativité, déconnectée de ce qui lui donne l'existence pour s'empêcher de se trahir, mais intrinsèquement gâtée par cette déconnection, c'est l'esprit de Gauche ; le fascisme, c'est la Droite radicalisée par ce souci dialectique d'assumer en son sein la tentation de son contraire dont elle se rend perpétuellement victorieuse. Ce qui nous invite à rappeler la rectification de l'erreur historique suivante en laquelle nos auteurs (§ 56) sont tombés :

Hermann Rauschning, auteur de *Hitler m'a dit*, est un faussaire qui a induit en erreur des générations d'historiens et d'essayistes, dont Hannah Arendt. Rauschning a répandu l'idée selon laquelle le fascisme allemand aurait été une espèce de nihilisme millénariste échevelé, de mobilisme révolutionnariste. Exclu de la NSDAP en 1935, il ne croisa Hitler que dix fois, jamais seul avec lui. Hitler ne s'est jamais confié à lui, comme l'a rappelé Karl-Heinz Janssen, directeur historique du journal *Die Zeit*, en juillet 1985. L'universitaire helvétique Wolfgang Hänel, historien qu'on dit révisionniste, réduit les « révélations » de Rauschning à un document d'information utile sur la propagande de guerre des « Alliés » ; il identifia les vraies sources de ce faux (travail publié dans le *Journal of Historical Review*, fin 1983) : des passages de *Mein Kampf*, des discours du Führer et des dignitaires de la NSDAP (le tout adultéré pour servir les besoins de la cause). Trois rédacteurs au moins ont assisté Rauschning dans l'élaboration de ce texte produit en 1939, dont le plus important est le Juif hongrois Imre Révécz inspiré par Willi Münzenberg, chef de l'agence du Komintern à Paris. Paul Ravoux, traducteur de *Die Revolution des Nihilismus* (le premier ouvrage de Rauschning), a composé à peu près le tiers de *Hitler m'a dit*. Il est clair que c'est, entre autres choses, sur cette baudruche littéraire que s'appuie la Droite conservatrice et réactionnaire pour condamner sans appel le fascisme.

Les historiens distinguent trois phases dans l'évolution des fascismes. La première est celle de la classe moyenne menant son combat contre les révolutionnaires de gauche et le grand capital, mue par la peur d'une prolétarisation qui la radicalise dans le sens réactionnaire, avec l'appui des élites de remplacement que sont les anciens combattants.

La deuxième est celle de l'alliance du fascisme avec le grand capital industriel et agrarien, mais non financier (on a vu que ce grand capital indépendant de la Finance n'existe plus aujourd'hui). Cet appui et ces complicités des classes dirigeantes et de l'appareil de l'Etat adviennent seulement si les riches ont peur d'un danger bolchevique.

La troisième est celle du fascisme au pouvoir : les classes dirigeantes composent avec le fascisme, en admettent les contraintes, et en retour elles confortent leurs profits et accumulent les honneurs. La petite bourgeoisie tend à être sacrifiée au profit des grands intérêts, mais on compense ce travers par des mesures sociales qui renouvellent les élites.

La quatrième phase est celle de la guerre, pendant laquelle l'idéologie, l'économie, sont soumises aux exigences du combat et de l'efficacité. Certains pouvoirs dans cette situation sont restitués aux industriels même dans les entreprises d'Etat.

Cinquième phase : avec la chute de Mussolini (septembre 1943) et l'attentat contre Hitler (juillet 1944), le fascisme retourne à sa dureté des origines, à son « socialisme » primitif, contre les milieux conservateurs.

Ces observations ne nous paraissent pas erronées, et nous confortent dans l'idée qu'il n'existe pas de régime politique idéal en ce bas monde ; l'ordre est privilégié par la monarchie en laquelle un fascisme heureux a vocation à se convertir ; l'organicité, condition d'un ordre pérenne, dit la vie, le mouvement, le ressourcement, le renouvellement permanent, la différence à l'intérieur de l'identité ; et elle est assumée par le fascisme, en lequel il est permis de saisir, dans son essence et non du point de vue de la succession temporelle des événements, la crise que consent à subir une monarchie pour se régénérer, la révolution en laquelle elle se risque — mais menée dans son propre élément — pour s'enraciner dans son concept. Que le fascisme lui-même soit incapable de se stabiliser mais ne subsiste qu'en faisant retour à ses origines pour reproduire le même cycle prouve qu'il est un régime de crise et de transition.

§ 61. Hypothèse d'un fascisme victorieux.

Une sixième phase peut être envisagée, ou plutôt une cinquième phase antithétique de l'autre : celle qui correspondrait à un fascisme victorieux. Alors aurait lieu un assouplissement de l'idéologie et des mesures brutales, il y aurait une phase de transition pendant laquelle un retour à la monarchie et la réconciliation avec l'Eglise pourraient et devraient être envisagés, qui soit capable de conserver les vertus de renouvellement propres au fascisme, son organicité, la circulation des élites, etc. Ce serait peut-être la phase la plus délicate. Et c'est sur ce point qu'un renouvellement doctrinal du fascisme lui-même est peut-être nécessaire. Ce qui est certain, c'est que la sagesse politique doit s'accommoder de la puissance de l'argent. Elle doit « faire avec », la canaliser, la limiter, la faire servir tant bien que mal au bien commun ; mais il est impossible qu'elle soit victorieuse de lui en s'y opposant de front.

Henri Michel fait observer (p. 22, o. c.) que le fascisme fut un échec dans les pays anglo-saxons, et que les nations protestantes ont été un terrain plus stérile pour le fascisme que les nations catholiques ; qu'il y eut même un fascisme clérical en Autriche, en Croatie, en Espagne et au Portugal. A ces sujets, il n'est pas sûr que l'on puisse parler de fascisme ; s'agissait-il d'autre chose que de dictatures plus ou moins paternalistes ? L'idée suggère néanmoins deux choses. D'une part, le dogmatisme catholique s'accorde — ou devrait s'accorder — assez spontanément avec le dogmatisme idéologique du fascisme, parce qu'ils sont antidémocratiques et radicalement opposés aux principes issus de 1789. D'autre part, au risque d'agacer les fascistes contemporains, nous pensons qu'il ne conviendrait pas d'exclure a priori qu'une dictature paternaliste et cléricale pût, plutôt que de verser — comme cela a lieu le plus souvent — dans le capitalisme le plus corrupteur, en venir à assimiler, en les assagissant, les éléments révolutionnaires antibourgeois du fascisme.

Après tout, comme le rappelle Henri Michel (o. c. p. 36), le fascisme italien obtint l'adhésion de l'Eglise en ses débuts au moins, quand Pie XI désavoua Don Sturzo, leader de la démocratie chrétienne et hostile au fascisme depuis l'assassinat du député Matteotti. En 1924, la revue italienne des Jésuites s'était déclarée contre la liberté de la presse, et avait fait l'éloge du fascisme. Dans le Concordat, l'Eglise imposait à l'Etat ses dispositions sur le mariage et sur l'enseignement religieux, et Mussolini devenait « l'homme de la Providence ». Pour le clergé italien, la guerre d'Ethiopie était une croisade. En 1937, le cardinal Schuster inaugurant les cours de « mystique fasciste », compara Auguste à Mussolini. L'appui de l'Eglise ne manqua pas au fascisme, au moins aussi longtemps que ce dernier fut en mesure de laisser croire qu'il pourrait être vainqueur, parce que les hommes de la Curie furent toujours, il faut bien l'avouer, du côté du plus fort. En dépit de l'attachement lamentable de ces ecclésiastiques, inscrits dans le sillage du ralliérisme de Léon XIII, à l'esprit démocrate-chrétien, lequel leur fit préférer la victoire anglo-saxonne et bolchevique à celle des forces de l'Axe, cette adhésion au fascisme des débuts prouve au moins que ce dernier ne contenait en vérité rien de vraiment dirimant à une collaboration avec le catholicisme. Et c'est cet attachement catastrophique à la démocratie qui fut la cause principale de l'hostilité de maints fascistes à l'Eglise. Mgr Hudal (1885-1963), autrichien, titulaire de deux doctorats de théologie, défendit jusqu'au bout le national-socialisme dont il adoptait une vision chrétienne et conservatrice, sans lui contester le statut de *fascisme* allemand, avec toute la dimension novatrice et non conformiste que contient cette notion ; ce qui ne l'empêcha pas de fustiger le chauvinisme. Nommé consultant du Saint-Office en 1930 par Mgr Merry Del Val, il était antisémite, prônait la croisade antibolchevique, et organisa l'extradition des « criminels de guerre » vers l'Amérique du Sud. Auteur de *Die Grundlagen des Nationalsozialismus* (*Les Fondements du National-Socialisme*, Vienne, 1937, l'année de la publication de *Mit Brennender Sorge*), il était en opposition frontale à la politique étrangère de Pie XI et finit par s'isoler, à Rome, dans son Collège teutonique de Santa Maria Dell'Anima. Mgr Galen et le cardinal Faulhaber protestèrent contre le néo-paganisme de certains courants de la NSDAP, mais ils tinrent le régime pour légitime et ne manquaient pas de terminer leurs homélies par une prière pour « la patrie et le Führer ».

Claude David (o. c.) observe : « Il n'était pas nécessaire d'appartenir au Parti pour occuper des fonctions, même importantes : un des ministres du Reich, Von Eltz, n'y appartint jamais » (p. 71). « Les journalistes rédigent leurs articles, sans être soumis à la censure préalable ; mais ils sont responsables » (p. 76). En 1933 le chanoine Kaas, chef du Zentrum, vota les pleins pouvoirs à Hitler. « Au même moment, le vice-chancelier von Papen, après avoir fondé une association des catholiques favorables au national-socialisme, ‘ L'Aigle et la Croix ‘, négociait à Rome avec le cardinal Pacelli (...) un concordat (...). Von Papen rapporte dans ses mémoires que le pape Pie XI lui exprima ‘sa joie de voir, en Hitler, à la tête du gouvernement allemand, une personnalité résolue à une lutte sans compromis contre le communisme et le nihilisme' » (p. 96).

§ 62. Le « socialisme » du fascisme.

Cela dit, sans l'aide des industriels et des agrariens (grands propriétaires fonciers), le fascisme n'aurait pas percé. Sans faire des concessions de principe, il fut « diplomate » quand il le fallut avec les puissances d'argent alors qu'il avait besoin d'elles à ses débuts, avant que ne fût opérée la fascisation idéologique de la société : on ne revint pas sur les profits illicites du temps de guerre, les taxes sur les successions furent dégrevées, le contrôle des prix et des loyers fut supprimé. Plusieurs branches d'industrie furent restituées au secteur privé. Quand vint la crise, l'Etat vint au secours des banques. En achetant les actions industrielles qu'elles détenaient, il favorisa les regroupements et les fusions. Il intervient dans l'économie pour l'orienter dans un sens autarcique, en renforçant son contrôle sur l'appareil de production (compagnies de navigation, constructions navales, sidérurgie), mais il n'en modifia pas les structures, laissant subsister la propriété privée et l'économie de marché ; il socialisa les pertes et privatisa les profits, comme le font aujourd'hui de nombreux Etats, mais dans un but différent ; le fascisme voulait éviter une banqueroute aux puissances d'argent, mais dans le but de les faire servir au bien commun — pour servir et donner, il faut avoir — , et ce qui le prouve est l'orientation autarcique, antilibérale, de la politique économique du Reich ; au contraire, les Etats modernes, libéraux socialistes, eux-mêmes les obligés des puissances d'argent qui ont financé leurs dirigeants, leur renvoient l'ascenseur pour conserver leur pouvoir complètement déconnecté de tout souci du bien commun.

Soutenu par la petite bourgeoisie, le fascisme, nous disent nos historiens, ne fut pas toujours son régime ; il fut mis en demeure de la défavoriser avec ses concentrations, et n'en fit pas une classe dirigeante. Il favorisa même le capitalisme par sa répression des syndicats et son interdiction des grèves. L'Etat corporatif institué en 1927 par la Charte du travail subordonnant théoriquement les intérêts privés à l'intérêt national fut plutôt un dispositif favorisant le patronat. Tel est le diagnostic de l'historien non fasciste ; cela est peut-être en partie vrai, mais nous le répétons : il s'agissait non de se faire l'instrument du Capital, mais de le ménager et de lui éviter la banqueroute pour ensuite le faire servir, sans le spolier, au bien commun. Quoi qu'il en soit, Henri Michel déclare (p. 37) : « le fascisme n'a donc été un 'socialisme', resté sur le papier d'ailleurs, que dans la République de Salò, en 1944-1945, lorsque le programme de Vérone prévoit des nationalisations, voire des expropriations, alors impossibles. Mais il n'aurait pas remporté d'adhésions ouvrières s'il n'avait pas été, dès le début, un 'régime social' — alors que le Risorgimento, bourgeois et libéral, avait laissé l'Italie démunie de lois sociales ». Giovanni Gentile définit la culture fasciste comme « la morale et le style qui permettent à l'individu de se réaliser par une adhésion sans réserve à la collectivité ». L'historien Volpe montra que le fascisme répondait au génie de l'Italie et perpétuait son passé. Mais l'enseignement tel que conçu par Gentile était à base de philosophie et d'histoire, ainsi humaniste, consolidant les valeurs élitistes bourgeoises. La résistance à l'intérieur sera inexistante jusqu'en 1943. Le fascisme a eu vingt-cinq ans pour naître, croître et mourir. Sa doctrine s'est dégagée empiriquement. Il coïncide selon Henri Michel avec le passage de l'Italie d'une économie agraire à une économie industrialisée. Que peuvent nous inspirer ces concessions prosaïquement réalistes, bien éloignées du « romantisme fasciste » ? Ceci :

Comme le rappelle Maurice Bardèche, « le fascisme n'a pas confiance dans le peuple » (*Qu'est-ce que le fascisme* ? Les Sept Couleurs 1970 p. 139). Il est « un moyen de salut qu'on impose au peuple » (p. 137) ; « les fascistes ne croient pas que l'homme soit naturellement bon, ils ne croient pas au progrès ni au sens irréversible de l'histoire » (p.188). Le fasciste aime l'ordre et la propreté, la loyauté, ne conçoit la dignité de l'homme que dans l'effort, prodigué par cet homme, de se dépasser, de ne pas céder à ces passions hédonistes qui le dissolvent ; pour prendre le pouvoir, il se refuse à déchaîner les bas instincts de la plèbe, à la manière des bolcheviques faisant du passé table rase et dépourvus du scrupule de lâcher la sous-humanité ivre de cruautés et de jouissances basses pour créer ce chaos à partir duquel le communiste reconstruit sa société ex nihilo. Le fasciste a besoin de prendre le pouvoir pour éduquer le peuple et créer « l'homme fasciste », mais il ne peut s'appuyer sur cet homme qui n'existe pas encore pour prendre le pouvoir. Alors il est contraint de s'appuyer sur les forces dont il dispose, sur un certain patronat, sur l'élite maçonnique du moment comme le fera Mussolini qui la congédiera dix ans après sa prise de pouvoir. Le fasciste est forcé à des concessions peu compatibles avec ses principes, avec l'image qu'il se fait de l'homme en sa version supportable, c'est-à-dire héroïque. A droite comme à gauche, on lui a beaucoup reproché ces concessions qui pourtant étaient induites par ses certitudes mêmes confrontées à la réalité médiocre en laquelle il tentait de s'imposer. La société fasciste ne peut fonctionner qu'avec des fascistes, avec des hommes qu'il faut prendre le temps d'éduquer, de former, et la prise de pouvoir fasciste n'en a pas le temps. Parce que le fascisme ne prétend pas créer l'homme, mais le faire accoucher du moins mauvais de lui-même, fût-ce par des méthodes expéditives, fût-ce en développant une rhétorique sur « l'homme nouveau », le fascisme ne peut être dit exister comme tel qu'après plusieurs années d'efforts et de pédagogie. Hitler enseignait lui-même qu'une société devient décadente quand ses membres se mettent à oublier qu'elle dépend d'eux, qu'elle repose sur eux, pour se complaire dans l'idée qu'ils dépendraient d'elle et qu'ils pourraient passivement se reposer sur elle. Ces années, les fascistes n'en ont pas disposé. Aussi ne peut-on juger le fascisme seulement sur ce qu'il fut historiquement, parce que, d'une certaine façon, il n'a jamais été autrement qu'à l'état embryonnaire. Autant il est vrai qu'une morale non étayée par des structures politiques adéquates dépérit, autant il est certain que les structures politiques ne parviendront jamais à dispenser l'homme de se conformer aux exigences d'une certaine morale.

§ 63. Le fascisme a fait peur.

Le fascisme, c'est vingt ans de l'histoire de l'Europe, le troisième événement majeur de l'entre-deux guerres, avec le déclin de la démocratie libérale et la révolution bolchevique. En 1942, on pouvait croire que l'Europe conquise lui servirait de tremplin pour conquérir le monde. La chute militaire des puissances de l'Axe lui fut fatale. Tout ce qui se déroule aujourd'hui, et que l'on présente telle la conséquence obligée de la victoire du Bien sur le Mal, était programmé en 1945 ; notre modernité contemporaine fut rêvée, esquissée, voulue bien avant cette date, mais sa réalisation ne fut possible que par la chute des fascismes, qui ont servi de repoussoir, mais qui effectivement étaient le vrai et unique danger contre le mondialisme. « Fascisme » vient de « faisceau » : le rassemblement des fusils au repos, ou l'attribut du licteur dans la Rome antique (le licteur était le garde portant une hache dans un faisceau de verges, qui marchait devant les hauts magistrats). Le fascisme est la dernière tentative humaine de réunir les hommes en faisceaux en s'appuyant sur leur bonne volonté, c'est-à-dire en pariant sur ce qui, en l'homme, n'est pas complètement pourri, c'est-à-dire encore en les unissant par le réveil du meilleur d'eux-mêmes, en les élevant moralement ; et c'est cela qu'au fond la modernité ne pouvait supporter, qui n'unit les hommes que sur le fond de ce qu'ils ont de pire ; et parce qu'il est toujours plus facile de descendre que de monter, le mondialisme, en ses versions libérale et communiste, a de fortes chances d'être le plus fort. Parce que le choix du fascisme est un pari que le fasciste juge digne d'être risqué, le fascisme est un optimisme, un défi lancé à l'entropie. Parce que le fascisme n'ignore pas que l'ordre est toujours une victoire précaire gagnée sur le désordre et la fascination nihiliste qu'il exercera toujours sur l'homme congénitalement fatigué d'être homme, le fascisme est un pessimisme. Selon qu'il est croyant ou non, le fasciste conjugue différemment les deux aspects de sa doctrine. S'il n'est pas croyant, il tient pour acquis que l'entropie l'emportera sur l'héroïsme, il s'y résout en esprit mais, pour la beauté du geste, pour le plaisir d'insolenter l'absurde, il fera comme si l'ordre et la vie pouvaient avoir le dernier mot. S'il est croyant, il reconnaîtra dans sa foi politique un geste aussi nécessaire que désespéré, et il affrontera l'invincible puissance de la médiocrité avec la sérénité de celui qui attend le temps de la « Grande Relève ».

§ 64. Le fascisme négativement défini.

Si, nous disent les historiens, l'on s'efforce à le caractériser de manière négative, ainsi par ses refus, on obtient ceci :

Il est faux que les hommes soient égaux, que l'homme soit naturellement bon, que la temporalité soit nécessairement porteuse de progrès continu, et sous ce rapport il n'y a pas de sens de l'histoire. Il est heureux que les hommes soient inégaux, parce que la complémentarité suppose la différence, et que la différence induit nécessairement des inégalités. Descartes, Kant, Rousseau, le positivisme, le scientisme sont rejetés. La démocratie est un régime de faiblesse dominé par les groupes de pression et incapable de sauvegarder l'intérêt national, elle est toujours une oligarchie ploutocratique, et c'est afin de promouvoir une telle oligarchie qu'elle a été instituée en feignant, pour se faire accepter et mobiliser les forces du peuple à son profit, de libérer ce dernier de l'oppression. Le système parlementaire est, pour le fascisme, un jeu stérile, un verbalisme étranger aux intérêts de la nation ; le pluralisme des partis engendre les ambitions personnelles vaines, les discussions inutiles, les divisions ruineuses. Le peuple est incompétent pour désigner les responsables politiques. Le fascisme est le refus de la philosophie des droits de l'homme, lequel, pour le fascisme, n'a pas de droits mais des devoirs dont les droits ne sont que l'envers défini par rapport aux premiers, qui sont effectivement premiers :

Ainsi que le rappela un Claude Bruaire en son temps, l'homme est libre sans être son origine, il s'appartient et se maîtrise en tant que libre, mais il n'est pas cause première de lui-même, il est donc donné à soi, confié à soi, mais par là il est congénitalement en dette de soi, et tel est le fondement de l'obligation morale. Ce qui lui confère le privilège de l'indépendance est cela même qui l'oblige, de sorte que la forme primitive d'exercice de sa liberté est le devoir moral. L'instance la plus immédiate à laquelle il doit tout est la société qui lui donne sa vie par ses parents, son héritage biologique et culturel, sa protection et sa formation. L'homme est par nature et non par contrat un animal politique. La société libérale fait de la liberté le fondement et la fin de la vie sociale, mais par là elle exclut que l'homme puisse être ordonné au bien commun de la société. Si l'homme est sa fin, il n'y a pas de bien commun, mais seulement un intérêt général se limitant à rendre compossibles les biens privés. La communauté est moralement fondée à lutter contre ceux qui refusent de s'intégrer à elle. Le fascisme, en tant que refus du libéralisme, est refus du rationalisme entendu tant comme instance suprême de toute légitimité que comme capacité de calcul ; aussi est-il refus de la conception rationaliste de la raison qui réduit son objet à un mécanisme ; ce n'est pas la raison en tant que telle qui est visée, malgré les caricatures des adversaires du fascisme, malgré aussi certaines formules fascistes outrancières et circonstancielles à saveur anti-intellectualiste, faisant l'apologie de la passion et de l'irrationnel. Le fascisme se veut fidèle à l'élan vital doté d'une raison inconsciente et naturelle que la raison réfléchie met en évidence et dont elle se reconnaît la conscience de soi, qu'elle peut au reste rectifier quand il est dévoyé. Sous des apparences anti-intellectualistes, qui semblent faire l'apologie de l'instinct et de la violence, le fascisme entend signifier qu'il existe une raison dans les choses, dans le réel (au reste l'instinct est philosophiquement défini comme tendance et savoir-faire innés, or il y a « savoir » dans « savoir-faire »). Et c'est là le fondement de toute démarche métaphysique. Pour un intellectualiste, l'être en tant qu'être est intelligible, et le plus haut degré d'être est le plus haut degré de vie, mais le plus haut degré de vie est l'acte d'intellection, de sorte que, en retour, tout ce qui est, en tant qu'il est, participe inconsciemment et à des degrés divers de cette nature intellectuelle, à la fois intelligence et intellection. Ce que récuse le fascisme, c'est l'opposition de l'être et de la raison, comme si le réel était irrationnel, matière informe en attente d'un ordre que la raison constructiviste lui imposerait. Le fascisme combat le socialisme marxiste, qui est un matérialisme, un constructivisme, qui divise la nation en prônant la lutte des classes.

§ 65. Suite du § précédent.

Le fascisme combat aussi la liberté économique sans frein, qui permet aux forts d'écraser les faibles au détriment de la collectivité, qui camoufle souvent la domination d'un peuple pauvre par un autre peuple riche.

Ici, « fort » signifie « rusé », « menteur », « vicieux », et c'est là la force des faibles qui se rend victorieuse de la vraie force des forts, laquelle est spirituelle et physique mais loyale. Il faut comprendre que l'idée de main invisible, chère à Smith, c'est l'idée selon laquelle la recherche égoïste par chacun de son intérêt privé aboutirait mécaniquement à l'intérêt général ; cela revient à dire que la recherche par la partie de son bien privé coïncide spontanément avec la recherche par le tout de son bien propre, qui est le bien commun, mais cela suppose que la société soit substance, car dans une substance vivante la vie de la partie est, stricto sensu, la vie du tout ; ce que précisément la Cité n'est pas.

Comme « extraposition » de l'essence humaine, ainsi comme « homme en grand », la Cité a fonctionnellement vocation à être organique, mais elle n'est pas une réalité vivante autrement que par l'initiative des hommes qui instaurent des règles du jeu conflictuel intérieur à la cité : compétition loyale dans tous les domaines, économique en particulier, et finalisée par la recherche du plus grand bien qui est commun ; dans la société libérale, les règles du jeu supposées régir la compétition deviennent elles-mêmes enjeux de compétition, et l'on obtient la loi du plus fort, qui n'est pas une loi, et qui n'est pas un droit : le droit régit la force ; s'il se confond avec elle il ne régit plus rien, et s'il fait l'aveu de sa réduction à la force, une autre force est tout aussi légitime ; dans une société libérale, on cautionne d'avance, sans vouloir le savoir, la lutte des classes, l'insurrection des pauvres contre les riches, la lutte de l'ochlocratie contre l'oligarchie. Il est remarquable de constater que c'est la conception mécaniste de la raison qui induit la substantification de la société, et que c'est la conception métaphysique de la raison qui la maintient dans son statut naturel de simple tout d'ordre. Quand les réactionnaires bourgeois reprochent son totalitarisme au fascisme, eux qui ont les yeux de Chimène pour le capitalisme, ils favorisent sans vouloir le savoir cette société « totalitaire » au sens où un tel vocable renvoie à la négation de la personne humaine et de toute intimité privée, à cette société qui se substantifie et qui aboutit logiquement à l'Etat mondial.

Le fascisme s'oppose aux internationales capitaliste et communiste, et leur préfère un « socialisme » national qui substitue la coopération entre classes à leur conflit.

§ 66. Suite du § précédent.

Développons et illustrons par des citations ces divers points d'ordre plus volontiers économique.

« Pas de socialisme d'Etat ou d'autres socialismes quelconques, comme des observateurs superficiels pourraient le croire, parce que le Régime respecte et fait respecter la propriété privée ; parce qu'il reconnaît et fait reconnaître l'initiative privée, et qu'il se refuse aux expériences socialisantes, qui tournent d'ailleurs à la catastrophe ; pas même de libéralisme indifférent devant les coalitions des intérêts dont le choc, lorsqu'il n'est pas amorti, peut mettre en danger le bien-être et même la vie de la nation » (*La Doctrine du fascisme, Mussolini*, p.12, Editions du Trident, 1989).

« Dans les rapports entre l'économie et la nation, il n'y a qu'un facteur invariable, c'est la nation. Mais l'activité économique n'est pas un dogme et ne le sera jamais. Nous savons que le national-socialisme est l'adversaire le plus déterminé de la conception libérale, selon laquelle l'économie existe pour le capital, et la nation pour l'économie. Aussi avons-nous été résolus dès le premier jour à mettre un terme à cette idée fausse selon laquelle l'économie pourrait vivre dans l'Etat d'une vie libre, incontrôlable et incontrôlée. Il ne saurait plus y avoir aujourd'hui d'économie libre, c'est-à-dire d'économie abandonnée entièrement à elle-même. Ce ne serait pas seulement politiquement insupportable, il en résulterait aussi une situation économique impossible (…) ». « L'Etat nouveau, lui non plus, ne veut pas être entrepreneur. Il se bornera à réglementer l'emploi de la force de travail de la nation dans la mesure où ce sera nécessaire pour le bien de tous. Et il ne surveillera le processus de travail qu'autant qu'il le faudra dans l'intérêt de tous les participants » (Hitler, *Discours au Reichstag du 31 janvier 1937*, cité par Johannes Ohquist, *Le National-socialisme*, Avallon 1989).

Henri Michel (p. 9, o. c.) déclare : « Il n'est pas question de collectivisation, ni de suppression du prolétariat, encore moins d'autogestion ». Mais l'Etat soumet les puissants à la loi commune, et des mesures sont prises pour améliorer la classe ouvrière. Les forces productives sont associées dans une économie corporative. Dans les corporations, les patrons, ouvriers, représentants de l'Etat siègent à égalité. L'économie est prise en charge par l'Etat, en tant qu'elle facilite la direction planifiée de la production et vise l'autarcie. Ce corporatisme rend possible la suppression des syndicats et de la grève.

§ 67. Caractérisation positive du fascisme.

En tentant de définir le fascisme positivement, on obtient les caractères suivants :

Le fascisme est nationaliste, il considère que la nation est une catégorie politique essentielle. La nation est à l'Etat comme la puissance est à l'acte, comme l'est la matière à l'égard de la forme. Or la forme incarnée est une même chose avec la matière informée. Donc ce qui se dit de l'Etat concret, historiquement réalisé, se dira aussi de la nation. Mais l'Etat est un « homme en grand », pour la raison suivante : il existe une causalité réciproque entre l'individu et la société à laquelle il appartient, puisque la Cité n'est que par les hommes qui s'inscrivent en elle, dans le moment où l'homme n'actualise son humanité que dans la Cité ; or la causalité réciproque entre deux termes signifie leur équivalence, à savoir leur identité, non pas à tous égards mais sous un certain rapport ; donc individu et Cité sont identiques sous un certain rapport ; ne pouvant l'être sous le rapport de leurs matières respectives (le corps de l'individu n'est pas le corps de la Cité), ils le sont analogiquement sous le rapport de leur forme ; ce qui est forme ou âme ou essence dans et de l'individu se projette dans la communauté sur le mode de forme étatique de la Cité. Mais on a vu que l'Etat incarné est la nation étatiquement informée. Donc la nation est bien la projection communautaire de la vie intérieure essentielle de chaque homme ; cela dit, aucune nation ne rassemble tous les hommes ; donc elle n'exprime l'essence de l'homme que selon un degré particulier d'actualisation de cette essence, ce qui définit une communauté *nationale* de destin. La raison première de la vie communautaire est bien le développement complet — ce qu'aucun homme ne peut faire — des potentialités de la nature humaine à l'intérieur d'une communauté de destin dont l'identité nationale, quoique non universelle, peut revendiquer une certaine valeur paradigmatique dès lors que, comme degré déterminé d'actuation de la nature humaine, cette dernière s'explicite tout entière, quoique non totalement, en chaque nation. Il en résulte que l'identité nationale, expressive d'une manière paradigmatique d'être homme, est intrinsèque à la chose politique. Que la nation n'ait de valeur que par rapport à l'objectivité d'une nature humaine universelle dont elle n'exprime qu'un aspect particulier, le fascisme non seulement ne le nie pas, mais il le revendique : dans ses « Entretiens avec Mussolini » (Milan, Mondadori, 1932, p. 199), E. Ludwig rapporte ce propos du Duce : « J'entends l'honneur des nations dans la contribution qu'elles ont fournie à la culture de l'humanité ». Parce que la nature humaine s'explicite tout entière quoique non totalement en chaque culture, en chaque ethnie, en chaque race, en chaque identité nationale, l'homme d'une culture et d'une nation reconnaît en une autre nation quelque aspect de la nature — commune à tous les hommes — qui palpite en lui mais qui, s'actualisant en la sienne selon une modalité qui n'est pas celle des autres, fait s'oblitérer en lui, ignorées de lui, toutes les autres manière d'être homme qu'illustrent les peuples autres que le sien. Il se reconnaît en d'autres cultures, éprouve pour elles du respect et de la reconnaissance, elles lui apprennent quelque chose sur lui-même. Cela dit, de ce que la nature humaine commune à tous s'actualise en chaque culture selon un degré d'actuation déterminé, toutes les cultures, commensurables, sont comparables et — pourquoi ne pas le reconnaître ? — se révèlent *inégales*. De ce que la nature du rapport entre nature et culture a été conceptualisée par la culture occidentale d'inspiration gréco-latine, le fascisme — lui-même, et ce n'est pas un hasard, produit par la pensée occidentale — reconnaît dans ce fonds ethnico-culturel commun à tous les peuples d'Europe la forme la plus élaborée, la plus humaine, d'expression de la nature humaine. Le nationalisme du fasciste n'est pas nominaliste ; il est universaliste. Ainsi un Thomas Sowell, sociologue afro-américain non démangé par le complexe d'une négritude haineuse et misérabiliste, put-il avoir la probité et l'intelligence de remercier publiquement Dieu d'avoir fait ses aïeux esclaves, parce que cela lui permit de devenir citoyen d'une grande nation après avoir échappé au zoo humain dominé par la diabolique tyrannie des féticheurs, des massacres intertribaux, terrassé par la peur quotidienne d'être dévoré comme jeteur de sort et sacrifié aux esprits, et d'avoir échappé au cannibalisme (hebdomadaire *Rivarol* n° 3430 du 24 juin 2000) ; l'attitude intellectuelle de Sowell, preuve de courage et d'intelligence, atteste sa conviction que les cultures ne sont pas égales. Et l'affirmation fasciste de cette supériorité occidentale invite le fasciste à reconnaître dans la réalité européenne une identité ethnico-culturelle, mais aussi religieuse, vouée à exercer le rôle de centre et de maître naturel du monde ; ce n'est là aucunement l'expression d'une volonté de puissance irrationnelle inspirée par l'orgueil. C'est un constat rationnel, et raisonnable, confirmé par le fait que les peuples non européens ont recours aux catégories conceptuelles occidentales pour formuler leurs propres revendications identitaires, et qu'ils n'aspirent à rien d'autre, sous couvert de se libérer des séquelles du colonialisme, qu'à imiter l'Occident, aussi bien dans ce qu'il a de pire que dans ce qu'il a de meilleur.

§ 68. Réaction et résurrection.

Parce qu'il est nationaliste, le fascisme cherche, nous expliquent nos historiens, ses modèles dans un passé intentionnellement mythique ; mais ils le font pour signifier qu'il s'agit non d'un retour au passé comme tel, mais d'une référence à une perfection intemporelle qu'il s'agit de réincarner : la latinité, la germanité, l'hispanité, l'hellénisme, la francité etc. « Tout fascisme est réaction par rapport au présent et toute réaction fasciste est résurrection » (Maurice Bardèche, « *Qu'est-ce que le fascisme ?* », Les Sept Couleurs, 1970, p. 175). Dans cet âge d'or, la nation était pure de tout élément étranger ; il convient donc méthodologiquement d'être raciste, xénophobe et antisémite au moins aussi longtemps qu'il est nécessaire de l'être pour écarter tout ce qui compromet cette reviviscence qui est réinvention au double sens de redécouverte et de recréation, ainsi pour faire recouvrer à un pays son identité nationale. Dans cette période de recouvrement de l'identité nationale, peuple, nation et race tendent à s'identifier. Le racisme comme doctrine est plus un instrument de combat qu'un principe théorique absolu ; même Hitler ne croyait pas au mythe de la race nordique dont s'était emparé Alfred Rosenberg revendiquant le droit de la race des seigneurs à l'espace vital et prétendant que le christianisme serait étranger à la germanité ; Hitler ne croyait même pas à l'existence d'une race juive : « Nous parlons de race par commodité de langage, car il n'y a pas, à proprement parler, et du point de vue de la génétique, une race juive. Il existe toutefois une réalité de fait à laquelle, sans la moindre hésitation, l'on peut accorder cette qualification et qui est admise par les Juifs eux-mêmes. C'est l'existence d'un groupe humain spirituellement homogène dont les Juifs de toutes les parties du monde ont conscience de faire partie, quels que soient les pays dont, administrativement, ils sont les ressortissants. C'est ce groupe humain que nous appelons la race juive (...) La race juive est avant tout une race mentale » (Editions du Trident, *Testament d'Adolf Hitler*, p. 36)

Ces déterminations (peuple, Etat, nation, race) sont en soi distinctes mais, dans l'effort de réinventer l'identité nationale, on se place dans la position de son être en puissance pour la réactualiser ; or tout ce qui relève de l'être en puissance fait s'identifier entre elles les déterminations distinctes en lesquelles s'actualise cette puissance. Et « race » ne prétend pas à la pureté d'une race animale, mais à cette homogénéité biologique requise par la pérennité de l'intégrité d'une culture. La race n'a valeur que de cause matérielle, sans plus, mais pas moins.

§ 69. Le fascisme est impérialiste.

Le fascisme est ambitieux. Il existe toujours, nous disent encore nos historiens, quelque traité qu'il veut réviser pour retrouver des terres perdues ou revendiquées. Il est impérialiste, s'appuie sur l'armée et les anciens combattants, ridiculise le pacifisme bêlant, exalte le soldat, l'aventure, le risque, la lutte. Renonçant aux grands marchés qui supposent le mondialisme économique, il tend à l'autarcie relative, mais par là il est plus soucieux qu'un régime libéral des conditions de sa survie qui lui sont offertes par un accroissement de territoires, parce qu'il refuse l'interdépendance économique toujours porteuse de dépendance politique et de dilution du destin national.

L'économisme, c'est-à-dire l'économie déconnectée de l'intérêt politique auquel elle est en droit soumise, c'est la pathologie sociale consistant à transposer dans l'élément des échanges marchands l'instinct belliqueux de l'homme, en croyant, ce faisant, conjurer les horreurs de la guerre. Rien n'est plus spécieux :

Si le Politique se subordonne l'économie, il accepte de régler ses différends avec autrui par la voie de la guerre. Au reste, aujourd'hui, selon la logique du libéralisme capitaliste, il y a interdépendance complète entre les nations (ou ce qui en reste) au profit de ce qui sera peut-être un Etat mondial, mais qui n'est toujours aujourd'hui que l'Etat des Etats-Unis, lesquels, par leur Etat profond, tiennent lieu d'Etat mondial ; or ils ne s'assurent de leur hégémonie économique que par la menace des armes : qu'on se souvienne du « pacte du Quincy » de 1945, des attaques de l'Irak et de la Lybie, etc. Depuis 1948, les Etats-Unis se sont livrés à plus de 200 opérations de guerre dans le monde ; en 2002, le budget militaire annuel des Etats-Unis était 2,3 fois supérieur à celui constitué par ceux de la Russie, de la France et de l'Angleterre. Le système tient parce que toutes les nations capitalistes libérales sont aux mains des classes possédantes qui ont tout à gagner aux entreprises belliqueuses de l'administration américaine ; en fait, on se demande parfois si c'est le mondialisme qui se subordonne les Etats-Unis dont il est l'Etat profond (la finance purement fiduciaire a besoin d'un Etat doté d'une administration et d'une industrie, et surtout d'une armée pour garantir la valeur des signes monétaires) ou si ce sont les Etats-Unis qui se subordonnent la mentalité mondialiste et les intérêts de la Finance ou mondialisme bancaire, pour accéder à la domination sans partage sur le monde. Quoi qu'il en soit, un monde unipolaire régenté par l'économie, fût-elle soutenue par l'armée, aboutit au mondialisme qui substantifie la société mondiale et réduit l'individu à un accident du tout social, ce qui induit le collectivisme. En effet, une société libérale pure suppose — nous l'avons déjà dit — que la recherche égoïste par chacun de son intérêt propre induit l'intérêt général, mais cela même suppose que la vie de la partie soit immédiatement — ainsi sans la médiation d'une organisation politique du travail — la vie du tout, ce qui exige que la société soit substance. Un monde multipolaire faisant coexister des Etats autarciques est en état naturel de guerre possible, puisque la guerre est l'ultime moyen de régler les différends entre parties qui refusent de s'intégrer dans un tout mondial, mais ce risque de guerre définit le Politique, comme l'a montré Carl Schmitt : est souverain celui qui décide de la situation d'exception ; la situation d'exception maximale est la déclaration de guerre ; il y a souveraineté seulement s'il y a acceptation du risque de la guerre. Vouloir un monde qui exclut la guerre et qui prétend la conjurer en absolutisant le commerce revient à instaurer l'Etat mondial qui déifie l'homme, mais qui par là instaure la situation irréversible d'une tyrannie consommée de tous sur tous, ainsi qui fait de la haine et de la violence le constitutif formel de sa fondation. Nous l'avons montré plus haut : la vraie paix a la forme d'une victoire sur la possibilité de la guerre. Supprimer cette possibilité, c'est rendre la guerre universelle et réelle sans retour. Le fascisme ne croit pas à la possibilité et à l'utilité d'une paix perpétuelle, il repousse le pacifisme, la guerre porte au maximum de tension toutes les énergies humaines. « Me ne frego, », orgueilleuse devise des sections d'assaut, écrite sur le pansement d'une blessure, « n'est pas seulement une profession de vie stoïque et le résumé d'une doctrine purement politique ; c'est l'entraînement à la lutte, l'acceptation des risques qu'elle comporte ; c'est un style nouveau de vie italienne. C'est pourquoi le fascisme accepte, aime la vie, ignore le suicide et y voit une lâcheté ; c'est pourquoi il comprend la vie comme un devoir (...) » (*La Doctrine du fascisme*, Mussolini, éditions du Trident 1987, pp. 28-29). Cette citation peut aussi illustrer le contenu de notre § 64.

Le régime fasciste est autoritaire et fort, centralisateur, opposé aux régionalismes séparatistes, fait prévaloir l'intérêt collectif sur les individus. La notion de salut public tend, nous dit-on encore, à supplanter la légalité, et le fascisme se révèle tel un régime de dictature qui conjugue les appareils de l'Etat et l'idéologie. En fait, ajouterons-nous, il accomplit sans se cacher ce que toutes les démocraties font sous couvert de neutralité et de légalité.

L'Etat fort s'incarne dans un chef providentiel, charismatique, sauveur de la nation, jailli de la masse. Le « Führer-Prinzip » est réalisé à tous les échelons de la société. L'intermédiaire entre le chef et le peuple est le parti unique. Il est bien nommé « parti », quelque chose de particulier, entre la singularité du chef cristallisant la volonté objective de la multitude, et l'universalité des volontés singulières. Il est ainsi l'élite de la nation, son aristocratie, et le lieu de son renouvellement. Il est cela en droit, il ne le fut pas toujours en fait ; le fascisme n'eut pas le temps de se dégager du mode de fonctionnement propre à la période de sa genèse, quand il fallait composer avec les appuis qu'il n'aurait pas choisis s'il avait été plus installé ; l'hommerie est indéracinable ici-bas, même chez les fascistes ; la différence entre eux et les autres, c'est qu'ils le savent, et savent agir en conséquence.

Le pouvoir vient toujours d'en haut :

« Après le socialisme, le fascisme bat en brèche tout l'ensemble des idéologies démocratiques et les repousse, tant dans leurs prémisses théoriques que dans leurs applications pratiques. Le fascisme nie que le nombre, par le seul fait d'être le nombre, puisse diriger la société humaine ; il nie que ce nombre puisse gouverner, au moyen d'une consultation périodique ; il affirme l'inégalité irrémédiable, féconde et bienfaisante des hommes, qui ne peuvent devenir égaux par un fait mécanique et extrinsèque tel que le suffrage universel. On peut définir ainsi les régimes démocratiques : ceux dans lesquels on donne de temps en temps au peuple l'illusion d'être souverain, alors que la souveraineté véritable et effective réside en d'autres forces, parfois irresponsables et secrètes. La démocratie est un régime sans roi, mais avec de très nombreux rois parfois plus exclusifs, plus tyranniques et plus ruineux qu'un seul roi qui serait un tyran » (Mussolini, *Doctrine du fascisme*, Editions du Trident, 1987 p. 33).

Des observations de nos historiens, nous retiendrons ce fait qu'en effet, le caractère volontiers belliqueux du fascisme, joint à son nationalisme, le dispose à chercher querelle à ses voisins, mêmes fascistes, pour augmenter son territoire en revendiquant une ancienne possession territoriale. Et cela nous paraît fâcheux, du point de vue même des intérêts du fascisme. Cela nous dispose à penser que le fascisme comme vision du monde est cohérent seulement moyennant l'acceptation du principe de l'Empire, incarné par une nation fasciste, fédérant les autres nations en vue d'un bien commun supranational. Nous reviendrons sur ce point dans notre § 97.

§ 70. Volonté objective, volonté générale.

Puisqu'il fut question à l'instant de « volonté objective », une précision s'impose. Il y a bien commun seulement si ce bien est le bien du tout pris comme tout (la victoire de l'armée) *et* la partie la plus précieuse du bien particulier (celle à laquelle sont ordonnées les autres parties de ce bien : l'avancement du soldat est subordonné à la victoire), car c'est alors seulement que le bien est aimé et servi pour lui-même par la partie, par chaque homme qui l'aime en se rapportant à lui, ainsi en le voulant comme commun, comme étant aussi le bien d'un autre, comme excluant d'être le bien privé d'un seul particulier. En tant qu'il est aimé comme rapporté à celui qui l'aime, un bien ne contient pas analytiquement l'exigence d'être communiqué à d'autres, et en retour un bien qui exige d'être communiqué à d'autres ne peut être aimé comme étant rapporté à celui qui le convoite. Mais qu'un bien soit aimé tel un bien que l'on sert, et non tel un bien dont on se sert, cela exige qu'un tel bien se veuille en ceux qui l'aiment. Dans ces conditions, il doit exister une volonté *du bien* (le bien se voulant) immanente aux volontés particulières, et ce ne peut être que la nature ou essence du vouloir propre à la nature humaine dont chaque particulier est une particularisation. Que l'essence du vouloir, ou vouloir de l'espèce, soit immanente aux volontés particulières, cela signifie qu'il existe une *volonté générale*, volonté du tout pris comme tout, qui s'anticipe en droit — sinon en fait — en chaque volonté individuelle. Il y a donc bien commun seulement si l'on adopte le concept de volonté générale, laquelle, sans cesser d'être immanente à la volonté des sujets ou citoyens, accède à la conscience raisonnée d'elle-même dans l'esprit du roi ou chef. Seul le fascisme propose un tel concept à toute distance de celui, irrecevable, de Rousseau :

« Sa volonté <celle du Führer> n'est pas la volonté subjective, individuelle d'un homme pour soi, mais en elle s'incarne la volonté commune du peuple comme donnée historique objective. La volonté qui se forme dans le Führer n'est pas la volonté personnelle d'un individu, mais la **volonté générale d'une communauté**. Une telle volonté générale n'est pas une fiction, à la différence de la prétendue 'volonté générale' de la démocratie, mais elle est une réalité politique qui trouve son expression dans le Führer » (Ernst Rudolf Huber, juriste allemand disciple de Carl Schmitt, *Verfassungsrecht des Großdeutschen Reiches*, (Droit constitutionnel du grand Reich allemand), 2ème édition, Hambourg, Hanseatische Verlangsanhalt, 1939, p. 195-196). De même : « Anti-individualiste, la conception fasciste est pour l'Etat, et elle est pour l'individu, en tant que celui-ci s'harmonise avec l'Etat, conscience et volonté universelle de l'homme dans son existence historique » (*La Doctrine du fascisme*, Mussolini, Editions du Trident 1987 p. 15).

Il y a dans cette notion de volonté générale, selon nous, quelque chose d'essentiel dont aucune philosophie du bien commun ne peut faire l'économie, quelque dangereux qu'en soit l'usage : son adultération est mortelle pour la société puisqu'elle produit le totalitarisme démocratique, tyrannie de tous sur tous passionnément plébiscitée par tous. Une telle notion est essentielle parce qu'elle désigne, ainsi que nous l'avons vu au § 24, l'instance vicariante, dans un tout d'ordre qui n'est pas substance, de ce qui est *âme* dans une substance vivante ; cette instance vicariante fait que la Cité peut être tenue pour fonctionnellement substance sans aucunement l'être entitativement ; elle doit l'être fonctionnellement pour que le tout ait raison de *fin* pour la partie ; elle ne doit pas l'être entitativement, pour que le tout n'ait pas raison de fin *dernière* de la partie, car alors, comme on l'a vu en expliquant (§ 46) la genèse de l'Etat mondial, par un retournement dialectique infernal, c'est l'individu qui devient fin dernière. Et la volonté générale comprise en son acception fasciste n'est aucunement une concession faite à l'esprit rousseauiste, comme le prétendent les détracteurs maurrassiens ou réactionnaires du fascisme. Elle est ce concept que les réactionnaires d'aujourd'hui auraient dû élaborer pour ne point périr, et dont se sont emparés, en le travestissant, leurs fossoyeurs. Evidemment, il est moins difficile de faire un procès d'intention aux fascistes qui leur rappellent leurs devoirs et soulignent leur impéritie que de faire amende honorable et de se réformer en reconnaissant sa responsabilité dans la victoire des ennemis de l'ordre des choses. L'âme est immanente à chaque partie du corps, elle est tout entière en chacune bien que n'y étant pas totalement puisqu'elle est aussi dans les autres. Elle est ce qui fait que chaque partie vit de la vie du tout qui, principe d'unité de toutes les parties, est aussi principe de l'unité de chaque partie, par là destine chaque partie à servir et à aimer le tout comme sa fin. Ce qui est la définition du service du bien commun ; et la volonté générale est bien immanente à chaque partie sans cesser d'être le principe d'unité du tout puisqu'elle est aussi la volonté du chef, conscience de soi du tout. Il n'y a pas de bien commun s'il n'y a pas de volonté générale. Là encore, c'est le fascisme qui l'a rappelé dans les faits, et lui seul.

Sur cette question de la « volonté générale », comme sur d'autres ici abordées pourtant sans pulsion de témérité, nous sommes sans illusion. S'efforcer à établir qu'il est dans la logique du fascisme, du nationalisme, de l'organicité, de réhabiliter ce terme de volonté générale dont un Jean-Jacques Rousseau s'était emparé pour développer une conception artificialiste de la société supposée reposer sur un contrat, c'est s'offrir immanquablement au procès d'intention suivant : quiconque reprend le mot reprend la chose, donc le fascisme est un rejeton du jacobinisme, du rousseauisme et de l'esprit démocratique ; l'organicité est le cache-sexe du totalitarisme etc. Pour nous, « volonté générale » dit « volonté objective » immanente à la multitude, mais accédant à la conscience d'elle-même, comme réduction à l'acte d'un vouloir qui n'est efficient et porteur d'autorité que s'il est singulier, seulement dans le responsable politique parfaitement habilité à s'opposer aux égoïsmes catégoriels, aux déviations morales, aux erreurs de vision politique des gouvernés ; cette volonté objective est expressive de la nature de la volonté, et non de l'arbitraire des volitions ; elle définit ce que veut la raison qui sommeille en tout homme, et qui, sans l'intervention d'un chef, ne s'éveille guère que pour errer ; et un tel chef se veut lui-même le porte-parole d'une vérité objective qui ne dépend pas des suffrages et qui s'enracine dans un ordre des choses expressif, en dernier ressort, de la volonté divine.

CHAPITRE VI

Survol de la doctrine du théoricien officiel du fascisme.

§ 71. Quelques mots sur le kantisme.

Les fascismes, nés presque tous en même temps en Europe, appelés par l'esprit de l'époque, résultant par réaction des mêmes maux, ne se réduisent pas au fascisme italien. Ce dernier jouit cependant d'une espèce de priorité dans l'ordre de l'exemplarité qui fit que c'est son nom italien qui fut choisi pour les désigner tous. C'est en lui que se conjuguent le plus radicalement ce mélange paradoxal de révolution et de réaction, cette tension qui manifeste sa différence spécifique. La forme italienne en laquelle il a essayé de se penser peut donc être tenue pour un indice précieux de ce qu'il tenta d'être, lui qui se chercha et disparut avant de se trouver vraiment. Quand bien même cette manière de se donner un contenu théorique ne serait pas à tous égards satisfaisante, elle ne peut pas ne pas révéler, jusque dans ses possibles travers et au moins négativement, quelque trait de son essence idéale, ainsi intemporelle, par là actualisable sous d'autres cieux et dans de nouveaux contextes. Conformément au programme que nous nous sommes fixé, il nous reste donc à dire quelques mots de la doctrine de Giovanni Gentile, qui s'est voulu le philosophe du fascisme. Sa philosophie est l'« actualisme », l'idéalisme actuel. Pour la comprendre, il faut exposer brièvement l'essentiel de la philosophie de Fichte, car Gentile est un hégélianisant qui, nous semble-t-il, tend à fichtéaniser Hegel, et il faut bien avouer que le résultat, au regard du réalisme thomiste, n'est pas fameux ; il est même franchement déconcertant. Et pour introduire au fichtéanisme, il sera nécessaire de dire quelques mots du kantisme. Nous nous inspirerons, pour ce faire, en partie, de l'*Histoire de philosophie moderne* du chanoine Verneaux (Beauchesne, 1963).

Jusqu'à Kant, on pensait que, dans l'acte de connaître en général, c'est le sujet pensant qui devait se conformer aux exigences de l'objet connu. On pensait aussi que la philosophie théorique (la métaphysique) devait fonder la pratique (la morale), parce que connaître la vérité semblait être un préalable à l'agir et au faire. Avec Kant s'opère une double révolution. C'est l'objet connu qui, en tant que connu se plie aux exigences du sujet connaissant, et c'est la philosophie pratique qui commande ce qu'il faut croire, ce que l'on est tenu de tenir pour vrai, après que la philosophie critique pense avoir enterré, pense-t-elle, toute prétention métaphysique aux convoitises de la raison théorique.

Pour Kant, un jugement est scientifique s'il est nécessaire et universel. L'expérience nous apprend qu'une réalité est telle ou telle, mais non qu'il n'en pourrait être autrement ; elle nous informe sur les cas observés, mais non sur tous les cas possibles. Ce qu'il y a de nécessaire et d'universel — ainsi de scientifique — dans la connaissance, n'est donc pas empirique mais a priori. C'est par l'analyse des grandes espèces de jugements que l'on peut discerner la nature d'un tel a priori, puisque penser, selon Kant, signifie juger. Tout jugement contient un sujet un prédicat. Est dit analytique le jugement dont l'analyse du sujet révèle le prédicat ; un tel jugement est a priori (la prédication peut s'opérer sans recours à l'expérience) mais ne fait pas progresser la connaissance. Est synthétique un jugement dont la synthèse du sujet et du prédicat requiert l'expérience (on doit sortir du concept du sujet pour découvrir le prédicat) ; un tel jugement fait progresser la connaissance mais il est a posteriori. Est scientifique un jugement qui fait progresser la connaissance et qui, nécessaire et universel, est a priori. La grande question de Kant est donc la suivante : comment les jugements synthétiques a priori sont-ils possibles ? La réponse à cette question décide de la valeur de la connaissance humaine, de sa portée. Le point de vue adopté, en vue de se prononcer sur la valeur du connaître, est donc critique. L'entendement (faculté des concepts) et la sensibilité (faculté des intuitions) sont les deux sources du savoir, ils désignent ce qui est a priori et ce qui est a posteriori. Mais dès le stade de la sensibilité se révèle quelque chose d'apriori : l'espace et le temps. En effet, l'espace (le même raisonnement peut être tenu pour le temps) n'est pas objet mais condition d'expérience (on ne peut rien se représenter autrement que dans l'espace et dans le temps) ; ils ne sont pas des concepts mais des représentations : il n'y a pas des espaces dont on pourrait tirer un concept comme on tire le concept d'arbre de l'expérience des diverses essences d'arbres ; au contraire il n'y a qu'un seul espace dans lequel on découpe les espaces particuliers. En tant que ne relevant pas du concept, espace et temps relèvent de la sensibilité ; comme conditions (et non objets) d'expérience, ils sont a priori ; ils sont donc les formes a priori de la sensibilité, respectivement formes du sens externe et du sens interne, ce qui revient à dire qu'ils n'existent pas comme dimensions des choses, mais comme déterminations du sujet qui se les représente. Première conséquence capitale : nous ne connaissons pas les choses telles qu'elles sont en elles-mêmes (elles ne sont en soi ni spatiales ni temporelles), mais seulement telles qu'elles sont pour nous. D'où la distinction fameuse entre phénomène et chose en soi (ou noumène, surtout quand la chose en soi désigne une personne). Nous sommes bien affectés par quelque chose d'autre que nous quand nous pensons, notre pensée des choses n'est pas créatrice du réel qui ne se réduit pas à la perception que nous en avons (le réel est bien « en soi »), mais la manière dont nous nous le représentons obéit à des lois de construction de la représentation qui sont des lois du sujet et non des lois des choses. Les raisons de connaître ne sont pas les raisons d'être. La chose en soi ne « trans-apparaît » pas dans son apparition (« die Erscheinung », phénomène), nous connaissons les choses telles qu'elles sont pour nous autres hommes, et non point telles qu'elles sont en elles-mêmes ; certes, parce que nous sommes tous doués des mêmes facultés de connaître, le réel nous apparaît à tous comme unique, mais il est purement phénoménal. Un objet pour la connaissance est un ensemble unifié de phénomènes, le résultat d'une synthèse opérée par des concepts, ou subsomption du divers de l'intuition sensible, et une catégorie ou concept est une manière a priori d'opérer cette liaison des phénomènes donatrice d'objets. Par exemple le concept de la causalité ne désigne pas une relation réelle dans les choses, il est une loi de l'entendement destinée à unifier les phénomènes successifs. Si la sensibilité désigne la « réceptivité des impressions », l'entendement désigne la « spontanéité des concepts », de sorte que si l'entendement était intuitif, il poserait son objet au concret, et même la chose en soi ne serait pas en soi mais en nous. Nous serions créateurs des phénomènes qu'aucune réalité objective ne soutiendrait dans l'être ; ce à quoi Kant ne se résout pas, demeurant encore en partie réaliste ; mais il n'est, pour Kant, d'autre intuition que l'intuition sensible. Sans les intuitions, les concepts sont vides, sans les concepts les intuitions sont aveugles. Cela dit, il est clair que toute notre connaissance se limitera à l'ordre sensible puisque l'office des concepts est de lier les données de l'intuition sensible. La possibilité même de la métaphysique dite « dogmatique » par Kant (connaissance des réalités qui dépassent le plan sensible ou matériel) ou encore nommée classiquement ontologie (connaissance de l'être en tant qu'être, l'être sensible étant ce qui devient, ce qui est soumis à la génération et à la corruption, ce qui est incapable de se maintenir en son être et qui par là n'est pas absolument être mais enveloppe une dimension de néant : l'être pleinement être est spirituel) est ainsi jugée impossible. Faire de la métaphysique, laquelle par définition excède l'ordre sensible, revient à faire fonctionner « à vide » les catégories de l'entendement, dont l'usage légitime est mesuré par la théorie du schématisme ; le schème est un procédé de l'imagination (faculté de forger des images) pour fournir une image à un concept, tel le schème de la succession réglant l'usage recevable de la catégorie de cause.

Il résulte d'abord de cette critique de la connaissance que le Moi lui-même ne se connaît pas tel qu'il est mais seulement tel qu'il s'apparaît : la conscience de soi n'est pas une connaissance de soi ; il y a bien une « conscience pure » dans le système de Kant, une « aperception transcendantale », mais elle ne fait rien connaître, elle accompagne les représentations, elle est ce par quoi les données sensibles et les synthèses catégorielles — dont elle est le principe actif — sont rapportées au même objet. Il en résulte ensuite que les grandes questions métaphysiques (existence de Dieu, immortalité de l'âme, existence de la liberté défiant le déterminisme des lois de la nature) ne sauraient être tranchées par la raison théorique puisque leurs objets ne sont pas phénoménaux. C'est pourquoi ces questions ne peuvent être abordées que par la raison pratique, raison dans son usage pratique, raison morale, ou volonté. La raison pratique, dans la forme du devoir, nous prescrit inconditionnellement ce qu'il convient de faire : rien n'est bon que la bonne volonté (les talents personnels sont neutres, ils peuvent servir au bien comme au mal), laquelle consiste à agir par pur devoir et non par intérêt puisque tout intérêt est égoïste et que l'égoïsme est immoral. Agir par devoir consiste à soumettre sa volonté à la loi, à l'idée même de loi, à la forme de la légalité, que définissent l'universalité et la nécessité qui en découle (ce qui est toujours et partout est nécessaire). Sera dite morale la maxime d'une action qui résiste à l'épreuve de son universalisation : on ne saurait faire une fausse promesse car si tout le monde en faisait, mentir deviendrait impossible du fait que toute confiance aurait disparu : le mensonge doit pouvoir être cru par celui que l'on entend berner ; conférer la forme d'un impératif à cette maxime la fait se détruire, et c'est là le critère permettant de discriminer entre maximes morales et maximes immorales. Dès lors, si ne peut avoir des devoirs que ce qui est libre (responsable), si de plus l'homme s'éprouve comme ayant des devoirs (effet de la pression de la raison en nous), son premier devoir est de se croire libre ; la raison pratique nous enjoint de croire à ce que la raison théorique ne peut établir. Si de plus un progrès moral à l'infini n'est possible que par l'immortalité de l'âme (une vie de quelques années exclut que l'on parvienne à s'approprier à l'exigence d'agir en toute chose par pur devoir, et non par convoitise ou intérêt), la raison pratique nous enjoint de croire à cette immortalité, par un acte de « foi pratique ». Si enfin, en ce monde, le bonheur et la moralité sont disjoints (maints gredins sont heureux, maints vertueux ne connaissent que des souffrances), cependant que la morale nous enseigne à être dignes d'être heureux (il est moral que la moralité fasse mériter le bonheur), alors on doit supposer l'existence d'un principe capable d'harmoniser bonheur et moralité, et telle est l'affirmation pratique de l'existence de Dieu. La métaphysique est bien fondée par la morale qui y répond par ses « postulats de la raison pratique ».

Mais il résulte, de l'analyse critique, une troisième chose. Le phénomène étant la manière dont la chose en soi est réfractée, selon les lois du sujet, par la connaissance humaine que cette chose *affecte*, il faut bien conférer à la chose en soi le statut de *cause* du phénomène. Or l'usage de la catégorie de cause suppose l'application du schème de la succession, cependant que le phénomène ne succède pas à la chose en soi. Dès lors, Kant est contraint de faire un usage illégitime, au regard des prémisses de son système, de la catégorie de cause, pour fonder le socle sur lequel repose tout ce système, à savoir l'opposition chose en soi-phénomène. Et c'est là ce contre quoi s'élèveront ses successeurs : Fichte, Schelling, Hegel, précédés par la critique de Jacobi : sans la chose en soi, impossible de pénétrer dans le système de Kant ; avec la chose en soi, impossible d'y demeurer.

§ 72. Quelques mots sur la philosophie de Fichte.

Si l'idée d'une chose en soi inconnaissable doit être abandonnée, dans le moment où l'entendement demeure la faculté de la spontanéité des concepts, c'est dans l'élément du Moi qu'il faudra placer la causalité que Kant reconnaissait à la chose en soi ainsi résorbée dans le sujet connaissant qui sera chargé de produire les impressions sensibles, mais auquel il sera nécessaire de reconnaître une puissance d'intuition intellectuelle propre que lui refusait Kant, puisque, dans ce nouveau contexte, il n'est plus de chose en soi pour affecter de l'extérieur cette faculté dotée, dans le kantisme, d'intuition. Il existe donc selon Fichte une intuition intellectuelle réflexe, à savoir l'acte par lequel l'esprit se fait affecter par sa propre activité. Toute connaissance suppose un sujet, le Moi, qui n'est pas un être (il serait une chose), mais un acte, une activité. On ne saurait déduire un tel sujet, car toute déduction présuppose l'activité d'un sujet. Dire qu'il n'est déduit de rien, c'est dire qu'il se pose lui-même et qu'il est absolu, absolue liberté, pure spontanéité. Un tel sujet définit l'essence de tout esprit, impersonnelle, immanente à tout esprit, pure forme sans contenu, ainsi vide de toute connaissance, et il se confond avec la conscience pure de Kant qui ne nous fait rien connaître, pas même elle-même, mais qui est requise pour qu'il y ait connaissance : je ne sais quelque chose que si je me sais la sachant (unité analytique de l'aperception), mais je ne me sais la sachant ou ne reviens sur moi qu'en sachant quelque chose (unité synthétique de l'aperception), ainsi en opérant la synthèse d'un divers qui me fait me différencier de moi-même et à partir duquel je reviens à moi ; mais cette réciprocation de causalité entre mouvement extatique et mouvement réflexif fait, dans un contexte fichtéen, que le Moi se pose lui-même tel ce pur acte réflexif sans préalable et sans contenu, qui n'est que dans et comme son activité, et qui, indéterminé en lui-même, est identique en tout esprit. Selon le premier principe de la *Doctrine de la science*, le Moi (qui n'a pas conscience de soi) se pose lui-même absolument. Parce que toute conscience est personnelle, le Moi doit se limiter pour prendre conscience de soi, ce qu'il fait par l'acte de s'opposer à et dans lui-même un non-Moi, l'objet en général : le Moi s'oppose un non-Moi (deuxième principe). La synthèse des deux principes consiste à déduire de cette double activité du Moi qu'il se scinde (troisième principe) en un Moi divisible (une pluralité de sujets définissant la communauté humaine) et un non-Moi divisible (une pluralité d'objets constituant un monde). Le Moi absolu est Dieu, sujet pur et infini qui se pose lui-même (Giovanni Gentile parlera d'« autoctise » : κτίζω : construire, asseoir des constructions), et se pose comme conscience en s'opposant à soi, ainsi s'objective dans lui-même comme ce Verbe qui se réfracte en dernier ressort dans une multitude de sujets finis s'objectant à leur tour un monde d'objets divers. La pensée de Fichte est donc un panthéisme. Le Moi et le non-Moi se limitent réciproquement ; le processus de la limitation ou détermination du Moi par le non-Moi définit la connaissance ou philosophie théorique ; le processus de la détermination du non-Moi par le Moi définit la philosophie pratique ou action.

Le panthéisme fichtéen est un idéalisme subjectif : rien n'est en dehors du Moi qui pose un non-Moi lui restant immanent ou intérieur : le sentiment d'être passif quand on est affecté par un objet vient de ce que le sujet humain a conscience d'être affecté mais non de l'acte par lequel il pose ce qui l'affecte. La sensibilité se réduit à cette expérience subjective de passivité, et l'imagination définit la fonction par laquelle le Moi s'affecte. Chez Kant, l'imagination créait les schèmes pour approprier les concepts aux données sensibles ; chez Fichte, elle crée littéralement les données sensibles.

Si l'on considère dans le système pratique la manière dont le Moi détermine le non-Moi, on obtient ceci : le Moi pose le non-Moi comme limité par le Moi, parce que le Moi est effort, l'infinité du Moi est virtuelle, idéal à réaliser, et c'est pourquoi, en dernier ressort, il pose un non-Moi : c'est la raison pratique qui enjoint à la raison théorique de s'objecter un monde. L'infini pose du fini qui le limite, mais il ne consent à se faire limiter par lui que pour le surmonter. L'activité du Moi est infinie comme puissance, mais concrètement finie en tout moment de son actuation. Si le non-Moi stoppait le Moi, l'esprit deviendrait matière ; s'il vainquait sans reste le non-Moi, l'homme serait devenu Dieu, mais un Dieu inconscient de lui-même. L'effort est un absolu puisqu'il est la substance du Moi qui se nierait s'il s'y soustrayait, et dire que l'effort est voulu pour lui-même revient à justifier le devoir kantien. L'homme est donc le processus infini, indéfini de se faire Dieu, c'est-à-dire de se reconnaître tel. Dieu est ainsi une activité impersonnelle immanente aux diverses consciences, principe et fin de leur effort. Dieu se réalise par l'effort de l'homme et l'homme est un moment de l'effort que Dieu déploie pour être.

Et le péché capital pour Fichte n'est autre que la paresse, conjuguée à l'incapacité à s'engager. Cela dit, le Dieu de Fichte doit absolument être voulu par l'homme, mais il est à jamais irréalisable.

Donc : la chose en soi kantienne est éliminée en identifiant l'objet au sujet, et il n'y a au fond, à mériter d'être nommé être, que le Moi, qui est divin.

§ 73. Fichte et l'existentialisme.

On peut se demander s'il n'est pas opportun, quoique cavalier et téméraire, de rapprocher cette destination fichtéenne de l'homme de celle de Sartre : l'homme est cette conscience pure absolument libre, sans nature, hantée par le désir d'être en-soi-pour-soi, d'être cette réalité massive et pleine dont la liberté est le manque et la fêlure, ainsi cet en-soi chargé de la consistance d'une nature et non moins gratifié du non-être d'une liberté (est libre ce qui s'autodétermine, ce qui doit être indéterminé, au rebours d'une nature, pour se donner sa détermination, or la limite de l'indétermination est le non-être) ; être en soi et pour soi, c'est être cet être (cette essence) qui décide de se néantiser pour faire être le néant à raison duquel il sera libre, mais c'est là impossible puisqu'il faut être libre pour décider de le devenir ; donc l'homme est habité par un désir fondamental irréalisable ; de plus, être en soi et pour soi, c'est être cette liberté qui se donne sa nature, et être en même temps cette nature qui se décompresse ontologiquement pour se faire liberté, et c'est donc être cause de soi, privilège divin ; donc l'homme est hanté par le désir indéracinable d'être Dieu. Mais Dieu n'existe pas puisque l'idée de Dieu est contradictoire, donc l'homme s'épuise par ses actes à se faire ce Dieu qui ne peut pas être ; l'homme est, comme le dit Sartre, « une passion inutile ». Mais n'est-ce pas à sa manière ce qu'enseigne Fichte, à savoir : épouser le destin d'un devenir-Dieu qui sait qu'il n'y parviendra jamais ? Partout où se trouveront des traces du fichtéanisme, on trouvera de l'existentialisme. Il y a cependant une différence : Fichte a fini, après avoir été le chantre de la Révolution française, par investir son souci d'engagement et sa fébrilité activiste dans le service d'un nationalisme ombrageux à bien des égards légitime dirigé contre l'Ogre, le Soldat de la Révolution et les méfaits du libéralisme (Fichte prônait un Etat commercial fermé) ; Sartre, abruti par un philosémitisme pathologique assaisonné de maxiton et de whisky, en est venu à renier son pessimisme germanopratin pour se rallier à la platitude des droits de l'homme. Tant il est vrai que la théorie et l'action ne parviendront jamais à fusionner : des principes analogues peuvent susciter des engagements opposés, soit que la pratique ne soit jamais capable d'être à la hauteur des espoirs portés par la théorie, soit que la théorie ne soit jamais capable de conceptualiser l'inspiration qui anime la pratique. Et dans ce dernier cas c'est l'insuffisance de la théorie, ce sont ses contradictions internes qui sont révélées par la pratique supposée la réaliser, ainsi par une pratique délirante dont le destin est soit de s'exténuer et d'enterrer la théorie avec son propre échec, soit de se faire génératrice, par réaction dialectique, d'une mutation théorique plus féconde et plus rationnelle.

§ 74. Quelques mots sur Schelling.

Schelling d'abord fichtéen (le « crieur public du Moi ») fait deux objections à son inspirateur.

D'abord le Moi de Fichte n'est pas réellement un Moi parce qu'il n'est pas conscient de lui-même, ne se sait pas être tel : c'est un Moi qui ne sait pas dire : « moi », un sujet impuissant à se constituer en objet pour lui-même, par là en un sujet ; est un Moi ce qui pense, or penser est penser qu'on pense, donc est un Moi ce qui se pense, et ce qui se pense est conscience de soi, et une conscience de soi ne saurait être en puissance, car nul ne peut exercer à la place d'un autre son acte d'être conscience de soi, de sorte qu'il ne saurait recevoir d'un autre l'acte à raison duquel il serait supposé passer de la puissance à l'acte d'être conscient de lui-même ; mais s'il possède l'acte à raison duquel il passe de la puissance à l'acte d'être conscient de soi, c'est qu'il est déjà conscience en acte. L'absolu de Fichte ne saurait être un Moi parce qu'il ne s'oppose pas de non-Moi, et que toute conscience est conscience de soi en tant que conscience de ce qu'elle s'objecte. Le Moi qui est vraiment un Moi ne peut être absolu parce qu'il doit être limité, ainsi relatif, pour être conscient de soi ; et l'absolu ne saurait être objet ou non-Moi parce que ce dernier est lui aussi relatif à un Moi : ce qui se pose est l'absolu, et ce qui se pose est ce qui s'atteint par réflexion, qui par là se révèle être un Moi.

Ensuite, si le non-Moi est un produit de l'activité pensante, comme l'enseigne Fichte, on ne voit pas que le Moi puisse, en tant que Moi divisible ou conscient, surgir du monde du non-Moi, ainsi surgir de la Nature, comme pourtant il le fait effectivement : c'est un fait que l'esprit humain s'éveille du sein d'un embryon, dans le tréfonds obscur d'une Nature. Dès lors, pour Schelling, c'est la Nature qui seule mérite d'être tenue pour l'absolu, une Nature qui sera sujet-objet, identité des contradictoires, principe premier antérieur à leur différence, ainsi indifférencié, à la fois Moi et non-Moi, esprit et corps, forme et matière, idéal et réel, infini et fini ; et elle ne sera pas saisissable autrement que dans une intuition quasi-poétique, car la raison, ou plus précisément l'entendement, régi par le principe de contradiction, est impuissant à s'en emparer. En tant que sujet-objet, la Nature doit être à la fois dynamique pour être puissance active à produire toutes les formes d'êtres, et elle doit être connaissable pour être objet pour elle-même, ainsi pour être sujet. En tant que dynamique, elle n'est pas ce devenir instantané qui la convertirait en absence d'activité, en être éclipsant son agir constitutif ; et en tant que connaissable elle n'est pas cet indéterminé qui ne saurait être objet d'une intuition de soi. Elle est donc « natura naturans » et « natura naturata », sujet et objet, inclusive de deux pôles opposés et solidaires. Comme chez Fichte, mais transposé dans l'élément d'un idéalisme objectif, l'absolu, hors duquel il n'est rien, comme puissance active infinie, se limite ou se finitise pour se dépasser. La Nature est une dialectique qui traverse trois puissances : la matière (elle est attraction, répulsion, pesanteur), la lumière (elle est magnétisme, électricité, chimisme) et la vie (elle est végétal, animal, homme) ; l'acmé de la vie est l'esprit, c'est-à-dire l'homme qui inaugure un nouveau développement, à savoir l'histoire : le développement de l'absolu se fait alors sur le plan de la réalité et c'est l'œuvre de la Nature, mais il se fait aussi sur le plan de l'idéal et c'est l'histoire qui produit la vertu, la science, la bonté morale, la religion, la beauté et l'art ; enfin l'absolu se saisit de ses deux développements réel et idéel et s'appréhende comme absolu par et en tant que la raison ; la conscience qu'il a de ce retour à soi remontant l'ordre de l'idéal et du réel est la philosophie. La Nature se révèle donc telle une poésie inconsciente qui parvient à la conscience de sa rationalité dans l'homme. On est, comme avec Fichte, dans l'élément du panthéisme, dans une espèce de spinozisme dialectisé.

Kant se demandait comment la connaissance est possible. Fichte posait la question suivante : comment le Moi est-il possible ? Et Schelling demande : comment la Nature est-elle possible ? Avec Fichte, la chose en soi de Kant, l'être tel qu'il est en lui-même, ainsi l'être en tant qu'il est être, est devenu le Moi. Avec Schelling, la chose en soi est devenue la Nature qui, dans son fond, est activité. La consécution des choses à partir de Dieu est une autorévélation de Dieu, et chaque période historique révèle un aspect de Dieu : fatalité (grands empires de l'antiquité), puis force instinctive (période romaine), puis Providence (christianisme). Pour Schelling, la chose en soi est la Nature entendue comme activité dans son fond.

§ 75. L'idéalisme est-il folie ?

Le bon sens, dira-t-on, hurle devant de telles divagations idéalistes.

Comment un esprit sain, spontanément réaliste, peut-il se perdre dans des rêveries spéculatives de ce genre ? Pourquoi perdre son temps à se remémorer les scansions d'un tel délire cauchemardesque ? Peut-on croire un instant que le réel extra-mental n'aurait d'autre consistance que celle d'un phénomène immanent à l'esprit qui le pense ? Peut-on adhérer à cette idée répugnante selon laquelle Dieu ne serait qu'en se faisant, et se ferait dans et par cette petite abjection malodorante qu'est l'homme ?

Il nous semble qu'il n'est pas facile — nous ne disons pas que c'est impossible, mais que c'est difficile, et que les instruments d'une telle résolution ne sont peut-être pas développés par les penseurs réalistes, qui s'en dispensent en tant qu'ils considèrent qu'il n'y a pas de problème à résoudre — de réfuter ceci :

Au-delà de la pensée est, par définition, impensable car, pour affirmer cet au-delà, il faudrait le connaître, par là le penser, mais alors il se révélerait n'être pas un au-delà pour la pensée. S'objectiver sa limite, c'est se mettre à distance d'elle, c'est se placer au-delà d'elle ; on ne l'identifie comme limite qu'en sachant son au-delà, ce qui revient à dire qu'elle n'est pas une limite puisqu'on l'a dépassée. Comment la pensée peut-elle savoir qu'elle est dépassée, ou qu'elle peut l'être, si elle doit savoir l'au-delà de sa limite pour se savoir limitée ? Elle doit être infinie pour se savoir finie, elle prouve qu'elle est infinie en s'objectivant sa limite, c'est-à-dire en se *sachant* finie ; elle est finie en tant qu'elle est déterminée, infinie en tant que victoire sur toute limite ; mais alors comment ne pas conclure que rien de réel ne lui résiste, pas même le déterminant à raison duquel le réel est réel, pas même ce par quoi il est irréductible à l'idée par quoi la pensée l'intellige ? Or la toute-puissance de la raison ainsi comprise fait qu'une telle raison est créatrice du réel, ou bien que le réel est réductible à l'idée qu'elle s'en forge, ce qui au reste revient au même : elle est dotée d'une idée créatrice du réel. Ainsi donc, s'il est vrai que l'acte créateur (produire ex nihilo) est un privilège divin, comment est-il possible d'être un Moi sans être divin ou absolu ? Savoir est savoir qu'on sait, le savoir est donc réflexion, laquelle est négation de négation ou acte d'avoir en soi-même son autre, par là ce qui est structurellement au-delà de sa limite ou infini, c'est-à-dire positionnel de soi ou absolu. C'est au fond une variante de l'aporie du « Ménon » de Platon : on doit savoir ce que l'on cherche pour le chercher, et ne pas le savoir pour chercher à le connaître, on doit donc être fini et infini. C'est encore le même problème que celui de la dualité sujet-objet : si la pensée doit être infinie pour être une vraie pensée (en tant qu'elle est réflexion), tout intelligible lui est immanent, le monde est sa représentation ou son produit ; la pensée peut avoir un objet autre qu'elle, mais il est un objet de la pensée en tant qu'il est objectivation de soi de la pensée, engendré par elle. Le réaliste, spontanément, croit que sa pensée est capable de ce pour quoi elle est faite, à savoir accéder à la vérité, à l'adéquation de la pensée à la réalité ; mais il existe de fausses évidences, ce qui invite à vérifier cette adéquation, à éprouver sa réalité ; s'il faut comparer le réel à la représentation que nous en avons, c'est que nous connaissons les termes de la comparaison, à savoir le réel et la représentation que nous en forgeons ; or c'est par une nouvelle représentation que nous connaîtrons ce réel (pour le comparer à la première représentation), dont il faudra vérifier l'adéquation au réel, et nous serons renvoyés à l'infini ; il semble bien que l'unique manière de conjurer ce renvoi à l'infini, ce soit de remarquer que la pensée, dans un même acte, sait ce qu'elle sait et se sait le sachant, ce qui assure sa certitude en cela que la pensée qui se sait ne peut douter d'elle-même, dès lors qu'elle doit penser pour douter ; mais si c'est en se sachant qu'elle sait ce qu'elle sait, c'est que l'objet su est une détermination du sujet pensant, son objectivation immanente ; derechef, l'idéalisme semble bien s'imposer.

§ 76. Idéalisme absolu de Hegel.

Hegel reproche à Schelling de faire de l'absolu « la nuit où toutes les vaches sont noires », telle une identité des contradictoires saisie par une *intuition* immédiate, par là arbitraire. Afin de dépasser les difficultés de l'idéalisme sans cesser d'être idéaliste, Hegel se voudra le philosophe de l'idéalisme absolu, de l'identité de l'idéalisme subjectif de Fichte et de l'idéalisme objectif de Schelling. Puisque l'identité exclusive de la différence est *différente* de la différence, ainsi sommée d'être le contraire d'elle-même pour s'opposer à son contraire et être elle-même, et de ce fait sommée d'être son contraire pour être elle-même, c'est que l'identité concrète ou effective est identité de l'identité et de la différence. Dès lors, l'absolu de l'idéalisme absolu sera l'identité *concrète* du Moi et de la Nature, identité assomptive de leur différence, posant la Nature telle l'objectivation de soi du Moi. Pour Hegel, l'absolu comme Moi est l'Idée, entendue telle l'identité de l'être et du savoir, il est l'être en tant qu'être se révélant savoir de lui-même. Il est le processus de l'être se constituant comme sujet ***et*** le savoir que ce sujet a de son processus dont à ce titre il s'empare (ce que Hegel nomme « Concept », Begriff), et un tel sujet s'objective en une Nature, ainsi elle aussi identité du sujet et de l'objet, par là objet se constituant en sujet fini (l'homme) s'infinitisant en se faisant philosophe du savoir absolu, c'est-à-dire de ce savoir positionnel de l'être du départ, dans un discours totalisant reposant sur lui-même, et de ce fait *systématique*, posant ce qu'il présuppose et faisant s'identifier l'intuition définitionnelle du cogito (un discours systématique est circulaire, contractant, comme identité à soi réflexive, le dispositif d'un « je pense ») ***et*** la discursivité définitionnelle de la rationalité absolue (rendre raison de toute chose, y compris de l'acte même de rendre raison). Et seule une telle systématicité peut établir de manière vraiment scientifique, nécessaire, que l'ordre des raisons de connaître est l'ordre des raisons d'être, que les lois et les catégories de la pensée sont les lois et les catégories de l'être en tant qu'être. La pensée sait la vérité sur le rapport entre l'être *et* le connaître, parce qu'elle se sait être, en un certain sens, l'être *en* vérité.

Pour Hegel, l'être en tant qu'être est Dieu, et l'être est le processus de se faire Esprit, de s'intérioriser dans et comme l'Essence de lui-même et de s'y constituer en sujet (ou « Concept », identité contradictoire du sujet et de l'objet) qui, en retour, comme acte de se penser, s'objective dans une Nature qui lui est consubstantielle mais qui, comme contradictoire elle aussi, se renie en esprit fini humain, lequel s'infinitise en se faisant hégélien. Dieu est Dieu en tant que Dieu est son savoir, et le savoir qu'il a de lui-même est le savoir qu'il a de lui-même en l'homme et que l'homme a de Dieu, savoir qui progresse jusqu'au savoir que l'homme a de lui-même en Dieu. L'Histoire est alors la révélation de Dieu, un processus qui ne s'arrête jamais, qui est impuissant à se sublimer dans son propre élément, mais qui est déjà de toute éternité sublimé en et comme l'Idée : le processus est déjà intemporellement clos, et la temporalité est la manière de le mesurer — quand on est, tel l'homme phénoménal, intérieur à lui — de l'intérieur ; l'homme en tant qu'esprit fini est conscience, esprit se scindant selon la dualité du sujet et de l'objet, mais, en tant qu'esprit accédant à la systématicité, il sait que l'Idée dont il procède et à laquelle il se rend a déjà et de toute éternité dépassé cette dualité ; sous ce rapport il n'y a pas de fin du temps, bien que la temporalité ne soit qu'un moment de l'éternité. Pour Hegel, puisque la création est consubstantielle à Dieu, comme son Verbe, puisque cette création est temporelle et processuelle, alors le devenir est consubstantiel à l'être immobile. L'être en tant qu'être est le résultat de sa propre initiative, mais de ce fait, parce qu'il est définitionnel de lui-même de se poser, ainsi de se faire résultat du processus qu'il inaugure, alors il est l'identité de l'être et du devenir : le résultat est l'identité de lui-même et du processus dont il est le résultat. L'être est l'acte éternel de poser dans lui-même le processus dont il se fait le résultat. En termes de représentation, pour Hegel, Dieu est l'Idée pensante-pensée qui s'aliène en Nature dont elle fait sourdre l'esprit fini qui, comme conscience, est l'esprit s'apparaissant (la conscience est le phénomène de l'esprit), lequel, en se faisant spéculatif, se révèle esprit infini ou Idée spirituelle. C'est bien encore une forme de panthéisme idéaliste, une formalisation du gnosticisme. Comme l'écrit Bernard Bourgeois à propos de Hegel (*Pour Hegel*, Vrin 2013, p. 577) : « (...) le créant se crée en créant un créé qui se crée lui-même en le créant ».

Tout cela est évidemment irrecevable en l'état pour un catholique (et, au vrai, pour une pensée qui se veut rationnelle jusqu'au bout, mais nous reviendrons sur ce point plus tard) : Dieu est Acte pur, absolument parfait et immobile, son essence est son exister, la création est contingente et l'acte d'exister du créé est numériquement distinct de l'acte d'exister qu'est Dieu. Il reste que, si l'affirmation catholique de Dieu suppose la démonstrabilité de Dieu par la simple raison, laquelle exige que soit acquise la thèse de l'identité des catégories de la pensée et des catégories de l'être (identité seulement présupposée par le réaliste), dans le moment où seule la systématicité rend raison de cette identité, force est de convenir de ceci : on ne peut dépasser Hegel sans passer par lui ; Hegel est porteur d'une vérité captive précieuse pour un réalisme soucieux d'éprouver la solidité de ses propres fondements. On voudra bien noter aussi, sans nous attarder sur ce sujet qui excède de beaucoup les limites des préoccupations inspirant le présent travail, que penser l'absolu telle l'identité *concrète* de l'identité et de la différence, c'est suggérer ceci : Dieu comme Identique à soi est Père, comme différence d'avoir soi il est Fils ou Verbe, et il s'intronise identité de l'identité et de la différence comme Esprit ou Amour identifiant en lui le Père et le Fils sans abolir leur différence puisqu'il est l'Esprit commun du Père et du Fils. Si l'identité concrète est identité de l'identité et de la différence, alors cette identité (de l'identité et de la différence) est elle-même identité de l'identité (de l'identité et de la différence) et de la différence (de l'identité et de la différence) : le Père est identique au Fils et à l'Esprit (chacun est toute l'essence divine commune aux trois) et différent du Fils et de l'Esprit (tous trois sont dans la même essence divine). Ce que, évidemment, la simple raison est impuissante à comprendre par elle-même, c'est que ces trois moments de la Vie divine soient aussi des Personnes.

Il nous reste désormais, quelque peu renseignés sur le courant idéaliste dont Giovanni Gentile se voulait l'héritier, à exposer brièvement ce que nous avons cru comprendre de sa philosophie, à partir des maigres éléments (en particulier une fiche « wikipedia » consacrée à l'idéalisme actuel) d'information publiés en français qu'il nous fut donné de glaner relativement à cet auteur.

§ 77. Idéalisme actuel.

Giovanni Gentile est un philosophe néo-hégélien, assassiné en 1944, qui se voulut le philosophe du fascisme. Il fut partisan de l'entrée en guerre de l'Italie en 1915 pour conclure le Risorgimento (unification italienne) et souder la nation. Le catholicisme n'était pour lui que la forme historique de la spiritualité italienne, et il se prononça pour la laïcité de l'Etat, contre les accords du Latran en 1929, contre les lois raciales de 1938. Mis à l'Index en 1934 (ce qui était franchement inévitable), il approuva cependant la République Sociale italienne, dite République de Salò, dans laquelle la religion catholique était tenue pour religion d'Etat. Comme le rappelle Gioacchino Volpe, historien catholique, dans son *Histoire du mouvement fasciste* (1940), alors que le chef du mouvement futuriste, Marinetti, manifestant un fort anticléricalisme, adhérent aux « faisceaux » depuis le début, proposait d'expulser le pape de Rome, de dévaticaniser l'Italie, en retour, par la réforme Gentile (il fut ministre de l'Instruction publique), le crucifix fut replacé dans les écoles et le catéchisme y fut à nouveau enseigné aux enfants. Cela dit, le fascisme est pour Mussolini et Gentile essentiellement mouvement, et sous ce rapport l'influence du futurisme ne fut jamais complètement reniée. Il est vrai que cet insolent plaidoyer futuriste pour la vitesse et les usines, l'industrialisme, la violence, le goût du désespoir (antithèse du mythe du « progrès » et de son optimisme béat), le mépris de l'amour et de l'homme en général, se voulait une protestation viscérale contre une civilisation si fatiguée qu'elle se réfugiait dans ses musées : une société vivante ne cultive pas les restes de ses grandeurs passées de manière aussi scrupuleuse, parce qu'elle est soulevée par une créativité qui lui fait relativiser la valeur des chefs-d'œuvre anciens ; il ne faut pas voir dans le futurisme, à l'égard duquel le fascisme prit ses distances, plus qu'une manifestation adolescente de vitalité, joyeusement injuste comme un éclat de rire peu charitable ; quand les vieux transmettent à la jeunesse un monde étriqué, malade des vices de la démocratie et du parlementarisme, peuplé de vieillards solennels et égrotants, exigeants et mal embouchés, énurétiques, malodorants et onéreux (tels, aujourd'hui, les « grands ancêtres de 89 », les momies de la Résistance et les « témoins » de la Shoah), il est inévitable que cette jeunesse ait du mal à respecter son devoir de piété filiale.

Gentile reproche à Hegel d'affirmer qu'il existe une Nature en dehors de la pensée consciente, ou de l'acte de la pensée. Il semble que pour lui la conscience ne soit pas le phénomène de l'esprit, l'esprit en tant qu'il s'apparaît (ce qu'elle est pour Hegel), mais que l'esprit soit nécessairement et toujours conscience. Pour Hegel, la conscience est ce moment dans lequel l'esprit se scinde en sujet et en objet qu'il perçoit comme autre que lui, alors que l'esprit fini, en percevant la Nature, ne perçoit en vérité que lui-même puisque l'esprit infini ou esprit vraiment esprit est l'Idée spirituelle dont la Nature est l'objectivation qui lui est consubstantielle, laquelle Nature, en tant que spirituelle, a vocation à être posée par l'esprit se reconnaissant tel l'Esprit infini.

§ 78. Une faille dans le Système.

Il y a au reste une difficulté chez Hegel, **la** difficulté de son système, et c'est peut-être elle qui a invité Gentile à prendre ses distances à son égard :

Pour Hegel, l'Idée est l'être s'intériorisant, se constituant en savoir de lui-même, c'est-à-dire en sujet, mais en sujet qui sait l'être comme son objet qu'il *a*, de sorte que l'Idée est cet être qui *est* sujet ***et*** cet être qu'*a* le sujet, elle exige l'identité contradictoire de l'être et de l'avoir. Ainsi est-elle réflexion, acte de se repousser d'elle-même en inaugurant un processus qui est tout autant attraction en tant qu'il fait retour à elle, en la posant, alors qu'elle était présupposée ; et une réflexion est négation de négation, processus changeant de sens dans l'extrême inférieur de son orbite, en cet être pris comme Essence de lui-même, en et comme laquelle il se convertit en Concept ou Idée : on part du concept d'être pour aller à l'être comme Concept (de soi), par la médiation de l'être comme Essence. En tant qu'elle est contradictoire, l'Idée s'aliène dans la Nature, se nie, y enfouissant sa contradiction dont de ce fait elle se libère, mais tout autant qu'elle libère, et c'est aussi pourquoi la Nature sera, comme l'Idée, habitée par une négativité, un acte de se poser en se repoussant de soi, qui sera le moteur de sa complexification, jusqu'à la genèse dans la Nature de l'esprit fini en lequel elle s'achève, s'accomplit et se nie. L'Idée, de ce fait, se réfléchit dans son processus, réduit son contenu contradictoire entendu comme résultat de son processus à un moment de ce processus, ainsi repose, dans le terme inférieur de l'orbite, le moment de l'Essence dans la forme d'une Nature qui est son Verbe, et par là, libérée de son contenu contradictoire, elle se transfigure en Esprit, se révèle tel cet Esprit infini qu'elle est en vérité, demeurant sans contradiction désormais identique à soi dans sa différence : l'acte, initié par l'Idée, de se différencier, de poser comme Nature cette Essence dont elle est la sublimation, n'est que l'envers de l'acte de la faire se sublimer en elle comme Esprit, ainsi l'acte de résorber sa différence dans et comme l'acte de la poser.

Si l'Idée est posée par l'esprit spéculatif (esprit fini s'infinitisant en se faisant hégélien) ; si elle est déjà libérée de sa contradiction en donnant la Nature à elle-même quand cet esprit philosophant l'atteint au terme de son parcours encyclopédique, ce n'est pas comme être pur mais comme Idée spirituelle non contradictoire victorieuse de la Nature que l'esprit philosophant devrait la saisir. Il devrait la saisir comme ce dont il procède et il devrait vivre l'acte de surmonter sa différence comme identique à l'acte de l'inaugurer, il devrait saisir le secret du processus à raison duquel l'Esprit créateur pose et fait se sublimer la Nature positionnelle de cet Esprit. Et cet acte concomitant de donner la Nature à elle-même dans le moment où il la fait se renier en lui, c'est-à-dire *de s'objectiver en elle dans le moment où il s'atteint par réflexion*, c'est-à-dire de l'abolir dans le moment où il la sauve, devrait livrer l'Idée spirituelle, au philosophe qui la pense, sur le mode d'un savoir de soi actuel de l'Idée, ainsi sur le mode d'une *conscience de soi de l'Idée*, ce qui n'a pas lieu : la raison du philosophe ne clôt le processus encyclopédique que pour le relancer à partir de l'être pur (premier moment du système), dans un renvoi à l'infini attestant, « in actu exercito », que la pensée philosophante n'est pas le savoir éternel que l'absolu a de lui-même en elle. En termes plus techniques, on ne peut penser qu'essentiellement le Concept, comme on ne peut penser l'Esprit que sur un mode conscientiel, alors que l'essence et la conscience ne sont, dans le processus encyclopédique, que des anticipations abstraites de l'Idée. L'Idée spirituelle est chez Hegel inconsciente, et n'est consciente que comme préfiguration finie de l'Esprit, ce qui contrevient aux exigences de sa démarche.

§ 79. Néanmoins, actualité de Hegel.

On comprend que Gentile, sous le rapport de la difficulté que nous avons évoquée, ait eu souci de rendre indissociables l'esprit et la conscience.

Cela dit, si notre critique a un sens, le système hégélien, sans rien perdre de sa systématicité (le discours se boucle bien sur lui-même par un progrès dialectique nécessaire), a vocation à s'excéder lui-même, non au sens où il s'ouvrirait (il ne serait plus système), mais au sens où celui qui le pense fait l'aveu du fait qu'il n'est pas — lui qui s'éprouve comme intérieur au système en ce sens que sa *pensée* du système est pensée (de soi) *du système* en lui, ainsi comme un moment du système — la raison suffisante de la réflexion qu'il exerce. Le système, dans cette perspective, du fait même de sa réussite qui ne tient pas ses promesses, a vocation à s'excéder en direction d'une affirmation de Dieu *transcendant* se disant en nous « ad modum recipientis », comme présence de la Cause dans son effet sur le mode de l'idée d'être : le système « fonctionne » comme affirmation du Dieu immanent (hégélien) en se trahissant par son destin, en forme d'aveu, de discours condamné à subir le mauvais infini de la réitération ; il ne se trahit pas s'il « fonctionne » comme aveu de sa vocation à se sublimer en affirmation de Dieu conscient de soi indépendamment de son dire de soi en nous, mais il est vrai que l'on peut dire qu'il ne se trahit pas mais paie le prix de sa fidélité à lui-même en renonçant, dans l'acte de sa réussite, à jouir de cette dernière : la vision béatifique n'est pas l'exercice du « savoir absolu » par le philosophe spéculatif de l'Etat rationnel ; elle est ajournée dans un au-delà de la vie terrestre. Si en revanche on entend maintenir la thèse de l'immanence unilatérale de l'absolu tout en exigeant de l'Idée qu'elle soit conscience, on est contraint d'embrasser une conception de l'absolu dans la forme d'un idéalisme subjectif, qui semble bien être l'expression de la position de Gentile. L'Idée absolue est consciente, mais elle est la conscience humaine vivant son processus sur le mode linéaire d'un devenir sans fin, incapable, au fond, de se boucler sur lui-même dans un savoir systématique.

§ 80. Hegel allié objectif de saint Thomas.

Avant de poursuivre notre exposé de la philosophie de Gentile, revenons, dans une perspective thomiste, sur le « ad modum recipientis » du § précédent. La métaphysique est science de l'être en tant qu'être, et des attributs qui lui appartiennent essentiellement. Si l'« ens commune », objet de la métaphysique, est le simple résultat d'une abstraction opérée sur les réalités sensibles, la métaphysique se réduit à une physique. S'il est un simple être de raison, la métaphysique se réduit à une logique. Pourtant il ne doit pas inclure Dieu, parce que l'être de Dieu est son savoir, de telle sorte qu'accéder par la pensée à l'être de Dieu reviendrait à être Dieu et, corrélativement, l'être serait une notion univoque et non analogue ; si l'être se dit, unilatéralement, univoquement de Dieu et de la créature, alors, Dieu étant, en vertu de sa simplicité, cet être même que les autres ont, il faut dire que la créature est consubstantielle à Dieu. Par ailleurs, il existe deux grands types d'abstraction : l'« abstractio totius » qui tire le genre ou tout potentiel de ses inférieurs logiques (espèces), et le terme ultime de cette abstraction est l'indifférencié de la matière ; il existe aussi l'« abstractio formae », qui tire ou sépare la forme de la matière, et, appliquée à l'être en tant qu'être, cette forme d'abstraction ne peut être qu'imparfaite et bâtarde (et qui au reste aboutirait à l'essence divine), puisque tout est de l'être : on ne peut séparer l'être de lui-même, semble-t-il ; d'où la tendance à réduire l'être commun à un être de raison ou à un concept ne désignant que du sensible ; pour éviter l'équivocité qui renverrait au nominalisme et rendrait l'ontologie impossible, on se contente alors de dire, en thomisme strict, que l'être commun est un terme analogue, désignant idéalement le résultat d'une abstraction formelle si elle était possible : l'être de Dieu est à Dieu ce que l'être du créé est au créé (analogie de proportionnalité) ; l'être se dit de Dieu et du créé en tant que Dieu est cause du créé (analogie d'attribution).

Pourtant, pour déclarer que l'être se dit du fini et de l'infini, de termes divers dont il se prédique univoquement ou analogiquement (peu importe pour le moment), il faut bien les comparer à une seule et même notion d'être, qui doit être univoque au moins sous un certain rapport, sans donc être exclusive de l'analogie ; pour se prononcer sur le statut du terme commun — univoque, ou équivoque, ou analogue — par lequel on désigne des choses différentes, ces dernières doivent être comparables, et par conséquent expressives de quelque chose qui leur est commun et en quoi elles s'identifient, et qui rend possible la comparaison. Et ainsi, pour les raisons — sauver la possibilité du devenir et de la diversité — qui contraignirent Platon à porter sur le divin Parménide une main parricide, force est de concéder que *l'être en tant qu'être doit être séparable de lui-même, en lui-même*, pour qu'une abstraction de l'être en tant qu'être à partir des étants offerts à notre expérience produise un concept prédicable de tout être. Mais cette donation de l'objet de la métaphysique ne peut être opérée qu'à partir de cette espèce d'abstraction qu'est l'abstraction totale, qui peut être immédiate, alors que l'abstraction formelle ne peut être que médiate, car elle suppose que soit acquise une thèse déterminée sur l'être en tant qu'être (« il peut se séparer de lui-même sans cesser d'être lui-même ») pour que puisse être élaboré l'objet de la métaphysique ; or juger l'objet avant de le définir, le caractériser avant de le connaître, c'est une pétition de principe ; une démarche logiquement recevable consiste au contraire à partir de l'objet étudié pour en dégager les propriétés. S'il faut savoir que l'être peut se séparer de lui-même pour le circonscrire en tant qu'objet d'étude, dans le moment où cet objet d'étude n'est donné que par le savoir de son aptitude à se séparer de soi sans cesser d'être soi, l'entreprise métaphysique semble impossible, à moins que les deux exigences en forme d'action réciproque puissent être menées d'un seul geste. Partir de l'être commun issu d'une abstraction totale, ainsi de l'être qui est presque néant, alors qu'on entend appréhender l'être en sa richesse infinie (tout ce qui relève de l'être, à savoir absolument tout), c'est là quelque chose de contradictoire, mais précisément, cette contradiction est le moteur d'un progrès immanent, donc scientifique, dans une démarche qui sera dialectique, et ce n'est autre que l'entreprise que propose Hegel, lequel établit à bon droit, même s'il le fait dans une perspective panthéiste irrecevable, que l'absolu, loin d'être à distance du relatif (il serait alors *relatif* au relatif, le laissant subsister hors de soi), est une identité à soi réflexive assomptive de sa négation qu'elle nie souverainement. L'être n'est absolument être qu'en faisant l'aveu qu'il est savoir de lui-même : tel est le contenu de son système. Ce qui revient à dire qu'il est aussi bien l'objet de son savoir que son sujet sachant, ainsi donc identité se différenciant et surmontant sa différence, identique à soi dans sa différence, ou encore que l'absolu est absolu en assumant en lui-même tous les degrés du relatif, tous les degrés d'être, jusques au néant, s'investissant en chacun tout entier, quoique non totalement.

Aussi chacun de ces degrés est-il le tout lui-même en l'un de ses moments, et par conséquent tous les degrés s'identifient entre eux en tant qu'ils s'identifient au tout (l'être est univoque), cependant que chaque degré demeure différent des autres (l'être est analogue). Que l'être soit univoque et analogue sans contradiction, cela suppose que l'être soit processus, mais un processus ayant valeur d'immobilité pure ; et cela est possible en tant que ce processus, circulaire, par là rendant son résultat identique au processus qui mène au résultat, est tel qu'il s'émancipe de sa mobilité en se réfléchissant en lui-même, en réduisant son résultat — ainsi lui-même — à un moment du processus dont il est le sujet. Nous avons rencontré en amont une difficulté analogue (§ 15), quand nous observions que le Bien universel, objet de la volonté, doit à la fois être Dieu (la volonté se porte sur le bien tel qu'il est en lui-même et non tel qu'il est en tant qu'abstrait) et n'être pas Dieu (la volonté serait immédiatement nécessitée, impuissante à se détourner du Bien, et de surcroît elle serait connaturelle à Dieu, ce qui ferait verser encore dans le panthéisme). L'exigence attachée à cet objet de la volonté se résout si l'on observe que le Bien est à la fois le plus haut degré possible de bonté, cause de tous les degrés finis de bonté, et en même temps, sur le mode d'un processus circulaire, inclusif de tous ces degrés réduits à des moments. On obtient en dernier ressort, si l'on tient compte de l'invitation ci-dessus esquissée à faire se dépasser l'immanentisme hégélien en affirmation de la transcendance de l'être absolu, que l'être en tant qu'être est analogue, et qu'il est univoque en tant qu'il est néant, c'est-à-dire être considéré dans le degré nul — qu'il assume en lui-même — de sa perfection. L'absolu est l'être absolument être, en tant qu'il est ce processus se sublimant en être par intériorisation de lui-même, indépendamment de la création du monde et d'un esprit fini qu'il contient idéellement sur le mode des paradigmes des réalités créables ; et le point de contact entre le créé et l'incréé est réel, mais comme néant ; l'être est univoque comme néant, non au sens scotiste où il serait un « presque rien » auquel s'ajouteraient des différences jusqu'à l'haeccéité, singularité ineffable échappant à tout concept, mais au sens où il est définitionnel de l'être absolument être — être plein de toutes ses différences qu'il enveloppe en sa puissance active qui est acte pur et concept de soi-même — d'être victorieux du néant qu'il assume.

C'est ce qui autorisait saint Bonaventure à enseigner ceci : « Si donc le non-être ne se conçoit que par l'être et l'être possible que par l'être réel, et si l'être exprime l'acte pur d'exister, il suit que l'être est la première idée conçue par l'intelligence, et que cet être est l'Acte pur. Mais ce n'est pas un être particulier où l'exister se trouve restreint par le mélange de puissance et d'acte, ni non plus l'être analogue, vide de toute actualité, parce que dénué de toute existence. **Il reste que cet être soit l'Etre divin** » (saint Bonaventure, *Itinerarium mentis ad Deum*, V). Bonaventure avait préalablement remarqué : « Quomodo autem sciret intellectus, hoc esse ens defectivum et incompletum, si nullam haberet cognitionem entis absque omni defectu ? » (ibid. III : comment l'intellect saurait-il que cela est de l'être défectueux et incomplet, s'il n'avait aucune connaissance de l'être qui est absolument sans défaut ?). Dans le même registre, saint Albert enseignait : « Si cognoscimur quid <Deus>non est, oportet nos infinite cognoscere quid est, quia affirmatio est causa negationis ; et nihil potest cogitari de aliquo nisi per hoc quod oppositum negati vere praedicatur de ipso » (*Somme de théologie*, I^{a}, tract.3, q.14, m.1, ad 2 : si nous savons ce que Dieu n'est pas, il convient que nous sachions de manière au moins confuse ce qu'il est, parce que l'affirmation est cause de la négation ; et rien ne peut être pensé de quelque chose sinon par cela que l'opposé de ce qui est nié est véritablement prédiqué de ce quelque chose). Naturellement (par opposition à l'ordre surnaturel de la grâce), nous ne connaissons Dieu que de manière infiniment vague, mais réelle, et réelle d'abord parce que ce vague en lequel Il paraît est un vague en lequel Il est. Nous l'atteignons en Lui-même, mais dans le moment de son absence à Lui-même. Telle est la voie moyenne que nous proposons, entre l'apophatisme de l'esse et l'univocisme objectivement solidaire de l'immanentisme et du panthéisme. L'apophatisme de l'esse exclut que l'on réponde à la question du « τί τὸ ὄν (qu'est-ce que l'être ?) » mais veut que l'on se contente de désigner le Premier étant dont on est supposé ne rien savoir, sinon qu'il est autre que tout ce que l'on en peut penser ; mais alors que peut-on vénérer en Dieu si l'on ne sait rien de Lui ? Et peut-on seulement dire qu'Il est si l'on ne sait rien de ce qu'Il est ? Saint Thomas enseignait bien pourtant : « Et tamen sciendum est quod de nulla re potest scire an est, nisi quodammodo sciatur de ea quid est, vel cognitione perfecta, vel saltem cognitione confusa. Sic ergo de Deo » (*In Boeth. De Trinit.* Q. 6 a. 3 : et pourtant il faut savoir qu'on ne peut savoir d'aucune chose qu'elle est, si l'on ne sait de quelque façon ce qu'elle est, ou bien par une connaissance parfaite, à tout le moins par le moyen d'une connaissance confuse).

§ 81. Retour à Giovanni Gentile, rejeton malgré lui de Schopenhauer.

Giovanni Gentile s'est voulu le couronnement de l'idéalisme (rien n'existe en dehors de la pensée, la seule vraie réalité est l'acte (action) pur(e) de la « pensée qui pense », la conscience actuelle en laquelle se manifeste l'esprit qui comprend tout ce qui existe ; la vraie réalité est l'acte pensant les choses, non les choses elles-mêmes), considérant que l'idéalisme n'était absolu qu'en étant idéalisme actuel. L'idéalisme de Platon n'était qu'un réalisme des Idées. Le cogito cartésien est pour lui un progrès immense qui identifie l'esprit à la conscience, mais il reste réaliste en tant que dualiste (monde et Dieu, étendue et pensée). L'idéalisme de Berkeley (« esse est percipi ») est aussi un progrès mais même s'il n'y a pas d'objets en dehors de nos perceptions, les représentations de la réalité sont renvoyées à un esprit objectif absolu présupposé à l'esprit humain (Dieu m'envoie des perceptions), qui pour lui a raison d'Objet. L'idéalisme allemand prend conscience, selon Gentile, du fait qu'il n'y a pas de réalité en dehors de la pensée, mais il reste chez Kant un résidu de réalisme dans la chose en soi : si elle est en soi et non en nous, comment peut-on savoir qu'elle l'est ? Fichte reste dans le dualisme du Moi et du non-Moi (le Moi n'a pas conscience de soi, il reste un au-delà obscur). Ce dualisme du Moi et du non-Moi est surmonté chez Fichte non par l'actualité de la pensée, mais seulement par un agir pratique dilaté à l'infini qui dissocie théorie et pratique, lequel maintient donc le dualisme du penser et du faire, par là de l'objet et du sujet. Schelling pose une « Nature-chose-en soi » infinie opaque à l'esprit et présupposée par lui, et on est donc encore dans le dualisme et dans le réalisme. Et Hegel ne satisfait pas Gentile parce que son Idée fondatrice n'est pas conscience de soi, elle est encore chosiste ou réaliste. La fiche Wikipedia indique à la page 11 de l'article :

« Le terme 'acte' doit être entendu ici non pas au sens aristotélicien, mais au sens fichtéen, c'est-à-dire comme action, une activité ou un agir dynamique, celui qui est propre à 'la pensée au moment même où elle pense'. Fichte a en effet soutenu que toute réalité renvoie à l'acte qui la pose, c'est-à-dire à l'activité de la conscience, qui n'est pas seulement théorique mais aussi pratique. Déjà dans la sphère littéraire romantique, du reste, Goethe a proclamé dans *Faust* : 'au commencement était l'action' ».

Ce que l'on pense, ce ne sont pas les entités individuelles mais l'acte pensant qui se trouve en amont d'elles et qui représente la seule réalité que le philosophe reconnaisse (id. p. 2). Contre tout dualisme, l'esprit est activité perpétuelle et consiste dans l'unité du sujet et de l'objet au sein de la conscience pensante, dans le sillage de Giordano Bruno plutôt que de Hegel. Selon Gentile, « l'idéalisme ne peut être absolu si l'idée ne coïncide pas avec l'acte même de la connaître ; car — et c'est l'origine la plus profonde des difficultés dans lesquelles se débat le platonisme — si l'idée n'était pas l'acte même dans lequel l'idée est connue, l'idée laisserait quelque chose en dehors d'elle-même, et l'idéalisme ne serait donc plus absolu » (Giovanni Gentile, *Teoria generale dello spirito*, c XVII § 1, cité par Wiki., p. 2). Le réel, l'être, n'est pas une donnée factuelle et statique, mais un agir de l'esprit, une activité dynamique dotée d'une puissance infinie (id. p. 2). L'idée qu'il existerait une réalité hors de la pensée qu'on en a, cause de cette pensée et à ce titre — la cause étant différente de l'effet — non pensée, est un concept contradictoire (Wiki p. 3). Ce qui est, c'est la pensée entendue comme la conscience de soi, unité originaire du sujet et de l'objet, de la pensée pensante et de la pensée pensée (id.).

Cela dit, cette conscience de soi, c'est le Moi transcendantal, sujet universel qui ne peut jamais être regardé de l'extérieur, car il serait réduit à un objet, et qui doit être distingué du Moi empirique, ce que l'on appelle communément le Moi, la conscience au sens trivial du terme, telle ou telle personne humaine. Et du fait que le Moi absolu ou transcendantal ne peut être objectivé à peine de dégénérer en objet trahissant son statut de sujet, il ne peut et ne doit pas être pensé telle une réalité accomplie, mais seulement comme un acte en cours, un acte jamais définitivement conclu ou achevé, un acte s'actualisant en devenir continu (id. p. 3), un agir qui est processus constant d'autocréation ou « autoctise », un acte de se poser en posant ce qu'il pose, un acte de se faire esprit et de faire exister le monde, prenant par là conscience de lui-même en se posant comme conscience du monde. Et cette « autoctise », ou activité « thétique », est « causa sui ipsius », activité constante d'autocréation, selon un processus qui rejoint les traits de l'idéalisme allemand : le Moi se donne un objet pour exercer sa propre activité, l'objectivation du non-Moi par le Moi constitue la pensée même du Moi qui revient à soi et se pose à partir de ce qu'il pose. Le Moi pose en lui-même (puisque rien n'est en dehors de l'esprit qui n'est que par et comme son propre agir) son autre qu'il nie pour revenir à soi et que, de manière concomitante, il confirme ou alimente pour avoir quelque chose à nier, à la manière dont un feu supprime le combustible et le requiert en même temps pour ne pas s'éclipser lui-même. Cet esprit principiel qui est pur agir générateur des Moi empiriques et des objets de pensée (qui leur restent immanents), c'est au fond, pour Gentile, l'unité transcendantale de la conscience de soi de Kant, principe de synthèse (chez Kant) du divers de l'intuition sensible, et c'est le Moi de Fichte, et dans son fond c'est Dieu dont la nature, pour Gentile, est *volonté*. En cela, Benedetto Croce était fondé à déclarer que l'actualisme n'est rien d'autre que le monisme de Schopenhauer.

Pour ce dernier, qui réhabilite Kant après la vague idéaliste en guerre contre la chose en soi, il n'existe qu'une chose en soi qui est vouloir-vivre (les formes a priori de la sensibilité étant les principes d'individuation) ; l'entendement construit les phénomènes selon les quatre modalités de l'unique principe de raison suffisante, à savoir le principe de causalité pour les phénomènes successifs, les lois logiques pour les concepts abstraits, l'espace et le temps pour les intuitions sensibles, la loi de motivation pour les actes volontaires. La connaissance intérieure ou introspection, non phénoménale, est émancipée des formes a priori de la connaissance externe, à savoir la forme de l'espace et celle de la causalité, et c'est cette émancipation qui habilite Schopenhauer à identifier la chose en soi comme Volonté. Or le principe de raison suffisante, qui est la racine des lois de l'entendement, ne concerne que les phénomènes et non la chose en soi ; donc cette dernière est sans raison, c'est-à-dire de trop ou absurde. Il est clair, sous ce rapport, que le pessimisme de Schopenhauer est à l'origine de l'existentialisme. Et si Gentile développe une philosophie du vouloir-vivre sans le dire, on ne s'étonnera pas de reconnaître des traits existentialistes dans sa philosophie, mais aussi dans un certain fascisme. Notons au passage que l'actualisme qui se veut absolument idéaliste se révèle, comme malgré lui, et honteusement, faire renaître l'apophatisme réaliste de la chose en soi : l'intuition de cette connaissance a priori du corps qu'est la volonté est bien confuse, et elle requiert pour être entrevue la saisie de cette connaissance a posteriori de la volonté qu'est le corps ; et que la chose en soi rejaillisse dans une philosophie supposée l'extirper, cela revient à dire que son auteur se contredit. Et la philosophie de Gentile est bien aussi une fichtéanisation de l'hégélianisme, en ce que l'unique Moi divin inconscient de lui-même parce qu'inobjectivable s'auto-engendre en se constituant comme une pluralité de consciences de soi qui s'objectent un monde.

Comme l'explique Ludovico Geymonat (wiki p. 11) : « Il s'agit d'une philosophie idéaliste qui non seulement réduit tout le réel au Moi, mais réduit ce Moi à 'l'acte en acte', ou acte pur, c'est-à-dire à l'acte qui est perpétuellement actualisé <nous comprenons qu'il est le devenir de sa propre actualisation et, puisqu'il *est* ce devenir même, ce qu'il devient est lui-même, un devenir, une actualisation, de sorte que cette actualisation est infinie>, concret dans sa vie éternelle, présence absolue 'qui ne se fixe jamais dans le passé et ne craint pas l'avenir' : l' acte qui n'est pas contenu dans l'espace et dans le temps mais qui les contient, c'est-à-dire acte dans lequel convergent à la fois la nature dite extérieure (qui n'existe que dans la mesure où elle est pensée) et l'histoire même du Moi ('si en effet les événements passés étaient véritablement passés, soutient Gentile, ils seraient morts et ne nous intéresseraient plus ; dans la mesure où ils sont au contraire objets de l'histoire, ils sont présents dans l'acte, c'est-à-dire qu'ils sont *histoire contemporaine*' ».

§ 82. L'actualisme, avatar du panthéisme.

Le Moi transcendantal n'est pas une chose en soi s'il est tenu pour la conscience individuelle, mais il est la conscience individuelle en tant qu'elle se sait être la constitution comme conscience de soi de l'esprit infini, et ainsi il est l'esprit infini mais en tant qu'il se fait exister et se rend conscient de soi par autolimitation de lui-même en une multitude de sujets finis en relation d'intersubjectivité ; il existe comme infini en tant qu'il se contracte comme fini sans jamais s'y réduire puisqu'il est infini, et ainsi ce Moi transcendantal est l'activité de conversion de l'infini en fini, il n'est ni l'origine ni le résultat mais le passage, et c'est pourquoi il est acte en cours, non objectivable. La seule pensée absolue est celle qui est immanente au devenir et aux esprits individuels, c'est-à-dire la pensée actuelle. Gentile reproche ainsi à Hegel (wiki p. 6) de reconnaître une différence entre la Logique et la Nature, de les penser comme autres que l'esprit, comme des « pensés » plutôt que comme les moments du même acte pensant, de sorte que sa dialectique aboutit à un résultat immuable, sommet de l'esprit enfermé dans un système par définition clos, alors que cet esprit, comme autocréateur, est actualisation infinie.

Dans son « Introduzione alla filosofia », (Florence, Le Lettere 1958 p.33) (1933), Gentile déclare : « Celui qui tremble et a peur d'accepter dans son âme cette conscience de la responsabilité infinie dans laquelle l'homme s'alourdit en reconnaissant et en ressentant Dieu en lui, n'est pas un chrétien, et, si le christianisme n'est qu'une révélation, c'est-à-dire une conscience plus ouverte que l'homme acquiert de sa propre nature spirituelle, il n'est même pas un homme. Je veux dire un homme conscient de son humanité. (...) Et comment pourra-t-il se sentir libre, et donc capable de reconnaître et d'accomplir un devoir, et d'apprendre une vérité, et d'entrer, en somme, dans le domaine de l'esprit, si au fond de son propre être il ne sent pas le rassemblement et la pulsation de l'histoire, de l'univers, de l'infini, de tout ? (…) Et donc l'actualiste ne nie pas Dieu, mais avec les mystiques et les esprits les plus religieux qui ont été dans le monde, il répète : Est Deus in nobis (Ovide, *Fastes*, VI 5) » (cité par Wiki o. c. p. 8).

Gentile développe en effet la spiritualité du Risorgimento, qui est maçonnique au fond : le christianisme doit être démythifié, purgé de toute transcendance et de tout réalisme. Dans « Teoria generale dello spirito », chapitre XIV § 8, il dit : « L'esprit est conduit par sa nature même à surmonter chaque position religieuse à tour de rôle, recouvrant son autonomie, critiquant sa conception du divin, en procédant ainsi à des formes de religion toujours plus spirituelles ». Le christianisme, religion de l'intériorité, est le début de ce processus d'évolution de l'esprit, car il a toujours privilégié l'intimité et la responsabilité du sujet à partir du dogme central de l'Homme-Dieu, qui recompose en unité la séparation entre l'esprit divin et l'esprit humain. Soit : NSJC n'est que la manifestation symbolique de cette thèse de l'unité divine de Dieu et de l'homme, l'homme étant lui-même une manifestation de Dieu, un moment de la vie divine. Et sur ce point Gentile est hégélien à sa manière. Ici, c'est une thèse moderniste que semble soutenir Gentile, et l'on comprend qu'il ait été, ne serait-ce que pour cela, mis à l'Index.

Puisque le divin est immanent à l'humain, même sur le plan éthique (puisque la loi morale qui régit la vie de l'esprit est le devenir même de ce dernier), l'esprit doit être affirmé non pas comme une universalité vide qui supprime les individualités, mais comme le dépassement concret des intérêts particuliers dans une éthique supérieure qui les inclut tous et, en même temps, les réalise, ce qui se produit dans l'éthique de l'Etat. L'Etat est un organisme vivant dans lequel les individus s'expriment et trouvent leur raison d'être, Etat qui n'est pas fixe et contraignant, mais qui est dynamiquement compris comme processus constant d'intégration et de renouvellement de la vie spirituelle, comme celui que Gentile voit incarné par le fascisme.

On peut comprendre qu'il s'agit d'un monisme de l'esprit divin, lequel prend conscience de lui-même dans l'esprit humain, et que cet esprit divin s'objecte un monde pour se limiter et se constituer en conscience, mais surtout pour surmonter sa limite, ce qui invite les hommes en lesquels il prend conscience de soi à créer leur monde, à dépasser leurs limites, de sorte que la pensée est, tout en un, spéculation et action ; l'homme est l'acte de dépasser les limites, il est prométhéen, il n'est homme qu'à être surhomme.

§ 83. L'actualisme comme refus de tout dualisme, comme négation de la finalité spéculative de l'homme.

Consultons les textes auxquels nous avons eu accès, d'ordre plus politique.

« Dans le fascisme, pensée et action coïncident parfaitement ; aucune valeur n'est attribuée à la pensée lorsqu'elle n'a pas été transposée ou exprimée dans l'action ; cela explique la polémique anti-intellectuelle qui est un des thèmes favoris des fascistes (...) L'intellectualisme est la pensée séparée de l'action, la science séparée de la vie, le cerveau du cœur, la théorie de la pratique » (Gentile, *Il fascismo, Antologia di scritti critici*, Bologne, 1961, pp. 37-38). Ici, la dimension existentialiste de l'actualisme est évidente. L'activité spéculative entendue comme finalité de l'action temporelle est détrônée, et sous ce rapport on se rapproche de ce qui pourrait ressembler à la praxis marxiste.

La Nation n'existe que dans la mesure où elle est créée. Elle est ce que nous en faisons par le travail et par l'effort, sans jamais croire qu'elle est déjà là, et en l'envisageant comme une création continue » ((G. Gentile, *Guerra e fede*, Naples, 1919, p. 32). On comprend que Gentile soit antiraciste : si la race avait une force de conditionnement de la vie spirituelle, la nation ne serait pas l'œuvre du seul travail et de la seule volonté humains. Il y a quelque chose d'existentialiste chez les fascistes, comme chez Fichte.

Mussolini sur ce point est « gentilien » : « Plus qu'une théorie de la nation-Etat, le fascisme est une théorie de l'Etat-nation. Ce n'est pas la nation qui crée l'Etat, comme dans la vieille conception naturaliste qui servait de base aux études des publicistes des Etats nationaux du XIXème siècle. Au contraire, la nation est créée par l'Etat, qui donne au peuple, conscient de sa propre unité morale, une volonté, et par conséquent une existence effective » (*Enciclopedia italiana*, t. XIV, article Fascisme, p. 847 et suiv.). Le bon côté de cette position est que la nation se confond avec l'Etat ; faute d'une personnalité propre, elle ne saurait accomplir aucun acte juridique, en particulier désigner des représentants ; le fascisme s'oppose donc radicalement à l'idée de souveraineté nationale puisque la nation n'existe plus en tant que telle face à l'Etat. La souveraineté réelle des gouvernants et leur responsabilité remplacent la souveraineté factice et irresponsable du peuple des régimes libéraux. La faiblesse de cette position est de méconnaître la causalité matérielle de la race. La nation est, selon nous, à l'Etat comme la puissance l'est à l'acte, comme la matière l'est à la forme. Et le patrimoine génétique est cause matérielle de la Cité. La nation n'est en acte que par l'Etat, mais elle le conditionne diversement, elle n'est pas créée ex nihilo par lui.

L'histoire, pour Gentile, est non le présupposé mais la forme concrète et réelle de l'actualité spirituelle et elle en établit la liberté absolue ; le seul concept de la réalité est le concept de soi, et il n'y a pas d'autre matière dans l'acte spirituel que la forme elle-même en tant qu'activité (la matière est objet, l'objet est objectivation de soi immanente du sujet). *La philosophie n'est pas contemplation mais participation, par la vie morale et politique, à l'activité créatrice* : il ne s'agit plus de contempler Dieu, d'aimer et de connaître le monde en tant qu'il parle de Dieu et renvoie à Dieu, il s'agit de se ressourcer dans cette activité créatrice du monde, à laquelle se réduit le divin, pour être renvoyé au devenir du monde ; il y a refus du dualisme (forme et matière, pensée et action, mais aussi, avant toute chose, Dieu et l'homme…).

En effet : une réalité pensée comme présupposé de la pensée, c'est-à-dire une réalité pensée comme non pensée, est un concept contradictoire ; encore une fois, un au-delà de la pensée est impensable ; il n'y a que de la pensée, l'activité pensante d'un Moi universel qui se pense et qui est identiquement sujet et objet ; le réalisme est, pour Gentile, réduit à un empirisme, c'est-à-dire à une abstraction, puisqu'il sépare l'objet du sujet qui le pose, c'est-à-dire une partie du tout. La seule réalité est la pensée en acte, c'est-à-dire le sujet de la pensée, sujet posant son objet.

§ 84. Gentile est-il fidèle à son projet ?

Si l'on nous permet ce raccourci osé, nous dirons que, pour l'actualisme, Dieu est une puissance active infinie qui s'actualise en prenant conscience d'elle-même, et qui prend conscience d'elle-même en s'objectant un monde qui n'est rien en dehors de la conscience que Dieu en a, laquelle conscience de soi de Dieu est numériquement identique à la conscience que l'homme, immergé dans le monde et ainsi objectivé par Dieu, a du monde. Il nous paraît nécessaire de faire à Gentile un reproche analogue à celui que nous formulions contre l'immanentisme unilatéral de Hegel. Pour Hegel, l'Idée, l'être identique à son savoir, concept et conception de l'être en tant qu'être, se libère de sa contradiction constitutive (être le sujet du processus dont le sujet est le résultat, être cause de soi, avoir ce que l'on est) et par là se pose comme non contradictoirement identique à soi dans sa différence, en s'objectivant dans une Nature que l'Idée fait se renier en esprit fini ou conscience (pour laquelle le sujet est phénoménologiquement différent de l'objet), esprit fini se révélant infini en tant que positionnel de l'Idée, ce qui fait de l'homme un moment de Dieu, en tant qu'il est le moment de la conscience dans le processus de l'Esprit ; c'est parce que l'Idée s'aliène en Nature que l'Esprit pose l'Idée, mais c'est parce que l'Idée est éternellement déjà posée par l'Esprit qu'elle acquiert la force infinie de s'aliéner en Nature sans s'y perdre. Et la difficulté, on l'a vu, vient de ceci : puisque l'esprit fini s'infinitise en se faisant spéculatif, il pose l'Idée qui s'aliène en Nature, mais, parce que l'esprit est intérieur à un processus déjà positionnel de l'Idée, c'est comme Idée riche de sa toute-puissance s'affirmant souverainement dans l'acte de son sacrifice que l'esprit spéculatif devrait la trouver en la posant ; or il ne trouve que l'être pur qui est néant, devenir, etc., ainsi ne frôle l'auto-fermeture du processus que pour le relancer indéfiniment. Et dans la philosophie de Gentile, si tant est que nous l'ayons comprise, on est confronté, mutatis mutandis, à la même difficulté : si la conscience que l'homme a du monde est la conscience que Dieu en a en se posant comme Dieu par là qu'il s'objective le monde *inclusif de l'homme*, alors la conscience que l'homme a du monde et de lui-même devrait être vécue ou exercée sur le mode de la position, par l'homme, de lui-même et du monde. La conscience d'exister devrait être positionnelle de l'existence de la conscience. Point n'est besoin de gloser longuement sur ce point : l'homme existe avant que de faire l'expérience de s'apparaître à lui-même comme et par sa conscience. Et s'il est permis de mesurer la pertinence du discours « gentilien » à l'aune des critères qu'il se donne lui-même, si donc il n'est aucun objet de conscience qui préexiste ou subsiste en dehors de la conscience de cet objet, force est de reconnaître que *Gentile fait le contraire de ce qu'il dit en réhabilitant une espèce de chose en soi identifiée comme puissance active positionnelle de la conscience, et dont l'homme n'a pas conscience mais qu'il se présuppose* pour rendre raison de lui-même.

§ 85. L'actualisme, produit de l'agir fasciste autant que norme théorique de ce dernier.

Pour qui envisagerait de faire du fascisme un principe de réfection de la doctrine politique de droite traditionnelle, de telles considérations immanentistes ne peuvent qu'apporter, semble-t-il, de cruelles déceptions. Si la pensée de droite est bien celle qui affirme l'existence d'un ordre des choses dont la subjectivité, ou la liberté humaine, n'est pas le créateur ; si la véritable dignité de l'homme consiste à se conformer à un tel ordre que l'homme intègre aura commencé par chercher à connaître aussi fidèlement que possible ; si l'intangibilité d'un tel ordre des choses, nécessaire à sa vertu normative, exige logiquement que le principe qui le fonde soit *transcendant* au monde du devenir et de la contingence, force est d'avouer que le fascisme tel que théorisé par Gentile, comme immanentisme radical et doctrine du devenir sans fin, ressemble, à divers égards, à un rejeton de cette vieille gauche, vieille de la vieillesse du Monde porté par ce souffle de révolte issu du premier contestataire luciférien.

Et pourtant le fascisme refuse en bloc les principes de 89, l'esprit démocratique, le mythe du progrès, le paradis sur Terre, l'exaltation du Moi pris pour fin, tout ce qui est inspiré par le subjectivisme de ceux qui veulent être comme des dieux. Dans le *Manifeste des intellectuels fascistes aux intellectuels de toutes les nations*, du 21 avril 1925, rédigé par Giovanni Gentile (signé par deux cent cinquante intellectuels dont trente-trois Juifs), la politique est définie tel « le terrain d'entraînement à l'abnégation et au sacrifice de l'individu au nom d'une idée dans laquelle l'individu peut trouver sa raison de vivre » ; cette idée est celle de Patrie, d'idéal qui « se réalise historiquement sans jamais s'épuiser », ainsi est-elle idée de « tradition historique qui, dans la conscience du citoyen, devient une personnalité consciente d'un but et d'une mission » ; les opposants au fascisme y sont qualifiés de « détritus de l'ancien système politique italien, démocratique, réactionnaire, radical, maçonnique ». Comment cette conjonction d'abnégation et de subjectivisme est-elle est possible ?

Observons tout d'abord qu'une philosophie qui prétendait identifier l'être en tant qu'être à l'agir de la pensée de cet être, était conforme à ce que fut effectivement le fascisme, non tellement quant à son contenu réel qui était selon nous d'intention réactionnaire en son fond, mais quant à sa forme historique : une pensée qui se cherche dans l'action productrice d'une réalité sociale en laquelle elle ne se reconnaissait pas, qui laissait l'idée directrice de cette action venir au jour du sein des conflits surgissant dans le déploiement d'un effort pragmatique n'ayant pas le temps de s'arrêter pour réfléchir à ce qu'il fait. La vie du fascisme fut productrice de l'idée fasciste qui, destinée à lui servir de norme, avait vocation à le rectifier, à le faire se réengendrer mais, par là, comme produite par lui, elle était invitée à se changer elle-même. On ne saurait sans le trahir définir l'essence du fascisme à l'aune de ce qu'il a dit de lui-même au moment où il était en train de se faire. Autant dire que l'actualisme était lui-même un moment de l'agir fasciste.

§ 86. Une vérité captive dans le fascisme ?

Par ailleurs, efforçons-nous de dégager la vérité captive enveloppée par l'actualisme. L'homme est hanté par un désir d'absolu, un désir infini, qui n'est autre que le désir de Dieu, désir de ce qui comble le désir et qui l'avive en le comblant, puisque le désir est lui aussi Objet du désir. L'Objet du désir pris comme manque est, en tant qu'il le comble, son autre et sa négation ; mais, comme aimable à lui-même, le désir reconnaît en son manque constitutif quelque chose de l'Objet qui le comble, ce qui signifie que le manque, en tant que désir désiré par le désir, est intérieur à l'Objet du désir, Objet qui de ce fait se désire lui-même ; donc un tel Objet a la forme d'une victoire sur sa propre pénurie. L'Objet du désir a la forme d'une plénitude s'intronisant désir d'elle-même, ainsi manque d'elle-même autant que plénitude de soi, et à ce titre il se révèle racine ontologique première du désir humain, il lui donne en tant que sa racine tant sa tendance à renier son manque que sa tendance à le plébisciter. Mais cela revient à confesser que l'Objet du désir se veut dans le sujet désirant : le désir procède de son Objet (puisque ce dernier est sa racine) et ramène à lui (puisqu'il le comble). Cela dit, ce qui satisfait à un tel réquisit, c'est la nature humaine qui effectivement s'individue en se réalisant tout entière et non totalement en des personnes qui en retour aspirent à se conformer à cet universel dont elles sont la particularisation, ainsi à s'excéder pour s'universaliser sans cesser d'être singulières, puisque cette singularité est condition d'existence de la nature humaine elle-même. Il faut donc que sous un certain rapport la nature humaine, entendue comme origine et fin de la personne, ait raison d'Absolu, Objet du désir, ou qu'elle soit ce en quoi s'anticipe cet Absolu, ou ce qui subsiste en l'Absolu tel un attribut de ce dernier. Si l'Absolu, d'une certaine façon, se veut en nous quand nous le voulons, c'est qu'il y a, sous ce rapport, immanence de l'Absolu, et dans ces conditions notre conscience d'agir, qui est l'agir de notre conscience, est agir *de l'Objet* (au génitif subjectif) de notre conscience désirante, agir exercé par cet Objet, et c'est là la condition requise pour que nous puissions ici-bas aimer un bien comme lui étant rapportés, ainsi un bien commun. Mais si, comme bien commun, ce bien est le bien de la nature humaine, lequel est une anticipation de soi du bien divin — par là le bien divin s'anticipant comme bien propre de la nature humaine —, alors, l'agir de notre conscience étant conscience d'agir et agir *de l'Objet* de notre conscience, *lequel est créateur*, il faudra que l'agir de notre conscience soit lui-même créateur du monde ; et c'est bien ce que dit Gentile : la pensée actuelle est « le centre où se trouve le principe de vie, d'où jaillit toute réalité » (*Sistema di logica come teoria del conoscere*, vol. II p.338, 1923, cité par Wiki p. 11), l'actualisme étant la conscience de ce centre. La pensée actuelle est la pensée de soi de Dieu en nous, pensée qui crée les objets de notre pensée, objets dont l'être est d'être perçu par nous, ainsi sans arrière-fond inconnaissable, et qui se crée en les créant, ainsi sans chose en soi en deçà de cette pensée.

On a vu cependant que cette pensée actuelle confesse, au rebours des prémisses de l'actualisme, l'existence d'un arrière-fond ontologique, qui est d'essence volitive. Mais enfin, le raisonnement qui vient d'être mené semble bien rendre solidaires d'une part l'idée d'un bien qu'on aime en lui étant rapporté (en désirant ce bien, j'exerce le désir que Dieu a de lui-même), d'autre part l'idée de la conscience humaine identique à la conscience divine. C'est pourquoi il doit bien exister quelque chose de recevable dans le souci qui inspire ce point de vue, même si ce dernier doit être amendé.

§ 87. Retour sur la contradiction de l'actualisme.

Bien entendu, quelque chose ne peut pas ne pas être défectueux dans cet immanentisme, puisque ce dernier, qui pourchassait tout vestige de chose en soi, fait l'aveu de son incohérence en se convertissant en philosophie de la « chose-en-soi-vouloir-vivre ». Il reste que l'inspiration qui préside à cette élaboration conceptuelle est liée au souci de réalisation d'un bien commun immanent — ainsi politique — parfaitement conforme au concept de bien commun tel que développé dans le réalisme thomiste, par là d'un bien qu'on aime en s'y rapportant.

Ce qui, selon nous, fait difficulté dans le raisonnement qui précède (§ 86), c'est ceci :

La nature humaine est origine et fin du désir : nos désirs procèdent de notre essence et ramènent à elle, puisque désirer est manquer, manquer consiste à être malade, être malade consiste à être inadéquat à son concept ou nature ; la nature humaine a raison d'absolu pour le sujet humain désirant. Mais sous quel rapport peut-elle être identifiée à l'Absolu lui-même ? *Que l'amour de soi de l'Absolu soit la racine de l'amour que nous portons à l'Absolu n'implique pas que ces deux amours n'en seraient qu'un*, même si l'amour qui procède de notre nature et ramène à elle est dans le sillage de l'amour que Dieu se porte, de sorte que l'exercice, opéré par nous, de notre désir propre, participe de l'amour que Dieu se porte et, en quelque façon, il prolonge cet amour de Dieu pour Lui-même. Il est possible de tenir pour vrai que la nature humaine a en et pour l'homme raison d'absolu sans qu'il soit besoin de prôner la thèse de l'immanence de l'Absolu sous tous les rapports. Cela est pour nous possible si l'Absolu, identité à soi réflexive, assomptif de tous ses degrés d'être inférieurs, assume pour cette raison un néant d'être intestin qui peut, quant à lui, être immanent au sujet désirant, en tant, précisément, que ce dernier est manque : il subsiste en nous sur le mode de l'absence à lui-même, et il est le stigmate en nous de notre propre absence à nous-mêmes ; mais, plutôt que d'y voir une Idée divine créatrice transcendante aux hommes réels (en laquelle il ne manquerait pas de dénoncer un avatar de la chose en soi) Gentile y verra plutôt l'essence humaine entendue tel l'Absolu même qui n'est que par ce dans quoi il se manifeste, et qui se réduit à elle ; or adopter ce réductionnisme aboutit à la réhabilitation d'un en deçà ontologique obscur qui contredit l'idéalisme actuel. C'est donc notre suggestion qui, corrélative de l'affirmation de la transcendance de l'Absolu, répond le mieux aux conditions de possibilité d'un désir naturel de Dieu s'anticipant dans et comme désir de se rendre adéquat aux exigences de la nature humaine ; et évidemment notre thèse exclut que la conscience humaine soit créatrice de ses objets de pensée.

§ 88. L'effort de Gentile contribue néanmoins à approfondir la philosophie du bien commun.

Nous sommes à présent en mesure de tenter de dégager, de l'intention qui inspire Giovanni Gentile, ce qui nous paraît précieux et intégrable à une pensée réaliste véritablement catholique.

Commençons par rappeler ce que nous écrivions au § 44 :

La société, dès lors, dont la cause finale est le bien commun consistant dans l'ordre qui la régit, est pour elle-même sa fin, et, dans cette perspective, l'homme trouve son meilleur bien temporel dans *la jubilation consistant à servir la cité qui vit en et par lui, s'ordonne à lui et se le subordonne, selon la relation d'action réciproque entre tout et parties*. Et c'est sur cet aspect des choses que le fascisme a beaucoup insisté, aspect négligé tant par l'Ancien Régime frustrant l'ordre naturel (au profit d'une certaine conception de la surnature), que par l'esprit démocratique mécaniste et non organique, individualiste et subordonnant le tout à la partie.

De manière générale, il y a bien commun seulement si la société est organique, car là, et là seulement, la vie des parties est la vie du tout, de sorte que les parties tendent vers le bien du tout comme vers leur bien propre, cependant que c'est le tout qui se veut en elles. C'est cela seul qui garantit que le bien commun sera aimé tel un bien auquel on est rapporté, et que de ce fait il sera effectivement commun, non matériellement commun comme l'est l'air pour tous les hommes conjurant l'asphyxie, mais comme l'est ce Bien qui est cause et raison de tous les biens, telle la victoire de l'armée qui conditionne, rend raison de et finalise tous les biens privés du soldat, tout en étant en droit le bien le plus précieux du soldat lui-même qui, pour elle, donnera sa vie ; c'est bien, d'une certaine façon, la victoire de l'armée qui se veut dans le courage et la joie pugnace du soldat, puisqu'il lui sacrifie tous ses biens propres. Mais une réalité organique est vivante, elle a en elle-même le principe de sa croissance et de sa régénération, elle repose sur soi, ce qui est le privilège d'une substance, laquelle existe en soi, à la différence d'un tout d'ordre, c'est-à-dire d'un tout (social par exemple) doté d'unité seulement accidentelle et non substantielle. Il faut donc trouver le moyen de penser la société de telle sorte qu'elle soit essentiellement tout d'ordre tout en étant fonctionnellement substance.

A ce problème est lié cet autre problème : s'il y a bien commun, il est cause finale des personnes qui sont parties du tout, elles lui sont ordonnées tout entières. Pourtant, la cause finale ultime de chaque personne est le salut individuel, et sous ce rapport la société a raison de moyen. Il faut alors penser la relation entre bien commun terrestre et Souverain Bien de telle sorte que l'homme soit ordonné tout entier à la société sans lui être ordonné totalement, alors qu'il est ordonné tout entier et totalement à Dieu.

En fait ces deux problèmes n'en sont qu'un seul, celui de savoir comment il se peut que l'homme, ultimement ordonné à Dieu, ainsi rapporté à Dieu, puisse être en demeure d'aimer un bien temporel ou mondain *comme lui étant rapporté*. Parce que ce problème ne fut pas vraiment résolu avant 1789 (fut-il, au vrai, réellement posé ?), la société catholique était dans l'obligation de ne pas faire de la société une réalité fonctionnant de manière organique, ce qui conduisait ou bien au contractualisme de Jurieu (et à sa progéniture jacobine),ou bien à l'absolutisme qui requiert un principe extrinsèque (et non intrinsèque, comme dans les réalités vivantes) d'unité de la société, à savoir, en dernier ressort, une légitimation théologique (solution surnaturaliste), laquelle peut prendre deux formes : la théocratie ecclésiale de Boniface VIII (théorie des Deux Glaives) ou la royauté de droit divin, qui est une théocratie royale : Dieu aurait choisi providentiellement et sans médiation de l'Eglise un représentant politique investi de Son autorité, et alors la légitimité est déconnectée du service effectif du bien commun, dans le moment où l'on tend à instituer un semblant de huitième sacrement, le sacre qui, grevant le pouvoir politique d'une légitimité prétendument surnaturelle, fait de ce dernier un rival potentiel du pape. Au passage, nous nous demandons — mais c'est là une simple hypothèse qu'il conviendrait de vérifier historiquement — si la querelle qui opposa Fénelon et Bossuet était plus qu'une simple reprise de la querelle entre théocratie pontificale (Fénelon, augustinisme politique) et théocratie royale (gallicanisme de Bossuet, absolutisme). Les remontrances du Cygne de Cambrai, qui fâchaient l'Aigle de Meaux, à Louis XIV, semblaient aller dans le sens d'un rappel — légitime — de l'obligation du chef politique à servir le bien commun, quand la théorie de l'absolutisme ne voyait pas dans ce service un critère de légitimité. Pourtant, si Fénelon s'accommodait, dans les faits, de l'absolutisme, c'était en vertu d'une conception augustinienne du politique : ce dernier n'est que l'instrument d'un châtiment divin destiné à fustiger les libertés peccamineuses d'hommes qui, non déchus, se fussent passés du pouvoir politique, eussent exclu qu'il y eût naturellement pouvoir de l'homme sur l'homme, de sorte qu'il y aurait eu en fait, sans l'épisode de la Chute, souveraineté populaire ; la christianisation des peuples amendant la brutalité peccamineuse du païen, il est dans la logique d'un tel augustinisme politique de prôner une édulcoration progressive de la pesanteur d'un pouvoir politique fondé sur le principe de la césure entre dirigeants et dirigés. Autrement dit, on peut se demander si cette querelle entre théologiens était véritablement une réhabilitation de la conception thomiste du bien commun, principe exclusif de toute légitimité politique. Selon nous, c'est de l'absolutisme qu'il fallait sortir, en direction d'un organicisme qui, faute d'avoir été promu, a fait se solder son absence par l'insurrection jacobine contre la royauté elle-même. Le salut politique eût consisté à sortir de l'esprit théocratique, c'est-à-dire surnaturaliste, en demeurant plus que jamais dans l'élément catholique du thomisme.

§ 89. Suite du § 88.

Or seul le fascisme, depuis 1789, sut redécouvrir le principe organiciste en son intégrité, c'est-à-dire la conciliation du service du bien commun d'une part, et d'autre part de l'autorité — exclusive de toute souveraineté populaire diviseuse et démocratique — du tout prenant conscience de soi dans un chef unique ou monarque, sur les parties : organicité et hiérarchie, interdépendance du tout et des parties *mais sous l'égide du tout personnifié*, qui réduit fonctionnellement ses parties aux moments des pulsations de sa vie. C'est cela qui fit dire à von Papen que le fascisme allemand, ou national-socialisme, était « la réponse chrétienne à 1789 ».

Nous pouvons dès lors inviter le lecteur à relire la conclusion de notre § 45, auquel nous renvoyons, qui était le principe de notre résolution :

« La transcendance et l'immanence se réconcilient si la transcendance consiste <avant la création d'un monde qui sera immanent à l'homme> dans la victoire sur l'immanence, dans l'abolition souveraine de la possibilité — en laquelle se risque la transcendance — de dégénérer en immanence. Une même nature humaine tout entière et non totalement investie en chaque homme l'invite à s'excéder au service de cet « homme en grand » qu'est la Cité, laquelle fait se réaliser en acte, autant qu'il est possible dans une communauté particulière de destin, toutes les virtualités de la nature humaine. Mais selon ce même processus, « l'homme en grand » est invité à s'excéder, par cette même nature humaine dont il ne déploie qu'un bien commun particulier au regard de l'absolument Bien commun qu'est le Souverain Bien, en direction d'une communauté ecclésiale qui vit surnaturellement de la vie même de Dieu. C'est en invitant l'homme individuel à l'excéder en la quittant par sa mort terrestre que l'« homme en grand » s'excède lui-même. Et c'est parce que l'Idée divine d'homme, où la nature humaine est absolument déployée en toutes ses richesses possibles, est éminemment assumée par la simplicité de l'essence divine, que l'« homme en grand » s'excède en vue de la poursuite d'un bien désormais religieux (recherche du souverain Bien, recherche du Salut individuel ».

Mais, comme nous l'avons montré au même endroit, c'est seulement si l'homme s'ordonne tout entier à la Cité, quoique non totalement, qu'il se découvre les forces requises pour s'ordonner tout entier et totalement à son salut individuel auquel le renvoie la Cité même pour autant qu'elle a été honorée et servie comme fin de la personne. Dans cette perspective, on comprend que **l'analogue terrestre — qui la prépare — de la béatitude céleste, consiste dans un mouvement perpétuel, image mobile de l'éternité immobile, exerçant le service d'un bien commun en lequel se revitalise le désir humain selon une réciprocation de causalité entre tout et parties. De plus, parce que ce mouvement circulaire s'exerce dans le temps, et que le temps**

est irréversible, on conçoit que cette imitation de la vie divine s'enrichisse progressivement de sa propre expérience, et fasse éclore des ressources de la nature humaine occultées dans les temps passés ; sous ce rapport, le mouvement circulaire est hélicoïdal, et il tend, en droit, à se rapprocher, de manière asymptotique, de son modèle divin, activité de l'immobilité consistant dans l'échange éternel entre Personnes expressives de la fécondité de l'essence divine tout entière en chacune d'elles entièrement contenues en elle, procédant d'elle et ordonnées à elle.

D'où ce culte du mouvement dans la société fasciste en quête de son accomplissement et de sa théorisation adéquate, lequel culte, pris à la lettre, pourrait faire douter du caractère finalisé de l'ordre politique, et laisser entendre qu'un fascisme est un monstre vivant qui ne sait pas ce qu'il est ni où il va, et qui n'en a cure, pourvu qu'il bouge et se repaisse de ses gesticulations passionnelles. Tel est le reproche qui lui fut régulièrement fait du côté des réactionnaires suspicieux incapables de discerner en de telles audaces l'aspiration à une redécouverte de l'organicité, condition d'un ordre réussi et viable.

Si l'on privilégie l'organicité au détriment de la hiérarchie, on tend vers une forme de démocratie parce que si le tout a en lui-même le principe de sa formation, on ne voit pas qu'il soit structuré par un principe organisateur auquel il serait soumis, dès lors qu'il est supposé être ce principe même ; le tout vit de la pulsation de la vie de parties qu'aucune forme substantielle n'arraisonne pour les contraindre à se subordonner à lui, dès lors que le tout social n'est pas substantiel mais accidentel, et c'est pourquoi il est nécessaire qu'une partie se détache des autres pour être à même, sans cesser d'être soumise au bien commun, de remplir la fonction vicariante de forme substantielle, comme conscience de soi du tout ; et c'est l'unité de cette partie, plus volontiers personnelle que collégiale, qui confère son unité au tout ; ce qui n'empêche pas cette partie d'être la réduction à l'acte du vœu, immanent aux autres parties et à elle-même, de former un tout.

Si l'on privilégie le souci de l'ordre hiérarchique inégalitaire, on tend à supprimer l'organicité pour lui substituer une société construite à partir d'un principe organisateur extrinsèque garantissant la soumission de l'ensemble des parties à un ordre qu'elles seraient tentées de remettre en cause si la société avait en elle-même le principe non personnifié de sa structuration. Mais organicité et hiérarchie doivent être prises ensemble, à peine soit de dégénérer en souveraineté populaire, soit de préparer, par le recours à un surnaturalisme invivable, cette insurrection populaire. Et c'est dans le fascisme que nous trouvons ce souci de concilier les deux aspects.

§ 90. Retour sur la question de la tentation idéaliste.

Nous avons déclaré, au § 75, que la problématique de l'idéalisme ne condamne pas l'esprit à être idéaliste, parce qu'elle peut être dépassée, mais que les questions que pose l'idéaliste méritent d'être posées, sont de vraies questions dont la résolution contraint le réaliste à procéder à une fondation rationnelle de ce qu'il tient pour des évidences. On a vu pourtant que si l'intuition doit fonder la discursivité (on ne peut tout démontrer, il faut partir de quelque chose, il doit exister au moins un principe « per se notum », sans quoi aucune démonstration certaine n'est envisageable, il doit y avoir des évidences indubitables antérieures à tout raisonnement), en revanche il existe de fausses évidences ; et il ne peut exister de critère de l'évidence, car il faudrait qu'il fût évident pour être tenu pour vrai. On a vu aussi qu'il n'existe qu'une manière de fonder l'évidence sans pétition de principe. En effet, s'il existe de fausses évidences, comment discriminer entre les vraies et les fausses ? S'il faut fonder l'évidence par un raisonnement qui en retour présuppose l'évidence, on est fourvoyé dans une voie sans issue, sauf si les deux opérations peuvent être menées ensemble, dans un même acte, ce qui s'obtient dans l'élaboration d'un discours systématique, celui qui, magistralement, est proposé par Hegel. Le système pose ce qu'il présuppose, opère selon un discours dans lequel l'avancée est retour, par là fonde son départ, et telle est la radicalisation de la discursivité, du souci de rendre raison ; mais un tel discours, comme réflexion, a la forme d'un cogito qui est par définition indubitable : on ne peut douter qu'on pense puisqu'il faut penser pour douter ; le cogito est modèle de l'intuition ; un discours systématique fait s'identifier intuition et discursivité. Encore faut-il évidemment qu'un tel système soit possible, et nous avons vu qu'il n'est possible qu'en consentant à s'excéder lui-même, non en s'ouvrant, mais en invitant celui qui le développe à convenir qu'il n'est pas la raison suffisante de la réflexion qu'il exerce.

Pour autant, faut-il véritablement épouser toutes les scansions si difficiles du discours hégélien pour s'assurer que la raison est capable de vérité dogmatique ? En rigueur, la chose selon nous n'est guère contournable, mais le court raisonnement qui suit, qui fait sauter maintes étapes de la démarche complète, a l'avantage de montrer, avant même que de l'embrasser, qu'elle est concluante.

Rappelons que la question de savoir comment un au-delà de la pensée est pensable, est identique à la question de savoir comment il se peut que l'on soit un Moi sans que ce dernier soit créateur.

L'unique manière d'être un Moi et d'être limité, infini et fini, connaissant et non créateur, ou encore l'unique manière de penser de telle sorte que, sans être Dieu, le savoir que l'on a de l'être soit le savoir que l'être a de lui-même en nous, c'est d'être une pensée qui sait qu'elle n'est pas la raison suffisante de la réflexion qu'elle exerce, et qui le sait en faisant l'épreuve du Moi vide, qui s'éclipse aussi longtemps qu'il est sans objet ; toute conscience est conscience de quelque chose, la conscience de rien est un rien de conscience. Mais l'acte d'être, en tant qu'être, a lui-même la forme du savoir en général. En effet, l'être se dit de toute chose, de ce que chaque chose a en propre et de ce que toutes choses ont en commun ; et c'est pourquoi l'être n'est pas un genre, lequel ne se dit que de ce que les choses ont en commun. Mais s'il désigne en tout être ce qui l'identifie aux autres ***et*** ce qui le différencie d'eux, lesquels sont aussi des êtres que l'être désigne en même façon, en lesquels il désigne donc ce qui les rend identiques au premier ***et*** ce qui les fait se différencier de lui, c'est qu'il est, en tant qu'être, identité de l'identité et de la différence, il est cet acte de s'identifier à soi dans et par l'acte de se différencier de soi. Autant dire qu'il est réflexion, puisque la réflexion est ce qui, en faisant se différencier de soi quelque chose, l'invite à se repousser de soi dans un acte qui le ramène à soi. Mais ce qui est réflexion est le propre d'un acte de vivre, lequel, ayant dans lui-même le principe de sa genèse et de sa régénération, se fait positionnel, dans lui-même, de ce à partir de quoi il advient, ainsi du non-être de lui-même. Est vivant ce qui s'anticipe dans ce dont il se fait provenir et qu'il pose en lui-même, par là ce en quoi il s'aliène et qu'il nie souverainement. Or le mouvement du vivre est d'autant plus élevé qu'il est plus immanent au vivant, et cette immanence est absolue dans l'acte d'intellection. Donc l'acmé du vivre est un connaître. Si l'on s'aperçoit que le plus haut degré d'être est le plus haut degré de vie, du seul fait que ce qui vit conjure le non-être, exclut d'être dévoré par lui puisqu'il le tient captif en lui-même comme ce qu'il vainc, on doit conclure, du fait que le plus haut degré de vie est un connaître, que le plus haut degré d'être est l'acte de connaître. La conscience est l'esprit en tant qu'il s'apparaît ou revient sur soi, elle est le savoir de soi de l'esprit. Donc, en droit, la conscience est l'être même. Or elle se révèle, en fait, vide. Donc, si elle est l'être, c'est qu'elle l'est dans le moment de son absence à lui-même, dans le moment inférieur de sa réflexion, dans le point nul de son degré de perfection. Ainsi donc, elle est infinie, mais seulement en puissance, en dépendance de la donation d'un intelligible qu'elle ne crée pas et qui l'actualise. La raison se sait infinie en tant qu'elle est réflexion, et elle se reconnaît finie en tant qu'elle se sait incapable de se donner ce qu'elle se sait pourtant pouvoir embrasser, s'il lui est donné. N'étant par le moteur premier de la réflexion ontologique par quoi elle est, et qui lui donne le pouvoir d'exercer une réflexion psychologique ou noétique, la conscience s'atteint bien par retour sur soi mais elle ne s'atteint que pour être renvoyée à ce néant intestin dont elle est le résultat victorieux, à partir duquel elle advient à l'être, et elle atteint là toute chose, mais dans le néant à partir duquel tout être advient à l'être. Son au-delà est dans elle (aussi est-elle infinie), mais dans elle comme son être en puissance, lequel n'est que puissance à être, à connaître et à être connu, par là distant de son être en acte, donc tel un en-deçà de l'infini (elle est donc finie).

Le problème que nous tenions pour central dans le présent travail, c'était d'articuler bien commun et Souverain Bien de telle sorte que l'homme pût s'ordonner tout entier au premier sans le substituer à l'autre auquel il se donne aussi tout entier. Une société n'est douée du pouvoir de conjurer sa décomposition qu'à proportion de son aptitude à promouvoir le bien commun, unitif de soi. Et, le Souverain Bien étant souverainement commun, celui qui aspire au Souverain Bien ne peut se dispenser d'agir en vue du bien commun aussi longtemps qu'il est de ce monde, dont l'autre est le fondement inclusif de ce monde comme la cause l'est de son effet. Nous avons tenté de résoudre le problème évoqué en ayant recours à une application de la dialectique de l'infini et du fini : l'infini n'est tel que s'il sait se faire fini sans cesser d'être infini. Le Souverain Bien n'est tel que s'il est pensé comme assomptif, idéellement, de tous les degrés de finitude du bien, dont celui du bien commun terrestre, avant la création du monde. A cette condition, l'homme peut sans contradiction se vouloir tout entier au monde — à cette étroite partie du monde en laquelle le monde se concentre, s'intériorise, et fait surgir le meilleur de lui-même, le bien commun politique, comme si le monde voulait, en elle, préparer la conversion du désir humain du monde en appétit du Souverain Bien — et tout entier à Dieu. Mais nous remarquons que c'est le même principe de résolution que nous avons convoqué pour dépasser la tentation de l'idéalisme, lequel avait été, par Giovanni Gentile, adopté pour promouvoir une conception non tronquée du bien commun. De cette similitude, nous tirons que la philosophie réaliste est en attente, tant pour dépasser l'arbitraire des « évidences » auxquelles est suspendue sa métaphysique (philosophie théorique) que pour concilier les exigences — en l'état difficilement conciliables — de sa philosophie pratique (morale et politique), d'un principe de réfection que nous croyons, naïvement peut-être, trouver dans l'usage du concept de réflexion ontologique. Les fondements de la politique doivent être thomistes si l'on entend échapper à ces variantes d'immanentisme qui, toutes, revêtent tôt ou tard la forme d'une gnose ; mais, pour conjurer les travers débilitants du paternalisme bourgeois, les dysfonctionnements de l'absolutisme, les défauts incapacitants et exaspérants de l'esprit théocratique, et enfin la fade dégénérescence de l'esprit démocrate-chrétien, un tel thomisme doit s'ouvrir aux vertus de la dialectique hégélienne. Cette dialectique, menée à son terme, est un rétablissement de la position réaliste, mais enrichie de cette dimension *de négatif non peccamineux* qui permet de dépasser les apories résiduelles du thomisme (l'acte d'être, pris absolument, l'Acte pur, est Celui dont l'essence est d'être, et tout autant cette essence n'est pas son acte d'exister en tant qu'elle l'exerce : « Relinquitur ergo quod Deus *sit* quidquid *habet* », dit saint Thomas : il reste donc que Dieu est tout ce qu'il a) en reconnaissant dans le non-contradictoire le dépassement d'une contradiction assumée ; or reconnaître la réalité du contradictoire assumé et surmonté, c'est admettre que la paix, la sérénité, la douceur de l'amour a la force, la violence, l'énergie déchaînée de la guerre absolue, l'héroïsme de la lutte et l'exaltation de la victoire. La vie terrestre n'est pas l'antichambre nauséeuse du purgatoire. Elle est encore moins, comme triste promesse d'un paradis cotonneux, un purgatoire où l'on subit des saignées pour se purger d'énergies dangereuses.

§ 91. Une intuition précieuse de Maurice Bardèche.

Ce que nous avons cru comprendre du fascisme, conjugué à ce que Giovanni Gentile nous en a fait discerner, nous invite à définir comme suit son apport incontournable en philosophie politique, si excellemment formulé par Maurice Bardèche (*Qu'est-ce que le fascisme ?* o. c.), cet apport sans le respect duquel non seulement un fascisme salvateur ne peut renaître dans le cours ou au terme de la crise sans précédent qui s'annonce, mais encore une contribution sans laquelle aucune entreprise de reconstruction des sociétés redevenues humaines ne sera pas possible :

« Il n'y a de fascisme véritable sans une *idée* qui montre à tous les perspectives d'une œuvre grandiose. Et le fascisme véritable consiste précisément à associer toute la nation à cette œuvre, à la mobiliser tout entière pour elle, à faire de chacun de ceux qui travaillent un pionnier et un soldat

de cette tâche et à lui donner ainsi cette fierté d'avoir combattu à son rang. L'esprit du fascisme consiste avant tout à pénétrer chacun de la grandeur de la tâche accomplie par tous et à donner aussi à chacun une joie intérieure, une occupation profonde, un objectif vital qui éclairera et transformera sa propre existence » (pp. 186). Et cette idée, ajoute-t-il, « n'est pas nécessairement une politique de conquêtes ». Nous nous permettrons, pour conclure notre travail, de proposer un commentaire de ce texte. En quelques paragraphes annexes, nous développerons ensuite quelques suggestions pour le fascisme du « jour d'après », qui le feront probablement différer sensiblement de ce qu'il fut, ou plutôt de ce qu'il laissa dévoiler de lui-même dans le cours de son avènement, qui fut avorté.

CONCLUSION

§ 92. Ce en quoi le fascisme est un pari.

Le fascisme est toujours une reconquête, une renaissance, la réactualisation de vertus ancestrales endormies, une résurrection glorieuse et agressive, un mélange de joie et d'audace, une entreprise vindicative de réappropriation vécue sur le mode de la fraîcheur d'une invention que ses auteurs découvrent à la manière dont un artiste prend conscience de son œuvre à mesure qu'il l'élabore, parce que c'est elle qui se fait en lui.

Le fascisme surgit dans un peuple fatigué d'être fatigué, excédé d'être passif, enragé de subir une nécessité historique glauque sous l'effet incapacitant de sa propre paresse, de ses vices envahissants, de ses faiblesses morbides, de sa pusillanimité, de ses scrupules inspirés par des mensonges auxquels il a consenti. Le fascisme est d'abord la lutte d'un peuple contre lui-même, contre ce qu'il a fait de lui-même et contre ceux qui lui ont susurré de le faire, contre sa décadence dont il se sait responsable.

Quand on réveille des énergies oubliées, malgré les douleurs, les réticences, les révoltes même que cela suscite, on s'enchante et on s'enivre de ces pulsions de jouvence, on les nourrit du fait de les exercer, on ne songe pas à les domestiquer, trop heureux de les savoir existantes. On doit retenir ses forces pour prévenir leur éparpillement qui les affaiblit, mais on doit les manifester, les déployer au dehors pour ne pas les étouffer, les faire se ronger par elles-mêmes sous le prétexte fallacieux de les assagir. Le fascisme est ce moment dans la vie des peuples renaissants où l'on songe plus à vivre qu'à vivre vertueusement. Et il est bon qu'il en soit ainsi, avec la dose d'insolence, d'arbitraire, d'ivresse, de folie et de présomption dans la prodigalité, qui accompagne cet état d'esprit. Le fascisme est ainsi un moment d'exaltation des forces vives et de culte de la discipline, mais d'une discipline destinée à entretenir les forces plutôt qu'à les endormir. Seule, en effet, une grande idée peut soulever les peuples, une idée assez féconde pour faire se lever toutes les composantes de la société, avec leurs imaginaires, leurs formes d'intelligence, leurs espoirs mais aussi leurs rancœurs respectives. Elle doit être l'idée de tous pour être principe de leur unité, elle doit appartenir à tous pour mobiliser leur intérêt et leur responsabilité ; cependant, elle ne doit pas leur appartenir comme une chose dont ils disposent, mais comme une chose qui dispose d'eux. L'idée capable de rétablir le bien commun doit être elle-même un bien commun. Mais cela signifie qu'elle doit commencer par être une vraie idée, et non un rêve, une chimère, un mensonge ; dans ce dernier cas, elle est la présentation décente et toilettée, maquillée, de sentiments bas telle, par exemple, la revendication de justice qui cèle le ressentiment égalitaire de l'envieux. C'est ce sentiment, non du tout éteint aujourd'hui dans maints peuples, qui inspire les revendications victimaires, les instincts de revanche de trop d'ethnies fraîchement décolonisées. Or comment parvenir à s'emparer de l'idée qu'appellent les circonstances ?

Quand une colère extraordinairement puissante se lève lentement dans un corps individuel ou social, elle en sait plus sur les raisons secrètes qui l'animent que celui qu'elle habite, lequel se donne des raisons, décrypte en tâtonnant le sens de sa passion, et bien souvent formule pour l'expliquer et pour la justifier des raisons inadéquates, non nécessairement controuvées mais annexes et accidentelles, laissant dans l'ombre le noyau de sa vindicte. La chose est vraie pour l'amour, puisque bien souvent l'homme ou la femme amoureux est le dernier à s'en apercevoir, en vient à s'en rendre compte, agacé et surpris, par le regard narquois de son entourage ; la personne éprise sait bien que quelque chose la travaille et pressent que c'est l'amour, mais elle ne sait pas, ne voulant pas le savoir, quel est l'objet de cet amour. Et le processus de venue au jour des raisons de la passion est analogue au processus de l'advenue de l'œuvre d'art que l'artiste découvre en la faisant parce que c'est elle qui lui enjoint de la faire, sans se révéler à lui. L'idée féconde l'artiste et le travaille comme peut être travaillée une femme en gésine. Les raisons de la colère ou de l'amour travaillent le passionné qui ne découvre le sens de sa passion que quand elle s'est assez installée en lui pour lui faire sentir sa morsure. La grande idée qui doit animer un peuple pour se tirer de la décadence dessine ses contours seulement quand il a commencé à se remuer, à tenter, mû par l'instinct vital, de s'extirper de sa déréliction et de sa fange. Il est certes déjà soutenu, dans sa réaction naissante, par une telle idée mais, incapable de la formuler dans sa clarté intelligible, il s'en donne des représentations non toujours adéquates, des justifications qui peuvent être inopportunes ; des raisons inappropriées qui, habitées par une logique propre, peuvent le mener dans des voies de garage ou le faire sombrer dans des contradictions mortelles. C'est pourquoi il n'est pas de fascisme sans un chef charismatique habilité à incarner l'idée dont il se veut la réalisation, ainsi à la dévoiler en la personnifiant, lui conférant par là le mode d'existence analogiquement christique d'un témoin de l'idée qui, en même temps, est l'idée dont il témoigne, par là s'identifie à son propre témoignage, et de ce fait se révèle indubitable. Et là se pose le problème de la différence entre le chef authentique et le démagogue. Il en est de la vérité du chef (non d'abord la vérité de ce qu'il dit, mais le fait d'être un vrai chef) comme il en est de celle de l'évidence : une vraie évidence est une évidence vraie, mais il existe de fausses évidences, et il n'existe pas de critère de l'évidence. On peut certes observer que celui qui se pose en candidat au pouvoir se veut le mandataire d'une idée qui, douée de la vertu de rétablir le bien commun, est elle-même un bien commun, un bien aimé pour lui-même, un bien que l'on sert et non un bien dont on se sert ; et alors l'authenticité du chef s'éprouvera à l'aune du pouvoir de mobilisation désintéressée dont est dotée cette idée. L'hommerie dans l'homme est cependant si incrustée qu'il est capable de satisfaire dans les formes de l'abnégation désintéressée des passions obscures sordides individualistes et inavouables : tous les camps peuvent alléguer leurs martyrs. Alors faut-il se résoudre à accepter l'idée que tout fascisme sera toujours, comme l'enseigne Bardèche « un pari » (o. c. p. 50) ?

Il existe tout de même, sinon un critère de la vérité de l'idée qui fait se lever les hommes et se rassembler en faisceaux, au moins une indication permettant d'écarter les idées qui ne promeuvent pas vraiment le bien commun, qui ne sont pas de vraies idées, qui ne sont pas des biens communs, qui ne s'incarnent pas dans de vrais chefs, qui sont le déguisement de sentiments honteux de vengeance inspirée par l'amour-propre blessé. En effet, si une telle idée doit disposer de ceux qui l'embrassent, être servie par eux et non se réduire à l'instrument de leurs égoïsmes, c'est parce que le bien commun est aimé par les hommes d'un amour dont ils ne sont pas l'origine première, mais qui s'enracine dans ce bien même qui par là se veut lui-même en se faisant vouloir par ces hommes. Il est tel que celui qui le possède se fait obligatoirement l'instrument de sa diffusion à d'autres.

Mais nous avons vu aussi que cette idée — idée d'un bien commun qui est elle-même bien commun — se veut dans ceux qu'elle séduit, exige sa réalisation, à la manière dont le projet d'une œuvre d'art laisse dans l'ignorance l'artiste qui découvre son œuvre en l'élaborant. Dans les deux cas, la chose qu'il aime se veut dans celui qui l'aime ; et en vérité ces deux cas n'en sont qu'un : si l'œuvre convoque l'artiste pour être créée, c'est parce qu'il l'aime en se rapportant à elle, tel un bien commun. On peut donc prévoir en retour que si un bien est véritablement commun, il se fera réaliser à la manière dont une œuvre d'art est produite : sans s'annoncer a priori dans un concept prévisionnel explicite. Les principes d'une société d'inspiration fasciste seront clairs, mais non le détail de son organisation. Ainsi s'agira-t-il de faire revivre la grandeur et les principes ayant présidé à l'existence d'un passé politique majestueux et tombé en décadence, mais non de faire revivre ce passé même ; le futur ne sera reproduction du passé que dans la forme d'une transfiguration. On peut donc déjà être assuré qu'un chef se présentant armé d'un programme détaillé porteur de solutions-miracles est un imposteur, un anti-christ, un faux prophète. On peut être certain qu'une vague activiste inspirée par un passé qu'on voudrait reproduire à l'identique, par haine du présent, sous l'injonction de la seule nostalgie et non de l'appétit du futur à créer, est un délire passionnel que ne meut aucune vraie idée ; la vraie grande idée qui fait les vrais fascismes est rappel du passé en tant qu'il est porteur de valeurs intemporelles par là réalisables dans le futur, c'est-à-dire de valeurs que le passé n'a pas épuisées et qui exigent de se réincarner ; ainsi la vraie grande idée est-elle rappel du passé sur le mode d'appétits de l'authentique nouveauté libérée de toute nostalgie ; en deux mots, elle est révolutionnaire et conservatrice, elle est révolutionnaire anti-révolution.

Mais il y a plus :

§ 93. Fascisme et méritocratie.

En tant que bien d'un tout dont l'organicité exige la hiérarchie, le bien commun est bien de chacun, son meilleur bien, mais de chacun désirant sa limite, la place subordonnée qu'il occupe, et la désirant parce que le tout exige cette inégalité et cette subordination. Si les pierres d'un édifice pouvaient penser et vouloir, celles qui sont en bas plébisciteraient leur place afin d'honorer les droits du tout. Cela revient à dire que le bien commun se distribue, en tant que commun, de manière proportionnelle dans une Cité qui, comme tout d'ordre, mais comme tout d'ordre *organique*, reproduit dans sa complexion, sur le mode de limites propres à chaque état social, les scansions du processus de son acheminement vers l'existence : un tout vivant, ayant donc en soi le principe de son mouvement et de sa structuration, même sous le rapport de l'analogie, est le résultat de l'acte à raison duquel il s'anticipe dans ses parties qu'il se subordonne, se conférant ainsi le statut d'un résultat initiant le processus dont il est le résultat ; un tout vivant est l'unité du processus et du résultat du processus, puisque l'acte de clore le processus est aussi l'acte de le revitaliser pour faire se régénérer les parties de ce tout. Or ces degrés que parcourt la forme du tout dans le processus de son éduction à partir de la matière (les parties disjointes) sont par définition inégaux. Donc les parties d'un tel tout sont nécessairement hiérarchisées. Si le propre du fascisme, comme le fait magnifiquement observer Maurice Bardèche, est d'associer toute la nation à une grande œuvre, ainsi de l'intéresser au bien commun, vitalement et activement, il faut préciser que sa manière propre de convoquer les membres de cette nation, en suscitant les enthousiasmes, à cette tâche à laquelle tous sont également ordonnés quoique selon des procédures inégales, est de les inviter à plébisciter la place qu'ils occupent sans entretenir un frénétique besoin de progression sociale.

L'esprit du souci du mérite consiste à respecter le devoir d'être récompensé à proportion du degré de dévouement au bien commun : les meilleurs doivent être en haut et les moins bons en bas, parce que telle est l'exigence du bien commun ; l'esprit méritocratique en est le dévoiement : j'exige des égards et des avantages sociaux divers parce que je suis le meilleur (ou plutôt me crois et me prétends tel) ; la fin de mon effort et de mes mérites n'est pas le bien commun mais mon avantage privé. Le fasciste, nous l'avons dit, hait l'anarchie, le désordre, la foire d'empoigne, la compétition sans règles où tous les coups sont permis, l'individualisme même élitiste, cet individualisme que son élitisme ne suffit pas à transformer en esprit aristocratique. *Dès lors, l'esprit du fascisme consiste bien à donner à chacun la fierté d'avoir combattu à son rang pour une grande idée dont la vérité se manifeste dans le fait qu'elle est capable de mobiliser les foules en les faisant se réjouir de leur condition.* Et c'est à cela qu'on reconnaît un tel esprit, à toute distance tant de l'esprit méritocratique que de l'esprit des dictatures paternalistes.

Selon ces dernières, les occupants des fonctions inférieures sont sollicités pour faire leur devoir selon la mentalité suivante : restez à votre place et ne vous préoccupez pas du bien commun, c'est là notre affaire ; soyez rivés à vos avantages privés, faites ce que l'on vous demande et donnez-nous cette part de vous-mêmes, de votre labeur, que nous prélevons pour faire tourner la machine sociale, persuadez-vous que vous est là donnée l'occasion de faire fructifier la vertu chrétienne de résignation ; supportez votre peu exaltante condition en ayant recours aux pouvoirs émollients d'un égoïsme sans prétention ni angoisse tempéré par l'esprit de soumission à la Providence prodigué par les « bons prêtres », ces amis du pouvoir toujours du côté du plus fort dont ils sont la caution. Une telle mentalité part du principe selon lequel ne peut être tenu pour moralement bon que ce qui réprime les désirs sans être porté par aucun : même le désir de servir aurait quelque chose d'inquiétant, qui ferait tressaillir une fierté dangereuse vite convertie en esprit d'insurrection. Au contraire, pour le fasciste, l'abnégation requise pour le service du bien commun participe de la joie de le servir et est portée par le désir de l'individu, parce que le bien commun est aussi pensé telle la part la plus précieuse et la plus désirable de cet individu lui-même. Pour le dictateur paternaliste, l'abnégation exigée du particulier doit aller au rebours du désir du particulier, parce que ce désir ne pourrait être focalisé que par un bien privé. Quant au méritocrate, il est un libéral, tout simplement. Il ignore ce qu'est le bien commun ; il accepte la lutte et la compétition, il n'est pas sans énergie, il peut se targuer de faire rayonner certains mérites, mais il est incapable de viser un bien qui excéderait la sphère de son individualité. C'est pourquoi il n'a rien, au fond, de sensé à répondre au communiste qui, mû par le même individualisme que lui, a compris que l'union des égoïsmes des gueux peut avoir plus de poids que l'égoïsme institutionnalisé des nantis, ou l'égoïsme solitaire des Rastignac.

Le fasciste, défini par sa réaction contre une décadence dont il sait que le peuple en est le principal responsable, ne fait pas, pour cette raison, confiance au peuple tout en voulant le bien du peuple, mais avec cette précision essentielle — contre tout despotisme éclairé, contre tout paternalisme bien-pensant — *qu'il ne fait pas confiance au peuple tout faisant confiance au pouvoir de réveiller, dans le peuple, le meilleur de lui-même.* Il y a un cynisme machiavélien, un culte narcissique du mépris de l'homme, un quiétisme du pessimisme à l'égard de la condition humaine dans lequel les esprits supposés forts se vautrent comme le font les sceptiques, en haine de la vérité, sur le mol oreiller du doute. Et tel n'est pas, à notre avis, l'esprit du vrai fascisme. Le fasciste veut croire en l'homme, héroïquement, quelque lucide qu'il soit en ce qui concerne ses bassesses et ses misères. C'est sous ce rapport, nous semble-t-il, que le fascisme reste un pari : croire aux énergies, aux puissances de redressement d'un peuple dont on sait d'avance qu'il ne bougera que s'il le décide, que s'il consent à se rendre sensible à l'exemple et au message d'un chef charismatique, et que nul ne peut le décider à sa place. Est fasciste celui qui, à toute distance de quelque inclination rousseauiste que ce soit, ne fait pas confiance au peuple mais qui, nonobstant cette lucidité désabusée, a le courage de cultiver l'espérance de réveiller dans le peuple le désir de se donner à une grande cause, de participer activement à l'œuvre commune, et qui de surcroît considère que la confiance que lui donne le peuple vient de ce qu'un tel chef sait ne pas lui faire confiance, ose le secouer, prend le risque de l'inviter à l'héroïsme.

ANNEXES

Quelques suggestions pour l'élaboration d'un fascisme cohérent.

§ 94. Contre les coquetteries qui se grisent de leur audace malvenue.

Les fascistes éprouvent, bien légitimement, une grande aversion pour l'esprit conservateur des bien-pensants aux réflexes bourgeois, qui aiment le confort et la stabilité, qui abhorrent d'être bousculés, qui s'accommodent des iniquités de ce monde avec une douce violence et qui, en fait de conservation, se préoccupent plus de leur portefeuille et des apparences de moralité publique que du service héroïque de la grandeur de la nation et de l'instauration de l'ordre véritable, lequel suppose un grand souci de la justice.

Une telle aversion fait souvent se développer, dans la mentalité des fascistes, une espèce de coquetterie consistant à afficher un esprit de contestation et une dilection pour les audaces sociales destinés à leur faire damer le pion aux gens de gauche, à les battre sur leur propre terrain. Maints fasciste auront ainsi tendance à considérer que n'est vraiment fasciste que celui qui vient de la gauche et la surmonte en l'assumant, et qu'un membre de la droite conservatrice ne deviendra jamais fasciste ; ou encore : pour ces jeunes hommes attachés au romantisme de l'esprit rebelle, l'instance révolutionnaire du fascisme tiendrait à cette dimension gauchisante dont le fascisme ferait mémoire ; il ne pourrait pas y avoir selon eux d'esprit révolutionnaire de droite et pleinement de droite ; sous ce rapport, ils s'accordent, eux les révolutionnaires patentés — mais pour en tirer des conséquences opposées — avec ce qu'il peut y avoir de plus réactionnaire dans la mentalité droitière, à savoir cette philosophie maistrienne pour laquelle le salut antirévolutionnaire ne serait pas dans une révolution contraire (laquelle serait de gauche en tant même que révolution), mais tiendrait dans le contraire de la révolution.

Cette attitude, bien sympathique en tant qu'expressive de la morgue d'une jeunesse enthousiaste, n'est toutefois pas sans danger, qui risque de faire prendre pour du pré-fascisme ce qui n'est qu'une modalité de la gauche, et de faire contracter des alliances qui dénatureront la véritable exigence du fascisme. La première coquetterie du fasciste est déjà de contester la pertinence de la dichotomie droite-gauche. Appelons « de droite » toute pensée qui reconnaît l'existence d'un ordre naturel objectif indépendant de la volonté des hommes, qui lui reconnaît une valeur normative de la subjectivité, qui donc se soucie d'abord de ne pas ériger la subjectivité, la liberté, en absolu. Est de gauche, dans cette perspective, toute pensée qui fait de la subjectivité le principe de la création des valeurs morales. Il va de soi, ces rappels posés, que le fascisme est de droite, à la droite de la droite, habité par le souci d'en incarner la droiture, comme il le fut revendiqué dans le passé par certains responsables politiques français qui se voulaient à la droite de la droite mais sans se dire fascistes. Si la subjectivité est érigée en absolu, l'individualisme devient la règle de comportement obligée de tout homme. Et cet individualisme peut prendre deux grandes formes :

L'individu peut décider de ne compter que sur lui-même, dans l'acceptation d'un conflit de tous contre tous, selon la logique de son égoïsme revendiqué, pour conquérir ce que lui dictent ses passions, et il se dispense de verser dans la pathologie égalitariste qui pourtant demeure dans la ligne du subjectivisme. Si en effet l'individu est un absolu, tous les individus sont de petits dieux pouvant prétendre à ce titre que tout leur soit subordonné, et que l'humanité entière soit à leur service mais, parce que tous sont fondés à tenir le même raisonnement, la résultante de ces prétentions conflictuelles et concomitantes produit un égalitarisme consommé dans le socialisme entendu en son acception marxiste : l'essence humaine est l'ensemble des rapports sociaux, tous sont également participants de la société qui définit leur substance et les identifie ontologiquement les uns aux autres, tous sont en droit de revendiquer une égalité stricte dans l'ordre de la dignité et dans le domaine de l'avoir.

Celui qui décide de ne compter que sur soi est de gauche en tant qu'il est individualiste, mais sa philosophie capitaliste et libérale, lui faisant refuser le collectivisme égalitaire, invitera l'observateur commun, ou l'homme qui réduit la logique des doctrines aux mentalités que leur adoption induit, à discerner dans cet individualiste un homme de droite, parce que le capitaliste aura conservé quelque chose de l'esprit de droite, à savoir l'esprit de responsabilité et une espèce de pugnacité, une acceptation du devoir de lutter et du risque de perdre, qui tendent à crucifier pratiquement les exigences totalitaires du subjectivisme. On obtient ainsi une typologie psycho-économique faisant du libéral un homme de droite, un guerrier dévoyé dans la pathologie de l'avoir, et réduisant l'homme de gauche au collectiviste égalitaire qui sanctifie sa faiblesse au nom de la justice sociale et de la générosité. L'homme de droite libérale est en vérité un homme de gauche. Confronté à cette classification qui oppose l'individualiste « de droite » à l'individualiste de gauche, on sera tenté de raisonner comme suit :

Il y a plusieurs manières de s'opposer à une vérité, et en général il en est deux principales qui sont entre elles comme des contraires, elles s'opposent mais appartiennent au même genre (ici le genre est désigné par l'individualisme) en tant qu'elles s'identifient dans le refus du même aspect de la vérité qu'elles contestent (le libéralisme capitaliste et le communisme communient dans l'individualisme et nourrissent une même ignorance ou aversion à l'égard de la notion de bien commun, il n'y a pour les deux que du bien privé de classe). On est donc tenté de procéder dialectiquement, de faire s'user l'un par l'autre ces deux contraires, de les faire se renier l'un par l'autre afin, ce faisant, de nier chaque position unilatérale. Ainsi, puisque chacune de ces positions est un certain mode de négation de la vérité, les faire se contester l'une par l'autre en les rapprochant revient à nier la « négation de leur vérité commune » en quoi consiste chacune des deux positions contraires. Ce qui revient, par négation de négation, à faire surgir la vérité d'une confrontation d'erreurs, ou à convertir les deux erreurs à leur identité concrète. Prenons pour exemple la dialectique du fini et de l'infini déjà évoquée. Si le fini est dans l'infini, l'autre partie de l'infini, n'en étant qu'une partie, n'est pas l'infini, aussi est-elle finie, et dans ce cas l'infini doit être absurdement tenu pour la somme de deux finis. Si en revanche le fini est hors de l'infini, ce dernier est finitisé par le fini puisque ce fini l'empêche de prendre toute la place que revendique son infinité. Tenir pour l'inclusion abstraite du fini dans l'infini se révèle aussi absurde que tenir pour leur indépendance ou extériorité réciproque. La solution, à toute distance du schéma caricatural du type « thèse, antithèse, synthèse », est de déclarer que l'infini est l'unité *concrète* des deux positions précédentes, non la somme de deux erreurs, non un compromis entre les deux, mais la position de l'infini concret entendu comme réflexion, comme négation de négation. Est infini ce qui se rend victorieux du fini qu'il assume, et qui, dans l'acte où il abolit souverainement le moment de la finitude, réduit à un moment de son processus circulaire le résultat du processus dont il est l'origine ; ce que nous avons tenté de rendre limpide ici aux §§ 30 à 37. Si l'on y tient, pour sacrifier à un usage aussi contestable que répandu, nous dirons que la synthèse de la thèse et de l'antithèse (leur identité abstraite) est contradictoire, et se libère de sa contradiction, se sublimant en quelque chose ne conservant la thèse et l'antithèse qu'en les niant, en se réfléchissant dans son processus circulaire, en réduisant le processus entier (identique à son résultat) à un moment du processus ; quand un processus parvient à se réduire à un moment de lui-même, il s'intériorise au point de s'y exténuer comme processus, et il se convertit en immobilité, il se révèle être cette immobilité originaire et riche de tous les devenirs en lesquels elle peut se décomposer mais dont elle n'est pas le composé. L'infini réel est cette réflexion propre à la vie de l'esprit qui, dans un même acte, se sait et sait ce qu'il sait, s'atteint par retour sur soi et s'objective dans lui-même ce qu'il sait, s'atteint réflexivement et se réfléchit dans son processus ; l'abstraction contradictoire de l'identité du fini et de l'infini concerne le fini et l'infini considérés dans les dimensions spatio-temporelles de la matérialité, dont le propre est d'être extérieure à soi, incapable qu'elle est de se réfléchir (l'acte de voir n'est pas visible ; aucune réalité matérielle ne peut être pour elle-même son propre contenu, ou ne peut avoir son extérieur immédiat à l'intérieur d'elle-même). Il est ainsi permis de remarquer que la dialectique du fini et de l'infini, menée à terme, fait passer de l'idée de l'infini potentiel, premier pour nous mais second en soi, à l'idée de l'infini actuel, ou encore, pour emprunter un vocabulaire déjà évoqué (§ 80), de l'abstraction totale de l'idée d'être à son abstraction formelle réussie. Nous tenons pour légitime la démarche qui précède.

On peut être tenté d'appliquer cette démarche à la pensée de gauche, en faisant se renier ses positions extrêmes incompatibles pour faire surgir, par auto-négation des contraires, la pensée de droite dont la gauche est la dénaturation plurielle. Ainsi dira-t-on que le libéralisme et le collectivisme sont deux formes d'individualisme, celui de droite et celui de gauche, et qu'il convient de les convertir à leur identité concrète qui n'est autre que le refus de l'individualisme et la promotion de l'esprit communautaire célébré dans le corporatisme de la Cité organiciste, hors de la démocratie, et, pour tout dire, fasciste. L'entreprise est en droit pertinente, mais cela est bien délicat, car il vient un moment, dans la dialectique, où il est nécessaire, comme on l'a vu, de faire un saut qualitatif, d' « inventer » le troisième terme qui est ontologiquement le premier : l'infini concret est unité de lui-même et du fini, mais comme réflexion, ainsi comme passage du sensible à l'intelligible ; si ce troisième terme n'est pas découvert, on se contente de faire coexister deux erreurs, on tangue, on se résout à aller de l'une à l'autre en tentant de les faire tenir ensemble cependant qu'elles se repoussent, on tend alors à se réfugier dans l'éclectisme, le replâtrage, l'acceptation d'une solution inintelligible dont l'obscurité préservera le pouvoir de faire rêver et permettra de la poser en idéal régulateur sinon constitutif de nos espérances aveugles.

Telle est cette synthèse éclectique qui entend conserver la philosophie des Lumières, le mythe résistancialiste, le nationalisme (ou plutôt le nationalitarisme) gaullien, la cogestion, le tiers-mondisme anti-états-unien, le marxisme, le contractualisme rousseauiste, mais aussi le nationalisme barrésien et maurrassien ; qui entend mêler la philosophie des droits de l'homme et le souci du bien commun, la doctrine sociale de l'Eglise et la praxis démocratique et syndicaliste, le poujadisme et le socialisme, l'anti-germanisme et l'antijudaïsme, ou l'antisionisme et une forme inavouée — refoulée — de philosémitisme, la négation de l'Europe et la puissance nationale, la conception culturaliste et antiraciste de la nation et l'enracinement identitaire, la morale du Coran et celle du christianisme, la lutte des classes et la solidarité nationale.

Ceux des hommes de gauche qui sont vraiment passés à droite ont tout abandonné de leurs idées de gauche. On ne fait pas une pensée de droite avec des idées de gauche. Au fond, cette synthèse éclectique aspirant à concilier des contraires demeurés à l'état de contraires n'est autre que l'expression d'un souhait d'homme de gauche qui voudrait, sans cesser d'être de gauche, ne pas subir les effets corrupteurs, générateurs de décadence, de son engagement idéologique passionnel. Telle est selon nous la tentation gauchisante du fascisme, dont le fasciste conséquent est en demeure de se préserver. C'est pourquoi le fasciste complètement fasciste, libéré d'une telle tentation, est catholique. Nous aimons les vrais repentis, les rescapés du cloaque de la pensée de gauche, qui savent héroïquement, au prix d'une authentique conversion intellectuelle et morale, rejoindre les rangs de la droite révolutionnaire. Nous aimons et saluons les monarchistes traditionnels ayant le courage et l'humilité d'intégrer à leur vision du monde ce fascisme dont ils retiennent l'organicisme. Nous méprisons les libéraux capitalistes tentant de se subordonner l'espérance fasciste pour écraser le communisme qui menace leurs coffres-forts. Mais nous nous méfions des transfuges attachés à leurs amours vénériennes gauchisantes s'efforçant à contaminer, sous couvert de renouvellement et d'audaces provocantes, la droite qu'ils entendent en vérité subvertir en se servant du cheval de Troie de l'éclectisme d'un fascisme de salon. Plutôt qu'à préfigurer un authentique fascisme, ils se contentent d'élaborer un salmigondis pour tous les goûts rassemblant les mécontents de tous bords, attendant passivement et non sans gesticulations fébriles qu'une solution se dégage du conflit bouillonnant des opposés, et, incapables de fédérer leurs mécontents disparates dans le service d'une cause positive, ils favorisent l'induration des aigreurs, fixent dans leur vacuité les mauvaises volontés, et retardent, de ce fait, l'avènement du fascisme salvateur, au lieu d'en favoriser la genèse. Le fascisme bien compris, le fascisme de droite, fortement lesté de réalisme réactionnaire, est la seule véritable « Troisième Voie ».

Pour dire les choses autrement, nous plaidons en faveur d'un *fascisme de raison*, prudent dans sa radicalité, réfléchi et cohérent dans sa démesure circonstancielle maîtrisée, prenant soin de procéder à un dépassement *effectif*, intelligible, objectivable, par là réalisable, des exigences en apparence contraires en l'unité desquelles il a entrevu la vérité et la justice, exigences qui ne sont devenues contraires que par le fait de leur dénaturation. Autre est cette conception de l'irrationnel — c'est déjà là un oxymore — qui se le représente tel un océan sur lequel se détacheraient des zones absurdes, indépendantes les uns des autres, de rationalité régionale, et qui s'en remettrait, pour agir et choisir, à une pulsion volontariste inspirée par la fulgurance d'un sentiment aussi puissant qu'il est aveugle ; autre est cette conception du rationnel qui sait qu'il est rationnel qu'il y ait de l'irrationnel, qui ne prétend pas extirper l'irrationnel du réel, qui lui reconnaît sa place et n'évacue pas, de ce fait, le romantisme du fascisme, mais qui sait qu'il est rationnel que ce dernier se fasse victorieux, pour accéder à l'existence, à la réalisation du rationnel, d'un moment d'irrationalité faisant sa place aux sentiments, à la décision (excédant toujours les raisons de décider), au chaos ponctuel et au recours à la force.

§ 95. Pour un fascisme catholique.

Nous n'aurons pas la prétention ridicule de développer ici, en seulement quelques lignes, un plaidoyer pour le catholicisme. Nous nous contenterons de renvoyer le lecteur à notre § 53.

Un fascisme réussi ne peut se passer du catholicisme. Oh ! nous savons bien les sarcasmes que les fascistes incroyants, athées ou agnostiques, néo-païens ou nietzschéens, qui se déclarent authentiques fascistes en tant même qu'incroyants et anticléricaux, ne manqueront pas de proférer violemment en nous lisant, supposé qu'ils consentent à nous lire – nous fragile grenouille de bénitier égarée chez les hommes forts. Un catholique fasciste est tenu, par les catholiques, pour un affreux païen infiltré dans l'Eglise pour la subvertir, et un fasciste catholique est tenu, par les fascistes revendiqués, pour un Juif mal repenti infiltré dans le sanctuaire de l'intégrité païenne. Nous en avons l'habitude. Nous n'en tenterons pas moins d'essayer ici de démontrer ceci :

En dehors des titres intrinsèques du catholicisme à s'imposer, il faut remarquer que, l'homme qui refuse de se réduire à ses glandes consuméristes — tel est le fasciste — ayant vitalement besoin d'une doctrine spirituelle, il se tournera, en dehors du catholicisme, vers les panthéismes foisonnants de la tradition orientale ou de la gnose, lesquels, selon la logique qui les anime, se consomment eux-mêmes en ce subjectivisme générateur de mondialisme. Et c'est vers la gnose qu'ils tendront tout simplement parce que, comme nous pensons l'avoir établi (§ 53), la vision catholique du monde et de son Auteur est structurellement (quoique non chronologiquement) le résultat du geste victorieux opéré sur la tentation gnostique. Voici donc :

Le fasciste, ou tout sympathisant d'une vision dite de « Troisième Voie », partisan de ce socialisme national en lequel Bardèche, avec beaucoup d'autres, voyait l'essence du fascisme, est attaché à l'idée — qui fait sa noblesse — que le bonheur humain recevable est la recherche d'un bien dont celui qui le poursuit se veut le serviteur ; l'homme n'est supportable, à lui-même et aux autres, qu'à se savoir et se vouloir en vocation de s'excéder, de servir une cause qui ne se limite pas à lui ; l'homme ne se trouve qu'en s'oubliant. Et la spécificité du fascisme, qui fait son caractère irremplaçable, c'est que, selon lui, il existe des biens *immanents*, ou mondains, qui méritent que l'on se sacrifie pour eux. Que se produit-il si de tels biens ne sont pas le reflet d'un Bien absolu et transcendant, si donc ils prétendent se suffire à eux-mêmes, avoir en eux-mêmes la raison suffisante de leur appétibilité ?

Il a été vu plus haut (§ 86) que le désir humain est potentiellement infini parce qu'il est réflexif : il s'aime lui-même, ainsi se creuse à mesure qu'il se satisfait, se révèle sans fond par là qu'on s'efforce à le remplir ; qu'un tel désir, aimant désirer, entend se proroger, alimenter son manque constitutif, dans le moment où, désirer étant manquer, ainsi souffrir, il aspire à se débarrasser de sa souffrance, par là de lui-même, et que cette contradiction est levée seulement s'il existe un Objet du désir qui soit en même temps sa racine première ; en tant qu'il est Objet, il comble le désir ; en tant qu'il est racine, il le revitalise et l'enfle ; et parce que c'est le même principe qui revitalise et qui remplit le désir, alors il est un Bien infini, puisqu'il assoiffe infiniment et abreuve à proportion qu'il assoiffe. Seul le Bien absolu peut satisfaire le désir humain. Mais l'infini est identité concrète du fini et de l'infini. Donc ce Bien est réflexion, et il est raison suffisante de sa réflexion constituante, autrement il supposerait l'activité d'un sujet opérant cette réflexion à sa place, qui lui serait antérieur selon la causalité et dont il tiendrait sa bonté, ce qui signifie qu'il ne serait pas le Bien absolu. Mais ce qui est raison suffisante de sa réflexion constituante est sujet et non objet, quelqu'un et non quelque chose, ce qui se fait être en se pensant et dont l'être consiste dans sa pensée : est objet sans être sujet ce qui, impuissant à revenir sur soi, ainsi à se réfléchir, est incapable de se contenir ou d'avoir en soi-même son extériorité immédiate ; en effet, si l'acte de voir était visible, alors, un tel acte de voir étant identiquement l'acte d'être vu, lequel est une détermination de l'objet vu, ce même acte de voir rendrait immanents à lui les objets qu'il voit, ce qui revient à dire qu'il envelopperait sa propre extériorité ; donc ce qui n'est qu'objet, impuissant à se contenir parce que non réflexif, est extérieur à lui-même, en état congénital et indépassable de conflit avec lui-même, et c'est cela qui fait sa matérialité. Ce qui est matériel exclut la réflexion, ce qui est réflexion est immatériel, donc spirituel, donc esprit et pensée, par là sujet. Et ce qui est sujet immatériel est hors du monde spatio-temporel, hors de notre monde, autant dire transcendant. Dès lors, l'Objet ultime du désir humain, s'il existe, est transcendant et personnel. Mais alors, si tant est que l'on puisse se donner tout entier à un bien mondain, à une cause temporelle, on ne peut cependant s'y consacrer tout entier et totalement, puisqu'il n'est pas l'absolu du Bien.

Mais ce qui est tout entier et non totalement en un autre, et tout entier et totalement en lui-même, c'est ce qui fait de cet autre une anticipation de lui-même, quelque chose qui procède proleptiquement de lui, et sans lequel — puisqu'il en procède — il ne serait pas. Force est donc de confesser que la fin ultime de l'homme n'est pas et ne peut pas être de ce monde. Si, par haine des arrière-mondes, on se refuse — exaspéré par la perspective de vivre en ce monde sous le régime d'une conscience malheureuse par définition déchirée — à quelque forme de transcendance que ce soit, on posera que l'autre du monde vers lequel on ne peut pas ne pas tendre n'est pas un autre monde, mais ce monde même considéré en son envers, et l'on sera même assez disposé à reconnaître en lui l'endroit de notre monde qui n'en est que l'envers, puisque ce dernier a été reconnu comme extérieur à lui-même.

Telle fut par exemple la gnose de Princeton, tel est cet univers ésotérique décrit ou rêvé par les cartomanciens, les disciples de Rudolf Steiner, les membres de la « Thulegesellschaft », les radiesthésistes, les cercles spirites ou autres officines analogues. Et telle était au fond la manière dont les Anciens, dans toutes les cultures païennes, se représentaient le monde des morts, des esprits, et le siège des dieux. Et l'on pourra maintenir la thèse de l'immanence de l'absolu, sans arrière-monde, puisque ce ne sera pas un autre monde mais seulement son endroit dont les phénomènes visibles sont l'envers. Cela dit, si l'on charge cet autre monde (qui n'en est pas vraiment un) des sources de jubilation dont ce monde-ci nous prive, c'est qu'un tel envers du monde est en retrait par rapport à celui-ci qui, en l'occurrence, ne le manifeste qu'en le trahissant.

Mais puisque l'étoffe d'un tel envers de notre monde (qui a été reconnu comme son endroit) est de nature spirituelle, telle une pensée, il faudra concéder que notre monde n'est nullement l'objectivation de soi d'une telle pensée, puisqu'il la trahit. Dès lors, deviendra invincible la tentation de reconnaître en notre monde le lieu de l'aliénation de son endroit, le terme de sa chute, et l'on pensera avec le poète que, « borné dans sa nature, infini en ses vœux, l'homme est un dieu tombé qui se souvient des cieux ». Et nous voilà renvoyés en pleine gnose.

On voit bien que la thèse de l'immanence unilatérale de l'absolu se résout immanquablement dans une vision du monde de nature gnostique ou gnosticisante. Et à quoi la gnose conduit-elle logiquement ? A l'esprit d'insurrection contre le monde, au ressentiment, à la déification de l'homme supposé consubstantiel à Dieu ; le gnostique se déclare privé de sa déité par la faute de ce dieu maladroit et confus en attente de son salut qu'il devra au génie humain, selon une inversion radicale consistant à relativiser l'absolu en absolutisant le relatif. Il est clair que cette absolutisation de l'homme conduit ultimement au subjectivisme logiquement consommé dans le mondialisme communiste.

La gnose conduit à la haine du monde, au souci frénétique de le refaire, de le détruire pour le reconstruire au gré des décisions humaines ; ou bien elle conduit, par des voies supposées « mystiques » — en vérité magiques ou tout simplement en ayant recours à l'office trivial des psychotropes — à la fuite du monde afin de pénétrer dans la ténèbre divine, plus solaire, lumineuse parce que numineuse, que la lumière dispensée par ce monde qu'il ne s'agira plus, évidemment, d'essayer d'habiter, mais qu'il faudra contester, soit en lui déclarant la guerre, soit en en prenant congé. Mais alors comment peut-on encore faire de ce monde le lieu supposé contenir nos raisons suffisantes de vivre, au service desquelles nous pourrions nous consacrer, dans un oubli de soi salvateur qui se dispense de transcendance ?

§ 96. Fascisme, religion de la Cité ?

Afin de se dispenser d'être happé par la logique anticosmiste de la gnose, on peut toujours tenter, si l'on persiste dans le refus d'une transcendance tout en prétendant à s'accomplir en se donnant à une noble cause, de se satisfaire de ce mouvement d'action réciproque tel que nous l'avons décrit ici dans notre § 44 :

L'homme n'est humain que dans et par la société qui en retour ne subsiste que par lui, mais qui déploie en les actualisant toutes les ressources de la nature humaine investie en chaque homme qui n'en réalise, quant à lui, que quelques-unes, et c'est pourquoi l'homme s'ordonne à la Cité comme à sa fin. Et cela doit, pourrait-on dire, suffire à la béatitude de l'homme qui se réjouira, en tant que partie du tout, de vivre de la vie même du tout en s'ordonnant à lui, sans qu'il soit nécessaire d'en appeler à un au-delà transcendant. Accomplir sa tâche journalière avec amour, pénétré de l'idée qu'elle sert à faire vivre d'autres personnes, qu'elle est utile non d'abord à celui qui s'y livre mais d'abord à ceux qui l'entourent ou qui viendront après lui, participer à sa place à une œuvre commune, voilà qui, semble-t-il, peut suffire à remplir une vie et à la justifier. Elle vaut d'être vécue par l'individu précisément parce qu'elle l'excède et le fait s'oublier en elle. Le service du bien commun politique devient béatitude, et ce que nous avons désigné par le terme générique de fascisme devient religion, religion de la Cité.

N'empêche que, nécessairement, vient un moment où, dans le recueillement auquel invitent les moments de repos, quand l'esprit n'est pas mobilisé par une tâche en laquelle il suspend son pouvoir de réflexion, l'on finit par se dire que, certes, on ne vit pas que pour soi mais aussi et d'abord pour les autres, mais que cela ne suffit pas à absoudre l'homme de son acte d'exister, à le laver de ce qu'un Calderón tenait pour son plus grand crime. Vivre pour les autres, c'est encore passer sa vie à rechercher les moyens de vivre ; on ne le fait certes pas pour soi seul, on les recherche au profit des autres, mais les autres agissent en même façon, de sorte que, si l'égoïsme est conjuré, l'absurdité de l'existence ne l'est pas : pourquoi la machine sociale devrait-elle tourner, si elle se propose comme unique finalité de la vie de chercher les moyens de vivre, substituant ainsi les moyens à la fin qui par là est éclipsée ?

Et la recherche du sens, pratiquée dans le silence quand cesse le travail enivrant, nous fait ou bien nous tourner vers Dieu, ou bien rejoindre les mirages de la gnose. Si, en dernier ressort, l'on refuse d'affirmer le Dieu transcendant sans céder au désir délirant de déclarer la guerre au monde, alors le Moi délaissé sera contraint, écrasé par une liberté infinie, de s'inventer une nature et de créer le sens du monde ; et cet existentialisme athée est encore une variante du subjectivisme objectivement générateur d'esprit démocratique, individualiste, consumériste.

Nous revient en mémoire la lecture d'un article de Jean-Gilles Malliarakis, publié en 1985 dans la sympathique et défunte revue « Troisième Voie » (n° 200-201), et consacré à la gnose. L'auteur formulait un plaidoyer pour que la religion chrétienne admît « une demeure ésotérique dans la maison du Père, allant jusqu'à admettre avec Nietzsche que 'tout ce qui se fait par amour s'accomplit par-delà le bien et le mal' ». Nous saluerons au passage la pertinence de son observation relativement à la vocation de la France :

« Lorsque saint Thomas d'Aquin dit de l'université de Paris qu'elle est le 'four intellectuel où se cuit le pain de la chrétienté', il rejoint les gibelins qui considèrent, au XIVème siècle, qu'à l'Empereur allemand doit revenir la primauté politique, au Pape la primauté strictement religieuse et sacramentelle, à la France la primauté intellectuelle parce qu'elle est la Grande Nation, ce qu'elle ne cessera d'être qu'au XIXème siècle ». Il semble, au passage, que la citation exacte soit plutôt la suivante : « Depuis des siècles votre patrie a toujours été comme un puissant phare du monde occidental (...), les idées germées en France se répandent à travers toute la chrétienté au point que l'un de nos lointains prédécesseurs, au temps de saint Thomas d'Aquin, pouvait parler de votre nation comme du 'four où se cuit le pain intellectuel de la chrétienté' » (Paul VI, *aux évêques de France, 18 novembre 1963*). Mais peu importe. Malliarakis rappelait avec bonheur l'enseignement d'Alexandre de Roes (mort en 1288), chanoine de la collégiale de sainte Marie du Capitole de Cologne, théoricien allemand de la politique : aux Allemands le « Regnum » ou l'Empire, aux Français les arts libéraux (le magistère intellectuel), aux Italiens le « Sacerdotium » (la papauté).

Et nous faisons nôtre cet enseignement. Mais nous ne pouvons cautionner le marcionisme de Malliarakis, non seulement parce que la foi catholique se prend tout entière ou se rejette, mais encore parce que la gnose est objectivement porteuse de ces tendances qui conduisent, ainsi que nous pensons l'avoir montré plus haut, à ce qu'un nationaliste fascisant tient pour le mal absolu : le mondialisme, en lequel se consomment le subjectivisme et l'individualisme.

Si les nationalistes conséquents — ainsi les fascistes — tendent à nourrir ce travers d'un tropisme gnostique supposé dépasser « par le haut » la spiritualité du catholicisme, c'est peut-être, il faut bien en convenir, parce que les voix autorisées de la pensée catholique ne sont jamais parvenues, ou plutôt n'ont jamais consenti à formuler de manière rationnelle la solution appelée par le problème du point de suture entre nature et grâce, évoqué ici dans notre § 49. En fait, plutôt qu'un « dépassement » du catholicisme, la gnose n'en est qu'une régression, comme nous avons tenté de l'établir ici au § 53. Méphisto se met le doigt dans l'œil quand il se vante d'être celui qui toujours nie. Il est celui qui ne nie pas assez, qui édulcore la négativité, exercée dans et par la réflexion ontologique, par quoi le plus haut degré d'être, essence de l'être en tant qu'être, se fait l'identité concrète de l'être et de l'avoir, ce dont l'essence est d'exister, ce qui n'est le Tout-puissant qu'à proportion de son pouvoir de se rendre maître de sa puissance absolue.

Si le fascisme revient jamais, quels que soient les griefs des fascistes, souvent fondés, à l'égard de la gent ecclésiastique, il sera catholique sans concession, sans arrière-pensée, sans cette prétention à une spiritualité sans Dieu, sans Eglise, sans dogmes. Son catholicisme ne l'empêchera nullement de nourrir la plus grande prudence, selon les leçons d'un réalisme désabusé, à l'égard des clercs dont les erreurs pratiques, à tous les niveaux de responsabilité de la vie de l'Eglise, ne peuvent se compter. L'un des aspects — et non des moindres — de l'héroïsme auquel l'invitation à la sainteté somme le laïque catholique de se conformer, c'est le devoir de supporter certains de ses prêtres, de les nourrir en subissant leur caporalisme et leurs abus d'autorité. Mais on ne choisit pas ses croix, autrement ce ne seraient plus des croix... C'est le refus d'un tel héroïsme, auquel cèdent maints fascistes exaspérés, qui, contre leur intention, nourrit objectivement la cécité à front de taureau des ecclésiastiques prompts à condamner les régimes forts parce qu'ils leur tiennent tête (« voyez comme ils sont méchants, ce sont des païens, on ne peut être fasciste et chrétien... »), et plus prompts encore à leur imposer sous peine de damnation une démocratie chrétienne pour pères de famille obéissants, politiquement hongrés, réduits au rôle de sous-curés dans l'exercice d'un apostolat substitué à l'action politique antidémocratique, en une forme vicieuse et doucereuse de théocratie moderne objectivement alliée de toutes les subversions démocratiques. De telles dispositions, qui se disaient respectueuses de la « personne humaine » et « antitotalitaires » n'ont, comme il fallait s'y attendre, aucunement invité nos clercs à se libérer des travers surnaturalistes de la théocratie.

§ 97. Pour une Europe impériale.

Dans le prolongement assez naturel de ce qui vient d'être développé, nous plaiderons, dans l'intérêt du « fascisme du jour d'après », en faveur d'une Europe impériale faisant s'articuler ses pouvoirs religieux, politique et intellectuel selon la partition proposée par Alexandre de Roes. Nous avons dit nos raisons ailleurs, étayées par la psychologie des peuples et par l'Histoire. Le péché originel de la France est peut-être d'avoir prétendu, depuis les Valois, avec les Bourbons, les Conventionnels et Napoléon, se substituer au Saint-Empire au nom d'une « mission » controuvée, forgée avec les ingrédients d'un nationalisme judéomorphe, celui de la « France, Israël du Nouveau Testament ».

Comme affirmation collective de soi dans la glorification d'une identité nationale recouvrée, le fascisme est nationaliste, inspiré par un passé réel ou mythique, plutôt par le souvenir d'un passé mythifié contractant la valeur intemporelle d'un idéal à réaliser, d'une essence à incarner, d'un destin à embrasser. Parce que porteur d'une certaine idée de l'Homme à vocation paradigmatique, le fascisme aspire souvent, de manière intransigeante, à recouvrer une grandeur perdue, selon les aspirations historiquement obsolètes du temps où une telle identité nationale se cherchait en tâtonnant, ce qui le place en position d'agressivité à l'égard des autres nations européennes, fussent-elles fascistes. Et c'est là l'une des raisons des difficultés à penser un fascisme réaliste.

Le mondialisme est intrinsèquement mauvais (nous avons essayé, sur ce point aussi, de nous expliquer ailleurs), de telle sorte que l'unité du monde humain ne saurait prendre la forme de l'unité étatique. Il demeure pourtant qu'un bien est d'autant meilleur qu'il est plus commun, que tout bien commun est principe d'unité, et que toute recherche du bien commun a la forme d'un crucifiement plébiscité du bien particulier qui s'achève, aux deux sens du terme — qui s'accomplit et se sublime, ainsi s'exténue — dans la recherche du bien commun. Si le bien commun (la victoire de l'armée) est, en même temps que le bien du tout pris comme tout, la partie la plus précieuse du bien particulier (le soldat vertueux subordonne, à l'intérieur de ce qui constitue son bien privé de soldat, tous ses avantages strictement privés à cette victoire qu'il aime au point de lui offrir sa vie, et qui, en tant qu'il l'aime, fait partie de son bien propre), alors la satisfaction des réquisits de son bien particulier veut qu'il sacrifie, quand les circonstances le demandent, ***tout*** ce qu'il y a de strictement privé dans son bien propre au profit de cette cime de son bien particulier, qui est le bien commun ; le bien particulier se convertit donc en se sublimant, se conserve en se niant dans le bien commun ; mais parce que le bien commun est raison d'être des biens particuliers, parce qu'ils ne sont pas sans lui, la position du bien commun, résultat du sacrifice consenti par les particuliers de leur bien propre, a pour envers la confirmation, par le bien commun, du bien des particuliers : seul l'Etat assure une vie collective qui rend possible la vie de famille et l'épanouissement de l'individu ; le bien commun s'aliène dans les biens particuliers qu'il fait se renier en vue de se faire poser et servir par eux, et qu'il repose ou confirme dans l'acte où il se les subordonne, selon la loi maintes fois exposée, ici et ailleurs, de toute identité à soi réflexive.

Or, partout où il y a de l'invitation au sacrifice, une instance communautaire doit exister qui en favorise l'exercice, parce que la Cité n'est pas substance, même si elle a fonctionnellement vocation à se comporter telle une substance. Si les organes d'un corps, qui n'existent plus dès que le corps meurt (une main coupée, dit Aristote, n'est encore dite main que par accident), s'épuisent spontanément à faire vivre le corps qui en retour les revitalise à tout instant, en revanche les membres d'une Cité subsistent (mal certes puisque, à terme, ils meurent), ne se suppriment pas immédiatement et vivent de leur vie propre quand l'Etat dépérit ; et en retour ils ne se sacrifient pas spontanément, immédiatement, aux exigences du bien commun ; ils le font et doivent le faire, mais par la médiation d'une instance plus ou moins coercitive qui les ramène au bien commun quand ils aspirent à s'y soustraire ; telle est la finalité, dans une société, des lois répressives. Et il en est de même au niveau supérieur du bien commun, celui qui finalise non des individus mais des Etats. Puisque cette instance ne peut être un Etat mondial, il faut que ce soit un Etat particulier qui, dans les attributions d'une vocation impériale, est l'organe vicariant du service étatique du bien commun universel. Aussi n'y a-t-il pas de nationalisme cohérent, de doctrine nationaliste valable pour toutes les nations, qui ne soit corrélativement un plébiscite de l'Empire, à l'intérieur d'une communauté de destin plus large que celle de la nation, en l'occurrence, en ce qui nous concerne, l'Europe, homogène culturellement, religieusement, racialement, et dont les nations sont toutes issues d'un même peuple indo-européen primitif. Pour compléter notre § 47, nous dirons que si le désir politique se sublime stricto sensu en désir religieux, il doit cependant exister une médiation entre désir politique ordonné au bien commun étatique, et désir religieux qui fait s'accomplir le Politique en le sublimant en tant que politique ; cette médiation, c'est le pouvoir impérial qui est encore politique (non ecclésial) mais en deçà de la forme étatique (non Etat mondial), en l'espèce une sorte de suzeraineté féodale exercée par un Etat sur les autres.

Il y aura donc toujours une tension, à l'intérieur des fascismes, entre le souci du bien commun national et le souci du bien commun impérial. Et cette tension ne doit pas être résorbée, qu'elle le soit dans l'ablation des nations au profit de régionalisme fédérés en empire, ou qu'elle le soit en nationalismes agressifs, suspicieux, individualistes et amers, trouvant insupportable la férule d'une autorité supranationale, mais par là dispersés, éparpillés et vulnérables vis-à-vis des ennemis de l'Europe. Une telle tension doit être féconde et non dévastatrice, invitant les peuples d'une même communauté de destin impériale à s'interroger loyalement sur leurs identités respectives véritables. Si l'identité nationale est un idéal autant qu'elle est un fait historique, les peuples, qui sont en demeure de respecter cette identité, ne peuvent obéir à ce devoir qu'en consentant à devenir en permanence ce qu'ils sont, ainsi à se remettre en cause régulièrement, à se redéfinir, en acceptant de faire des concessions, par rapport à leur idéal commun qu'est le bien commun européen, lequel doit l'emporter, dans l'intérêt même des nations, sur le bien commun national. C'est tout de même José Antonio Primo de Rivera qui jugea bon de nous rappeler que le nationalisme pouvait toujours dégénérer en individualisme des peuples. Et quand le principe de l'individualisme est accepté, ne le fût-il qu'au niveau des peuples, il en vient tôt ou tard à se communiquer aux individus, et alors la nation s'étiole, en même temps que le cancer démocratique se répand. On peut mesurer, sous ce rapport, ce qu'il peut y avoir de mortifère dans l'orgueil national anti-européen d'un gaullisme ou d'un maurrassisme germanophobes de coq dressé sur ses ergots vaniteux face à l'Allemagne, et bien entendu complaisamment égorgé et plumé par la puissance anglo-saxonne. Un fasciste conséquent, ouvert à l'idée de socialisme national, ne saurait, sans se trahir, faire la fine bouche et prendre des allures de vierge effarouchée, ou d'intellectuel aux narines (fussent-elles nietzschéennes) délicates offusquées, face au « simplisme brutal » du national-socialisme adopté par le Grand Reich. Hitler fut la dernière chance de l'Europe, et des nations d'Europe.

Cette évidence rappelée, supposé que jamais l'Europe se relève de ses cendres en lesquelles se consommeront ses maladies, il se peut que la fonction vicariante de gardien national du bien commun de l'Empire européen échoie à une autre nation que l'Allemagne, peut-être même à la France pourtant bien indigne d'un tel privilège, si l'on considère sa responsabilité séculaire dans la destruction de la Chrétienté occidentale. Mais si ce bien commun renaît, avec lui renaîtront les identités nationales d'Europe, et avec elles les destins nationaux des peuples d'Europe. C'est alors que peut-être l'Allemagne retrouvera sa place centrale, avec ses responsabilités politiques qui lui sont ravies depuis 1945.

§ 98. Matière et forme du fascisme.

Par ailleurs, l'évocation de possibles égoïsmes nationaux, contre lesquels le fascisme n'est pas immunisé, nous invite à prendre une respectueuse distance à l'égard des analyses de Maurice Bardèche, relativement à ce rapport qui ne peut pas ne pas exister entre matière et forme dans un fascisme. Bardèche considère en effet qu'un fascisme musulman de type nassérien est possible, que le FLN aurait pu devenir fasciste, que la Résistance française aurait pu prendre une forme fasciste ; d'aucuns ont pensé que l'épopée de Cromwell et le Directoire français relevaient d'un pré-fascisme ; certains même ont laissé entendre que les Juifs réinstallés en Palestine dans l'entité sioniste seraient de nouveaux Spartiates et déploieraient un nationalisme israélien de type fasciste.

Nous nous demandons ici si le fascisme peut se mettre au service de toutes les causes, si la forme du fascisme est susceptible de s'approprier à n'importe quel contenu.

Ce que nous entendons ici par matière d'un fascisme, c'est l'idéal national dont il fait son drapeau, qu'il entend réhabiliter et aspire à réincarner, et qui forge les particularités d'un peuple donné, sa sensibilité. La forme du fascisme, ce sera, dans notre langage, l'organisation fasciste de la société, qui résulte de son souci de lui conférer une véritable organicité, un mode d'être propre à l'activité vitale, seul capable de promouvoir sans restriction les exigences du bien commun. Il s'agit de l'organisation corporative de l'économie, du plébiscite d'un sens ascétique et militaire de l'existence, du principe du chef à tous les échelons du pouvoir, de la hiérarchie fondée sur le mérite et surtout d'une hiérarchie *dynamique*. Expliquons-nous.

Tout pouvoir vient d'en haut, et est exercé en allant de haut en bas, selon l'exigence propre à toute organisation politique, qui veut qu'il y ait césure entre dirigeants et dirigés, même dans une démocratie où les supposés dépositaires populaires du pouvoir souverain sont en fait manipulés par les faiseurs d'opinion, détenteurs du vrai pouvoir. Mais, dans l'absolutisme par exemple, ou dans une organisation monarchique de type théocratique, la hiérarchie y est *statique* en ce sens que les ordres sont transmis de haut en bas (de Dieu au manant, par la médiation des clercs et des familles princières) sans se chercher d'autre légitimité que le fait de venir d'en haut. Le fascisme au contraire promeut une conception dynamique de la hiérarchie sociale, d'abord parce qu'il favorise la circulation des élites par souci d'équité et d'efficacité, mais aussi et surtout — cette deuxième raison étant le fondement de la légitimité de la première — parce qu'il fait sa place à une certaine conception de ce qu'il est convenu de nommer « volonté générale » (abordée dans notre § 70), non point certes au sens où l'entend Jean-Jacques Rousseau, mais au sens où un tout organique fonctionne selon l'exigence suivante : le tout se subordonne des parties dont il se fait dépendre, en lesquelles il s'anticipe, de sorte qu'il est aussi bien le principe d'unification des parties que le principe de leur différenciation (c'est lui, en tant qu'Etat, qui, prenant conscience de soi dans le chef, ratifie ou rectifie la position fonctionnelle des parties dans le tout). L'acte de faire s'unifier les parties en lui, de se poser comme fin des parties, est corrélatif de l'acte de s'anticiper (ainsi, d'une certaine façon, de se nier momentanément) en elles pour les faire exister en tant que parties de ce tout. Le tout, en tant qu'organique, décide librement de se faire dépendre, sans rien perdre de sa souveraineté sur elles, des parties dont il est la finalité, et qu'à ce titre il commande. Le pouvoir est bien exercé de haut en bas, mais avec le souci de se faire accepter par le bas de telle sorte que l'obéissance du dirigé soit autant un acte libre de ce dernier, expressif de sa volonté propre, qu'un acte de soumission au dirigeant, impéré par la volonté du dirigeant. Ce n'est pas à dire que l'ordre du dirigeant aurait besoin, en fait, du consentement du dirigé ; il ne le requiert, en vérité, ni en fait ni en droit ; il suffit qu'il soit juste pour être légitime ; c'est-à-dire, néanmoins, que le dirigeant considère que son ordre est légitime en tant qu'il aurait pu être voulu par le dirigé lui-même si ce dernier avait été assez lucide, courageux, soucieux du bien commun, éclairé (ce dont il est structurellement incapable, n'ayant pas une position lui permettant d'avoir une vue d'ensemble sur le tout), que l'est le bon dirigeant. Nous rappelons qu'il est opportun de nommer « volonté générale » cette essence de la volonté, commune à toutes les volontés individuelles, que ces volontés ont vocation à épouser dans la position de leurs choix ; ce que veut le bon soldat, c'est épouser les ordres du bon officier, et c'est en vertu de cette immanence du vouloir du chef à la volonté du subordonné que ce dernier peut aimer le bien commun comme son bien le plus précieux, auquel il est rapporté. Le peuple est dynamiquement invité à participer à l'œuvre commune, et tous, dirigeants et dirigés, sont portés par l'esprit du même peuple. Une hiérarchie dynamique est donc une hiérarchie dans laquelle le pouvoir vient d'en haut, de manière coercitive quand la chose se révèle nécessaire, mais qui, autant que faire se peut, exerce son imperium en le faisant se médiatiser par les volontés auxquelles il s'adresse. Il vient d'en haut en suscitant, dans le « terminus a quo » des volontés dirigées, un mouvement qui tend à venir, à partir du bas, à sa rencontre, à l'épouser, à le renforcer. Ce souci d'une hiérarchie dynamique induit une organisation de la Cité bien spécifique, qui fait les caractères du fascisme. Et cette organisation est ce que nous nommons la forme propre du fascisme, dont un caractère essentiel est de maintenir le principe de la propriété privée dans le but de favoriser le sens de la responsabilité individuelle, mais en le faisant exercer de telle sorte qu'il n'est aucune fonction privée qui ne soit ordonnée au bien commun, qui n'ait donc une vocation publique.

Or, à notre sens, n'importe quelle matière ne s'approprie pas à la forme du fascisme. Un régime inspiré par le ressentiment des colonisés ne saurait être fasciste, un régime habité par la sensibilité de l'islam ne le saurait non plus ; un fascisme d'Amérique du Nord serait une contradiction dans les termes si les Etats-Unis restent la Terre promise des Quakers. Et cela est encore plus vrai de l'entité sioniste. Pour que la forme du fascisme puisse s'adapter à une culture donnée incarnée dans un peuple déterminé, il faut que cette culture soit compatible avec l'organicisme, par là il est nécessaire qu'elle promeuve la poursuite d'un bien commun immanent qui prend la figure suivante : la projection communautaire — qui la déploie et l'actualise en toutes ses occurrences — de l'économie ontologique intérieure à tout homme en tant qu'homme, à savoir ce que nous avons appelé « un homme en grand ». Or cette similitude de structure entre le tout et les parties ne se trouve en fait que dans les sociétés indo-européennes continentales.

A maints égards, pour le malheur de la planète, la vie politique internationale est scandée par le conflit israélo-palestinien. Pour des raisons qu'il est vain d'expliciter tant elles sont évidentes, le fasciste donnera spontanément sa sympathie aux peuples arabes. Or ces derniers sont la plupart du temps musulmans ; d'où sa tendance à se forger une opinion favorable de l'islam.

L'islam est fataliste, ce qui est peu compatible avec le culte de l'action prôné par le fascisme. Il est d'une certaine façon nihiliste en tant qu'il place la puissance divine au-dessus de toute intelligibilité, Allah créant la vérité par-delà toute raison, faisant de la raison une création de la volonté, excluant par là tout concept de Dieu, ainsi toute représentation même analogique du divin. On ne peut pourtant adorer et se soumettre à ce dont on est supposé ne rien savoir, on ne peut savoir l'existence d'une chose sans savoir ce qu'elle est, au moins confusément, parce que le pur acte d'exister qui n'est l'exister de rien est un néant d'existence : tout acte d'être est exercé par une essence dont on doit bien connaître quelque chose de son contenu pour savoir que c'est une essence ; si l'on affirme que Dieu est, on doit savoir quelque chose de ce qu'est Dieu, même si c'est pour dire qu'on n'en peut rien savoir ; et si le volontarisme et la toute-puissance en viennent à exiger de Dieu qu'il ne puisse être défini que par sa pure puissance de créer arbitrairement non seulement des existences singulières mais encore des essences, il ne reste d'autre manière de définir Dieu que celle de l'apophatisme pratique : l'absolu est la négation de tout ce que l'on en peut dire, la négation de tout ce que l'on peut se représenter ; aussi la nécessité de se représenter Dieu pour affirmer son existence sera-t-elle contrainte de prendre la forme d'une *négation représentable de toute représentation, qui se concrétisera dans la représentation de la négation de toute représentation* ; et une telle négation représentable, qui est représentation de la négation, ne peut être que l'ivresse de la destruction. L'incoercible aspiration à connaître ce que l'on adore, proscrite et refoulée, se satisfait de manière dérivée (par « déplacement », au sens psychanalytique du terme) par la dénonciation puritaine du caractère blasphématoire, idolâtre, de tout ce qui pourrait de près ou de loin faire figure de manifestation de l'absolu ; or tout peut signifier l'absolu, dans la mesure où tout procède de lui. Donc cette forme d'apophatisme prendra la forme d'une fascination pour le néant, lequel n'existe que comme néantisation de ce qui est ; Brunschvicg disait à juste titre que la théologie négative se convertit en négation de la théologie, par là en athéisme ; si l'on tient à fuir l'athéisme en plébiscitant l'apophatisme, il faudra identifier l'absolu à la fascination du Rien. L'islam ne s'accommode que du désert au fond. Il ne supporte que la vie précaire et répétitive, exclusive de tout progrès, de toute construction destinée à durer. Allah est la Chose en soi insurgée contre tout phénomène, et le culte d'Allah est la pratique de la destruction de tout ce qui est manifestation intelligible. Rien n'est moins fasciste. Les Juifs sionistes, pour exacerber le sentiment anti-arabe en Occident, après avoir exalté la miscégénation qui permettait d'affaiblir ce même Occident, parlent de « fascisme vert ». Rien n'est plus inapproprié que ce vocable pour désigner l'islam. On ne s'y autorise qu'en prenant l'accidentel pour l'essentiel. Le musulman aime la force, ne redoute pas la violence, bénit la victoire, célèbre l'honneur de mourir pour une idée, et tout cela est partagé par le fasciste, mais leurs raisons sont radicalement opposées, et ce qu'il y a d'accidentellement commun entre psychologie du musulman et psychologie du fasciste n'est pas ce qui fait l'essence du fascisme. Certains fascistes contemporains, à bon droit soucieux de soutenir les Palestiniens contre l'invasion sioniste, en quête d'alliances avec certains pays arabes contre la pieuvre américano-sioniste, tendent aussi à rapprocher l'islam du fascisme. Mais il faut bien voir que les pays arabes capables de se doter d'une organisation fascisante de la société, ainsi d'adopter un socialisme national, sont des pays arabes laïques, au rebours de la société islamique, laquelle, faisant à dessein se confondre la morale, la politique, le droit et la religion, répudie la notion même de nation pour lui substituer celle de « l'oumma », communauté des croyants. Il n'est de fascisme possible que là où est admise une distinction réelle entre religion et politique, ordre surnaturel et ordre naturel.

Passons sur le génie de la négritude dont l'organisation naturelle est tribale, par là non nationale : un fascisme nègre est difficilement concevable. On peut tout autant douter de la possibilité d'un authentique fascisme asiatique, s'il est vrai que l'âme extrême-orientale est toujours plus ou moins marquée par une sagesse de type bouddhique, ainsi d'une philosophie qui réduit les apparitions de l'être en tant qu'il est être à des apparences trompeuses indignes et incapables d'être le lieu d'incarnation d'une idée qui exalterait l'intériorité essentielle de l'homme et qui, analogiquement, exprimerait en cette incarnation une similitude du divin. Et puis, tous ces peuples dits du Tiers-Monde étant pour la plupart issus de la décolonisation, ils sont toujours plus ou moins mus par l'esprit de ressentiment, lequel est sous-tendu par l'envie, ainsi par le subjectivisme qui, logiquement, se consomme en cet égalitarisme prohibé par le fascisme. On pourrait formuler quelque chose d'analogue à propos de Cromwell et du général de Gaulle : les méthodes musclées, l'appel à l'héroïsme et à l'insurrection, ne font pas un fascisme ; le véritable sauveur de la liberté et de l'identité européennes était non de Gaulle mais Hitler, et quelque chose nous susurre que de Gaulle, nationaliste anti-états-unien, le savait ; la Résistance, c'était l'appétit de l'anarchie, le débordement de la plèbe, l'explosion du subjectivisme, la reviviscence des horreurs jacobines maquillée sous des justifications nationalistes. Des moyens induits par une certaine fin peuvent être artificiellement déconnectés de cette fin pour servir à une autre fin qui contredit la première, mais on échoue à les maintenir longtemps en état de fonctionnement, parce que ce dernier est contre nature. Cromwell, sous des dehors spartiates, c'était le Banque d'Angleterre fondée par les Juifs de Hollande, c'était le capitalisme et le consumérisme à venir, c'était le libéralisme le plus trivial en lequel se résout logiquement la religion du libre examen, quelque rigoureuse, en apparence, que soit la morale dont il s'affuble.

Quant au judaïsme, qui entend promouvoir le paradis sur Terre et la fin de l'Histoire en mondialisant la communauté humaine sous l'égide du « peuple de prêtres » dont chacun aura à son service, pour l'éternité, mille goïms reconnaissants, il ne saurait s'approprier à l'esprit tragique du fascisme, qui sait que le bonheur n'est pas de ce monde et que le vrai paradis ressemble plus à celui de José Antonio qu'à celui des utopies communistes : « Nous voulons un Paradis difficile, dressé, implacable ; un Paradis où l'on ne se repose jamais et qui ait dans l'embrasure des portes des anges avec des épées ». Le militarisme israélien, accompagné de volonté de puissance et soutenu par la doctrine de l'espace vital, ne saurait non plus s'approprier aux exigences formelles d'un authentique fascisme.

Si tant est que l'on puisse découvrir des fascismes non européens, ce sera à proportion de leur degré d'occidentalisation et d'abandon de leur identité culturelle propre.

§ 99. Pour un corporatisme rigoureux, seul socialisme national recevable à long terme.

« Pas de socialisme d'Etat ou d'autres socialismes quelconques, comme des observateurs superficiels pourraient le croire, parce que le Régime respecte et fait respecter la propriété privée ; parce qu'il reconnaît et fait reconnaître l'initiative privée, et qu'il se refuse aux expériences socialisantes, qui tournent d'ailleurs à la catastrophe ; pas même de libéralisme indifférent devant les coalitions des intérêts dont le choc, lorsqu'il n'est pas amorti, peut mettre en danger le bien-être et même la vie de la nation » (Mussolini, *A l'assemblée quinquennale du régime*, le 10 mars 1929 ; *Fascisme et religion*, éditions du Trident 1989 p. 12) (déjà cité ici au § 66).

Comment donc un observateur aussi autorisé que Maurice Bardèche peut-il trouver dans le socialisme national la différence spécifique du fascisme ? Et pourquoi le fascisme allemand s'est-il nommé socialisme national ?

Il nous semble que le fascisme, sur le plan économique, rejetant radicalement le libéralisme et le capitalisme, entendait signifier, en se disant « socialiste », qu'il aurait pour propos de domestiquer les puissances d'argent, de les empêcher de s'octroyer, en tant que puissances d'argent, des responsabilités politiques ; de les discipliner en vue de l'obtention du bien commun. Au sens strict, le socialisme est la doctrine selon laquelle l'essence humaine est l'ensemble des rapports sociaux. Autre chose est de dire que la vie sociale actualise les facultés induites en chaque homme par son essence dont la Cité reproduit les structures tel un macrocosme, autre chose est de réduire l'essence humaine aux relations sociales elles-mêmes. Le fascisme, sous ce rapport, n'est pas un socialisme. Le fascisme est le promoteur d'une organisation corporative de la société, dans laquelle l'Etat n'est pas seulement arbitre mais acteur, cependant qu'il ne se substitue pas aux initiatives privées : son action n'est pas la même que la leur. Il sait que, en tentant de s'y substituer, il ne parvient jamais à les exténuer (s'il le faisait, il se suiciderait, comme une tête se suiciderait si elle prétendait se substituer au corps dont elle est la tête), de sorte que, en s'efforçant à prendre leur place, il se situe au même niveau qu'elles, et il en vient à perdre pouvoir sur elles. Il a perdu pouvoir sur elles, soit qu'il ait suscité dans la société civile une mauvaise volonté, une force d'inertie, une impéritie et une fainéantise endémiques qui en viennent à l'affaiblir lui-même puisqu'il vit, matériellement, de leur prospérité ; soit qu'elles se soient subrepticement introduites dans l'appareil d'Etat et le dirigent de l'intérieur, selon les dispositions honteuses des oligarchies ploutocratiques, dont l'illustration typique est le lobby militaro-industriel aux Etats-Unis. Mais l'Etat est acteur :

L'Etat veille à ce que l'économie se développe dans une perspective à tendance autarcique. Il ne s'agit pas d'accéder à l'autarcie pure et simple et permanente, ce qui serait difficilement possible et en vérité peu souhaitable. Il s'agit de se donner les moyens de passer, à tout moment, à un régime d'autarcie pour un temps déterminé, afin d'échapper à l'interdépendance économique chaque fois que cette dernière risque de conduire à une dépendance politique et à une dénaturation de l'identité spirituelle d'un peuple. Les sociétés libérales ont une invincible tendance à favoriser la division internationale du travail pour le plus grand profit des firmes privées en quête de marchés mondiaux : produire, en faisant travailler assez peu de monde, des biens à haute valeur ajoutée pour l'Etranger, en acceptant l'inévitable clause d'une réciprocité sommant l'exportateur à importer des produits à faible valeur ajoutée (matières premières, denrées alimentaires) qui en revanche causent un fort chômage. Cette interdépendance pèse sur les relations diplomatiques et militaires qu'entretiennent entre eux les pays, par là influence leur politique extérieure et, par contrecoup, intérieure.

§ 100. Contre le prêt à intérêt.

L'Etat fasciste est corporatiste parce qu'il est organiciste et n'oublie pas que la société est vivante, mais vivante de la vie de ses membres, n'étant pas substance ; aussi la recherche par la partie de son bien propre n'implique pas de manière nécessaire, immédiatement, l'obtention du bien commun, comme si la partie vivait, stricto sensu, de la vie même du tout. C'est par la médiation d'une organisation du travail bien déterminée, dans le contexte de cette dernière, que l'exercice privé de cette recherche produira le bien commun. Et telle est la corporation. Parce que la Cité est fonctionnellement mais non entitativement substance, l'Etat, ou le tout, ne saurait se substituer aux initiatives privées et à l'existence d'un marché dans lequel les particuliers se rencontrent au gré de leurs besoins et de leurs affinités, mais aussi se confrontent selon une compétition loyale. Cela dit, la supposée « loi de l'offre et de la demande » n'est nullement une loi. « Loi » peut désigner une règle normative, un idéal qui mesure les actions particulières, en les orientant vers une finalité ; « loi » désigne aussi au sens physique l'expression d'un rapport constant entre phénomènes ; en ce dernier sens, la « loi de l'offre et de la demande » peut être tenue pour une loi, mais elle suppose que les acteurs économiques soient tous nécessairement mus par leur seul intérêt privé, de manière mécanique, ce qui n'est jamais exactement le cas, et en vérité ce qui ne doit pas l'être puisque, dans une société saine, le motif de l'action sociale n'est le souci du bien privé qu'en vue du bien commun dont le souci est aussi immanent à chaque acteur social.

Ce qui est certain, c'est que cette « loi », en tant qu'expression du résultat brut d'un rapport de force, n'a moralement aucune valeur normative, il relève du fait et non du droit. Or le consensus subjectif qui régit les échanges privés n'est pas spontanément une discrimination de ce qui est juste. Le corporatisme est fondé sur la recherche du juste prix (du travail, des denrées), qui satisfait à la conjugaison de deux conditions : permettre au producteur de vivre décemment selon son état professionnel, et être accessible aux consommateurs qui en ont besoin selon les conditions de leur état. On doit se souvenir en effet que, pour une société fondée sur le bien commun, la recherche de la « croissance », du profit indéfiniment augmenté, de l'évolution des techniques même, ne saurait avoir raison de fin, tout simplement parce que ces avantages sont d'ordre matériel, et qu'un bien matériel ne peut être commun, puisqu'il est divisible, au lieu qu'un bien commun peut être tout entier en tous sans être diminué pour autant ; pour le fasciste, c'est cet ordre politique lui-même, harmonie des conditions sociales respectueuse de l'état professionnel de chacun, ordre obtenu par la recherche systématique du juste prix en tout domaine, qui a raison de fin. La recherche d'un bien matériel ne peut avoir raison que de moyen. Dès lors, le boulanger ne produit pas du pain pour gagner de l'argent (admettant la contrainte de rendre service en produisant du bon pain), il travaille et produit pour rendre un service public (attendant en retour d'être rémunéré selon ses efforts et ses talents). Et la conjugaison de tous ces services rendus constitue « materialiter » le bien commun. C'est pourquoi la forme primitive de la justice politique, dans l'optique fasciste, est celle de la justice distributive, qui est proportionnelle, qui s'exerce du tout (l'Etat, gardien du bien commun) vers la partie, en distribuant les biens et les charges, les récompenses et les châtiments de manière proportionnelle (égalité géométrique) au mérite de chacun. Mais parce que l'organe chargé directement du bien commun ne saurait se substituer aux particuliers, la justice distributive s'accompagne d'une autre forme de justice, la justice commutative, qui règle les échanges privés, et qui est égalitaire (égalité arithmétique) : dans un échange, on doit recevoir l'équivalent de ce que l'on a cédé. Cela dit, pour que la société soit en ordre, le libre jeu des échanges doit s'exercer dans un contexte tel qu'il induise le respect et même la réalisation de la justice distributive. Et ce qui définit ce contexte, c'est l'organisation corporative du travail, qui définit des règles de production garantissant l'excellence des produits, ainsi qui assure la qualité du service rendu, en tenant compte de l'état de chacun.

Dans une société fasciste, il ne peut, en droit, y avoir de tolérance à l'égard du prêt à intérêt qui, comme l'ont montré des économistes contemporains (l'école de Maurice Allais par exemple), à long terme, draine les fortunes privées vers les mêmes gros prêteurs et engendre une concentration des richesses telle que la Finance privée devient plus riche que les Etats. Au reste, cette Finance favorise, en stipendiant les révolutionnaires insurgés contre l'ordre naturel, l'instauration de régimes démocratiques qui sont par essence faibles et manipulables : les élus se font les obligés de leurs soutiens bancaires, et les centres de diffusion de l'information et de la culture, qui conditionnent l'opinion et les votes, sont tous aux mains des mêmes puissances d'argent. Or le fasciste tient pour valable (tout en y ajoutant des raisons plus profondes, comme nous avons essayé de le montrer ailleurs) l'analyse marxiste qui considère que la concentration des richesses aboutit mécaniquement au communisme : la valeur de l'argent dépend de sa vitesse de circulation ; la circulation de l'argent suppose une certaine parité entre échangeurs, et la concentration maximale des richesses supprime cette parité (quand l'un a tout et que l'autre n'a rien, aucun échange n'est plus possible) ; donc il est dans la logique du capitalisme de se faire malgré lui, aveugle et obstiné dans sa conception dévoyée de la propriété privée soustraite à sa vocation patrimoniale, le fourrier du communisme. Dès lors, le prêt à intérêt doit être absolument prohibé, lequel, au reste, est injuste par essence. Les biens non consomptibles autorisent une distinction entre eux-mêmes et leur usage, de sorte qu'il est licite de vendre l'usage d'une chose sans la chose elle-même. Mais faire payer l'usage d'une chose consomptible tout en exigeant qu'elle soit, en plus, restituée, revient à se faire rembourser deux fois ; or l'argent est un bien consomptible : en user, c'est le consommer ; donc le prêt à intérêt est injuste et doit être prohibé des sociétés d'ordre qui ne le restent pas longtemps si elles le tolèrent. Il est ainsi dans la logique du fascisme de se soustraire à la Finance internationale, de conserver son droit régalien de battre monnaie, parce que la financiarisation de l'économie, sa déconnection d'avec le monde du travail et des richesses réelles, fait de l'argent lui-même, simple moyen d'échange, quelque chose qui devient fin et qui s'achète, et qui s'achète moyennant intérêt, et qui en vient à se faire créer lui-même ex nihilo par les banques. Le prêt à intérêt est le socle du capitalisme, et c'est pourquoi le capitalisme est incompatible avec le fascisme. En revanche, les dictatures paternalistes s'en accommodent volontiers, pourvu qu'il soit saupoudré d'incitations publiques au respect de la morale.

Et se soustraire à la Finance internationale revient évidemment à tendre à vivre en relative autarcie.

Le marxisme a montré le processus de concentration des capitaux, porteur de renversement dialectique en socialisation des moyens de production. C'est probablement cette phase qui est en passe de se dérouler aujourd'hui sous nos yeux. Le caractère inéluctable du destin du capitalisme peut cependant être retardé si de nouveaux marchés s'ouvrent sans cesse, qui permettent de relancer le conflit des producteurs et le caractère collectif de l'enrichissement. Mais parce que la Terre est ronde et que les marchés ont géographiquement une limite, il faut les renouveler en ne cessant de multiplier les besoins, les demandes, les techniques, ce qui s'obtient par l'entretien frénétique du consumérisme, le lancement de gadgets abrutissants, et le procédé déloyal de l'obsolescence programmée qui favorise la pollution et la dépendance des ménages à l'égard des firmes. Ce sont là autant de formes d'aliénation que ne saurait tolérer le fascisme qui, au contraire, au « jour d'après » la catastrophe, mettra en œuvre une politique de décroissance économique, accompagnée d'un souci de performances techniques de très haut niveau, non en vue de la consommation, mais en vue de l'indépendance énergétique et d'une très haute puissance militaire, seule garante de l'indépendance politique. La financiarisation de l'économie, la croissance indéfinie, sont comme le gigantisme, qui relève de la dégénérescence, ainsi de l'entropie. Or l'ordre a la forme d'une victoire opérée sur la possibilité du désordre. Certaines techniques, certains gadgets peuvent et doivent ne pas accéder à la convoitise des masses, pour les maintenir en cet ordre qui préserve leur humanité. Il est utopique de croire que les nations européennes adopteront spontanément et de manière concomitante de telles dispositions austères. Il semble même impossible, l'homme étant devenu ce que l'on sait, d'en venir, à vue d'homme, à de telles dispositions. Supposé cependant que la chose, par la grâce de Dieu, soit réalisable, elle ne se fera que par la mise au pas, opérée par une nation, des autres nations européennes devenues, sous l'effet de la souffrance, plus souples et disponibles pour des solutions douloureuses.

Ce qui est certain, comme il l'a été ici esquissé au § 97, c'est que l'Etat ne peut, comme l'exige le bien commun, s'introniser cause finale de la sphère privée, qu'en veillant sur la prospérité de cette dernière, en respectant son identité, sa différence, son autonomie ; le privé ne peut offrir ses forces au public s'il n'est pas doté du moyen de les reconstituer en se recueillant en lui-même, en son intimité familiale qu'il est dans l'intérêt de l'Etat de protéger en l'invitant librement, autant qu'il est possible, à s'ordonner à lui. Ce qui ne signifie pas que la famille serait fin de l'Etat, comme le soutient un certain catholicisme bourgeois, bien-pensant, paternaliste, outrageusement indulgent — au nom du réalisme (l'argument supporte tout) — à l'égard du capitalisme, et clérical. Ce qui est tout aussi certain, c'est que, une fois les principes rappelés et leur degré d'importance mesuré, il n'est plus question de tergiverser, de se donner des raisons de les contourner, tout en étant attentif au fait qu'il est aussi lourd de conséquences funestes d'absolutiser ce qui est relatif que de relativiser ce qui est absolu.

§ 101. Pour un racisme raisonnable.

Relativiser ce qui est absolu, c'est par exemple exciper de circonstances particulières pour contourner l'interdiction du prêt à intérêt. Absolutiser ce qui est relatif, c'est, dans un autre registre, fonder l'entreprise de réfection de la nation sur le principe d'une pureté sans faille du patrimoine biologique indo-européen des membres de la nation. Qu'on nous entende bien. Nous tenons pour indubitable la thèse thomiste de l'individuation de la forme par la matière : l'âme humaine, individuelle, est la nature ou essence humaine commune à tous les hommes mais individuée par sa référence à tel corps, et qui subsiste en son individualité après la séparation de l'âme et du corps. Parce que les facultés intellectuelles humaines, intrinsèquement indépendantes du corps, ne s'exercent qu'en présupposant l'exercice de facultés sensibles (sensation, imagination, mémoire, passions, dont la synergie forme ce qu'il est convenu de nommer le caractère, ou la sensibilité prise au sens large) qui en conditionnent les modalités de fonctionnement et les performances, les puissances intellectives et volitives se révèlent extrinsèquement dépendantes du patrimoine biologique de la personne, ainsi de sa race. Nous tenons aussi pour acquis que les races existent, contre la propagande égalitaire et mondialiste qui s'est emparée des hommes de science aussi vénaux que craintifs peuplant les instituts de recherche scientifique contemporains ; il suffit d'ouvrir les yeux pour s'en persuader : un enfant de trois ans comprend qu'il existe divers types d'homme dans le monde, et non seulement des individus différents, et que ces types d'homme charrient des prédispositions qui font le génie et l'originalité d'un peuple. La race est une détermination accidentelle et non essentielle, qui plurifie les modes de réalisation de l'unique espèce humaine, mais qui, en tant qu'accident, jouit d'une universalité relative et paradigmatique : l'accident explicite et perfectionne la substance ; ainsi a-t-il, quand il est communicable, raison de modèle pour les individus qu'il affecte. Nous tenons donc pour certain que le donné racial entre en jeu dans les facteurs qui déterminent, dans un groupe humain, la forme de culture qu'il sera habilité à développer. La race n'est pas en soi une valeur, mais la culture l'est. Le chef politique ne saurait donc se dispenser de nourrir le souci de l'homogénéité biologique de son peuple s'il entend préserver son identité culturelle à travers le temps.

Plutôt que de développer un raisonnement selon les exigences de rigueur propres à la Scolastique, mais déjà exposées ailleurs et assez fastidieuses, contentons-nous ici d'une analogie. Ce qui est important dans une sculpture, ce n'est pas le matériau, c'est la forme qui est incarnée en lui. Mais la réceptivité de tel ou tel type de forme est dépendante de la plasticité de la matière en laquelle une telle forme se réalise et que l'on peut éduire ou tirer d'un tel matériau ; on ne fait pas une sculpture avec du bois trop tendre ou avec de l'eau. La matière, dans un être, est principe de contingence, elle est cette dimension d'être en puissance à raison de laquelle telle chose peut devenir autre chose : ce tronc-ci peut devenir meuble comme il peut devenir cendre ; elle est ce qui lui donne de ne pas coïncider avec soi de manière parfaite et intangible ; il arrive ainsi qu'une forme excellente se réalise dans une matière peu disposée à la recevoir, et qu'une matière particulièrement précieuse se révèle incapable de servir de sujet à la forme dont elle devrait en droit être potentiellement riche. Un rottweiler peut être doux, et un golden-retriever être agressif ; cela arrive, comme on dit. Mais une telle occurrence vaut pour les individus, elle est statistiquement de moins en moins vérifiable à mesure que la population d'une sous-espèce est plus agrandie. Il en est de même pour les individus des différentes races humaines. La race ne détermine pas stricto sensu les cultures, elle conditionne les aptitudes à développer, à entretenir, à conserver, à enrichir tel ou tel type de culture. Même formés selon la culture occidentale, des groupes importants d'origine non-européenne installés en Europe tendront sans conteste, à long terme, à infléchir la culture du peuple en lequel ils vivent dans le sens d'une adultération de l'identité spirituelle de ce peuple. Il reste que la race est cause matérielle, elle n'est ni cause efficiente ni cause formelle, et encore moins cause finale. Il ne suffit pas de disposer d'un patrimoine biologique excellent pour constituer un grand peuple. Et l'on peut être un grand esprit en étant doté d'un patrimoine biologique défectueux. Mais la plupart du temps il existe une certaine solidarité statistique entre patrimoine biologique et performances intellectuelles, entre patrimoine biologique et type de culture. Réduire le recouvrement d'une identité culturelle et nationale à la seule sélection biologique est un réductionnisme matérialiste. Mais n'en tenir aucun compte relève de l'irénisme. Le spectacle bariolé des peuples d'Amérique du Sud en est la preuve : les classes sociales se forment et se hiérarchisent spontanément en fonction du degré d'occidentalité biologique de leurs membres.

Les mélanges interraciaux, dans les pays européens, ont été trop avancés pour qu'il soit humainement possible de recouvrer en une génération un patrimoine biologique aussi occidental que ce qu'il était avant la folle vague de miscégénation imposée par les corrupteurs de nos peuples depuis un siècle. L'essentiel est de parvenir à une intégrité raciale suffisante pour que le travail culturel de recouvrement de l'identité de tels peuples soit possible. Et c'est le recouvrement de cette identité spirituelle qui sera le moteur du recouvrement, à plus long terme, de l'intégrité biologique de ce peuple. Il demeure qu'il est inconcevable d'envisager de conjurer la décadence sans procéder non seulement à une cessation brutale de toute immigration non-européenne, mais encore sans mettre en œuvre une vigoureuse politique d'inversion des flux migratoires.

On peut baptiser un Européen païen, on ne peut transformer en Occidental un Nègre même s'il est baptisé. Au Ciel, la seule hiérarchie qui subsistera sera celle de la sainteté ; mais précisément, les lois du Ciel ne sont pas celles de la Terre, et c'est en respectant les lois naturelles de la Terre que l'on se dispose à adopter celles du Ciel. Il est préférable, pour gagner son Ciel, d'être un Nègre baptisé plutôt qu'un Nordique maçon ou communiste. Mais il peut se trouver des situations où le chef d'Etat sera en demeure de raisonner autrement, non au niveau des individus mais au niveau des peuples. L'antiracisme de trop de catholiques, sous couvert de revendication spiritualiste ou antimatérialiste, est un effet du surnaturalisme ; l'enfer est pavé de bonnes intentions.

Cela dit, l'une des raisons de la défaite d'Hitler tient au fait de sa coupable indulgence et irréaliste patience à l'égard de la perfide Albion ; qu'on se souvienne de l'épisode de Dunkerque en 1940. Plus tard, les Espagnols de la division « Azul », (250ème division de la Wehrmacht sur le Front de l'Est, favorisée par Serrano Súñer et exaltée par la « Falange ») étaient certainement moins « aryens » que ne l'étaient les Anglais maçons, puritains, capitalistes et démocrates, et volontiers marxistes dans leurs classes dirigeantes (les membres de la « Fabian Society »). Les alliances stratégiques ne doivent pas se fonder sur le critère exclusif de l'intégrité raciale. Au reste, les cultures ne progressent pas en se mêlant, mais en se confrontant, en se télescopant. Et tout télescopage culturel s'accompagne nécessairement de métissages biologiques ponctuels. Ce qui, tenu en de raisonnables limites, n'a strictement aucune importance.

§ 102. Race et judéité.

Quant au problème juif envisagé d'un point de vue racial, nous dirons ceci : nous tenons pour acquis qu'il n'existe pas de race juive, mais une communauté juive dont le constitutif formel est religieux (ainsi culturel) et politique ; les Juifs ont été depuis toujours un ramassis de ressortissants de diverses ethnies, les Juifs européens et sépharades sont souvent des autochtones convertis au judaïsme sous l'effet du prosélytisme en cours au moment de la chute de Jérusalem opérée par Titus, et les Juifs ashkénazes sont issus de la conversion au judaïsme du peuple des Khazars, lesquels ne sont même pas sémites. Ce peuple artificiel, fruit de l'art divin, avait vocation à préfigurer l'Eglise et à préparer l'avènement du

Christ ; il était, en tant que religion, une Eglise, mais une Eglise qui s'identifiait à la nation (au passage, tout nationalisme antichrétien qui prétendrait faire de la nation une Eglise, convertir en religion le culte de la patrie, contracterait malgré lui une mentalité judéomorphe). Il lui revenait, en tant que peuple particulier et charnel, de mourir à lui-même, de s'achever pour se sublimer en l'Eglise universelle, ainsi catholique, non nationale, non politique, non ethnique. Il ne reste, en droit et en fait, strictement rien du Juif dans le Chrétien issu du judaïsme, pour autant, évidemment, qu'il soit devenu effectivement chrétien. Les Juifs de l'Ancien Testament étaient donc destinés à se fondre dans les peuples divers au milieu desquels ils vivaient déjà ou qu'ils visitaient, en tant que premiers chrétiens, pour y exercer leur apostolat catholique. Et leurs descendants ont même vocation : se convertir et s'assimiler à des nations historiques déjà constituées. Si tous les Juifs de la Terre se convertissaient, il n'y aurait plus ni identité culturelle juive ni religion juive, ni « race » juive, puisque cette race n'a jamais existé ; et il n'y aurait plus de problème juif. Et la conversion est au fond l'unique solution recevable du problème juif. Certains, à propos des convertis, parlent de « Juif catholique » à la manière dont, à propos d'un maghrébin chrétien converti de l'islam, on parle d'« Arabe catholique ». Il y a là selon nous une erreur grave qui risque d'avoir de tristes conséquences pour la cohérence d'une entreprise de Reconquête de l'identité européenne.

L'arabéité est une détermination naturelle qu'un ajout surnaturel (la conversion au christianisme) complète et magnifie, mais ne supprime pas ; la judéité est une détermination surnaturelle (élection de ce peuple pour un temps aujourd'hui révolu) de part en part, qui n'avait aucun substrat naturel spécifique, et qui avait et a toujours vocation à se sublimer dans la foi au Christ. Si l'on veut, contre toute raison, que la judéité subsiste dans le Juif converti, cela signifie qu'elle est une détermination naturelle, laquelle, en tant que naturelle, a vocation à subsister comme l'arabéité dans le chrétien arabe ; or cette judéité signifie élection ; donc il faut en déduire, dans l'hypothèse, que l'élection subsiste ; et puisque, pour le chrétien, cette élection surnaturelle est obsolète dès lors qu'elle s'est sublimée en « race élue de Jésus-Christ », propre aux baptisés, il faut qu'elle soit tenue pour naturelle. C'est alors qu'on assiste à ce spectacle lamentable de goïm complexés, craintifs et envieux, secoués par une admiration inavouée et refoulée, croyant fanatiquement à la supériorité intellectuelle du Juif, alors que c'est là un mensonge élaboré par les Juifs eux-mêmes afin de justifier leur prétention à dominer le monde. La conséquence est que les Juifs convertis seront tantôt tenus pour de faux convertis (la seule solution pour régler le problème serait alors, jugeant le Juif inapte à la conversion, de les occire tous, ce qui au passage donne du crédit à la thèse de la Shoah), tantôt tenus pour des Chrétiens d'élite destinés à diriger l'Eglise, comme s'en persuadent les dévots du « marquis » de la Franquerie. Dans les deux cas, on travaille sans s'en apercevoir pour la cause des Juifs, par haine pathologique des Juifs. Ce n'est pas l'aversion pour l'identité juive qui nous paraît coupable, c'est son caractère pathologique ; un antijudaïsme radical, corollaire obligé d'un catholicisme intégral, est destiné, s'il ne désire pas se convertir en philosémitisme lui aussi pathologique et grotesque, à être embrassé dans la sérénité.

La vision juive du monde est fausse, perverse, corruptrice ; c'est là, pour un catholique fasciste, une évidence, tant du point de vue du catholique que de celui du fasciste, d'où une légitime aversion, mais qui ne doit pas devenir maladive, c'est-à-dire servir de paravent à un amour refoulé. La haine, qui est toujours haine du mal (réel ou apparent), consiste dans la tendance de la puissance d'aimer sollicitée à l'égard de la privation du bien, puisque le mal n'est que cela, une privation ; c'est donc à l'amour que la haine emprunte pour se développer, au point que les haines d'un homme révèlent ses amours. C'est pourquoi l'amour inavouable parce que honteux en vient à se satisfaire en se conférant une apparence de haine : haïr, c'est encore faire jouer l'amour, et, quand l'amour est interdit de jouer publiquement et consciemment, il joue en se travestissant en haine. Haïr est un sentiment pénible à vivre ; on doit haïr le mal mais surtout aimer le bien, et cet amour du bien fait fuir un mal auquel, à distance de lui, on n'accorde même plus l'attention que requiert l'exercice de la haine ; l'amour du bien détourne de la complaisance obsessionnelle dans la haine du mal. Qui se complaît dans cette haine est travaillé par un amour insidieux, un peu comme ces orchidoclastes moralisateurs toujours prompts à dénoncer le péché, parce que l'évocation du péché leur permet d'en parler, comme substitut de l'acte de le consommer, qui les fascine tel un fruit défendu. Dans une société saine, il y a des choses qu'il faut faire en ce qui concerne la question juive. On les fait promptement et l'on pense vite à autre chose de plus réjouissant, et de plus important. Eriger la haine du Juif en principe de comportement politique permanent, c'est accorder au Juif une importance qu'il n'a pas, et donc qu'il ne mérite pas.

Cela dit, les vecteurs de diffusion du judaïsme, ou plutôt de la vision juive du monde et des effets qu'elle conditionne — l'asservissement de l'humanité aux intérêts juifs et la spoliation des biens de l'humanité par les Juifs — ne peuvent pas, évidemment, ne pas entretenir une légitime suspicion. Mais il ne conviendrait pas d'hypertrophier ce danger, au risque d'oblitérer la responsabilité des Européens et/ou des chrétiens dans le processus de leur décadence, parce que c'est la manière la plus radicale de partir perdant dans l'effort de réappropriation de leur patrimoine spirituel, racial, et de leur identité culturelle ; aussi ne conviendrait-il pas d'y voir un mal invincible enraciné dans un déterminisme. A moins de croire à la thèse de Lyssenko sur l'hérédité des caractères acquis, la judéité est une détermination culturelle, et seulement culturelle, non naturelle.

Le mécanisme psychologique présidant au développement d'un antijudaïsme pathologique est le suivant : la consubstantialité entre pensée juive et supposé substrat biologique juif serait requise pour rendre raison du degré de perversité de la pensée juive ; quand une maladie est grave et contagieuse, elle n'affecte pas le malade de manière superficielle, elle le touche dans ses centres vitaux, et la tendance est forte d'en venir à croire que, si elle est inguérissable, c'est qu'elle est congénitale, structurelle et non accidentelle. « Il a cela dans le sang », dit-on volontiers d'un homme affligé d'un gros et ancien défaut, alors qu'il s'agit de mauvaise habitude. Plus un vice est puissant, plus il affecte l'intimité du pécheur ; plus cette intimité est affectée, plus on est porté à croire qu'il est une détermination de l'essence du sujet affecté, la limite de l'intimité d'un lien entre deux choses étant l'identité entre ces deux choses. Et pour donner libre cours à sa vindicte (en soi légitime et compréhensible), l'antijuif, ayant le sentiment de radicaliser son hostilité en la fondant sur une hypothétique race, en vient à cautionner les prétentions de ses ennemis jurés, qui veulent être une race. Le Juif a une conception toute charnelle de son élection passée, aujourd'hui obsolète pour le chrétien, une conception toute charnelle qui correspond à la conception charnelle du royaume auquel il aspire, purement terrestre et matériel, au rebours du royaume du chrétien qui n'est pas de ce monde. Le Juif a tout intérêt à croire et à faire croire qu'il est un peuple biologiquement défini, ainsi naturel, afin de justifier l'actualité de sa judéité (il se veut papillon et non chrysalide), et aussi afin de donner un corps de légitimité à ses prétentions territoriales sur la Palestine. Et c'est ainsi que l'antisémite pathologique, passionnel et aveugle, en faisant de la communauté juive une race, épouse le souhait le plus cher de ses ennemis, fait leur jeu et les habilite à se poser en martyrs de la haine du Goï. N'est-ce pas pour le moins peu intelligent ?

Que les Juifs non convertis, ainsi les Juifs (un Juif authentiquement converti n'est plus juif), soient l'objet de mesures coercitives bien déterminées de la part des chrétiens afin d'empêcher les premiers de susciter le désordre, c'est là une chose excellente et absolument nécessaire ; que les convertis d'origine juive récente fassent l'objet de circonspection prudentielle l'est aussi ; que l'entité sioniste soit tenue pour une monstruosité politico-religieuse qui appelle sa destruction par les armes l'est encore : du point de vue catholique, on ne saurait reconnaître un Etat juif, car ce serait cautionner l'existence même du Juif en tant que Juif — lequel ne demeure tel que par son insurrection contre sa vocation chrétienne —, ce serait légitimer son refus du Christ. On ne saurait être de manière cohérente nationaliste européen et sioniste ; on ne saurait de manière conséquente être catholique et sioniste, même si Mussolini et une frange de la NSDAP ont un temps considéré le sionisme avec bienveillance, qui leur permettait de trouver dans les chefs du sionisme des alliés pour les aider à se débarrasser de leurs Juifs respectifs. Si l'antisémite a raison, le Juif est un corrupteur, un rusé et un menteur, à tout le moins une intelligence fourvoyée dans l'erreur et condamnée, du fait de la faiblesse démographique du Juif, à faire du mensonge et de la corruption un principe systématique de combat. Mais alors pourquoi faire confiance au Juif quand il proclame l'existence d'une race juive ?

§ 103. Pour un colonialisme raisonnable.

Puisqu'il est question de race, force est d'aborder en deux mots la question du colonialisme. Le principe du colonialisme est bon, qui consiste à prendre acte du fait que les ressources matérielles de la Terre, offertes par le Créateur à la communauté humaine en lui laissant le soin d'en opérer les répartitions équitables en vue du bien commun universel, ne sont pas toujours exploitées de la manière qui conviendrait au respect de ce même bien commun : des peuplades primitives ont vécu sur des sols d'une prodigieuse richesse minérale qu'elles n'exploitaient pas. De plus, l'apostolat catholique est un devoir pour les peuples chrétiens, qui doit se faire dans le respect des identités et des génies nationaux des peuples colonisés. Cependant, à toute distance du nominalisme culturaliste, qui pose comme relatives aux cultures qui les adoptent les valeurs morales et spirituelles, il existe une nature humaine définitionnelle de certaines valeurs universelles auxquelles peuvent culturellement se soustraire certains peuples qui, historiquement, se déshumanisent par là. C'est alors que le missionnaire doit être accompagné du laboureur et du soldat pour faire précéder son apostolat par une force bienfaisante contraignant les conquis à se réapproprier l'intégrité de leur humanité, en supprimant les pratiques inhumaines (mutilations, sacrifices humains etc.) ; la foi est librement consentie par les hommes qui la reçoivent, mais encore faut-il, pour ce faire, qu'ils soient en pleine possession de toutes leurs facultés humaines. Le colonialisme dans son principe est excellent, et il fut au reste la loi de comportement de tous les peuples forts, à toutes les époques ; les historiens l'établissent sans peine. Mais le colonialisme occidental, à partir du XIXème siècle, mené au nom des fausses valeurs issues de la Révolution française (dans un esprit saint-simonien et maçonnique), et trop fréquemment sur la base exclusive d'intérêts mercantiles sordides, a fait régresser les peuples non européens au lieu de les élever ; il était donc inévitable qu'il y eût rejet, à un moment ou à un autre. Si tant est qu'un redressement de l'identité européenne se réalise jamais, il se fera selon le double principe suivant : a) tant pour des raisons naturelles que surnaturelles, l'Europe est le centre spirituel du monde, et l'exercice de son magistère intellectuel, moral et religieux, requiert qu'elle soit aussi dépositaire d'un magistère politique et militaire ; b) il faudra procéder à une nouvelle colonisation, afin de libérer ces peuples, gangrenés par les fausses valeurs des droits de l'homme, de tous les poisons que l'Occident décadent leur a inoculés : égalitarisme, progressisme, esprit de ressentiment, consumérisme, etc. Il est bon de se souvenir que, sous ce rapport, le fascisme est impérialiste. Mais on doit comprendre que la colonisation n'est légitime que dans la mesure où elle consiste, de la part du colonisateur, à communiquer aux colonisés ce qu'il y a d'universel dans la culture du premier, et un dépôt universel que les génies des peuples colonisés ont vocation à particulariser selon leurs personnalités collectives propres, de sorte que ces peuples sont invités aussi à développer des nationalismes originaux et à s'acheminer progressivement vers une autonomie politique sereine ; pour ce faire, les colonisateurs doivent tenir pour pur don, sans espoir de retour, offert aux colonisés, l'envoi de leurs éléments pionniers indo-européens qui, de ce fait, ont vocation à se mêler aux populations autochtones : maintenir un peuple dans la dépendance de conquérants refusant de se mêler aux conquis, c'est empêcher ce peuple de se structurer de telle sorte qu'il devienne organique, qu'il ait en lui-même le principe de sa structuration ; et une telle frustration ne peut que susciter, dans le peuple colonisé, une réaction identitaire révolutionnaire, antioccidentale, prête pour se faire la victime complaisante de toutes les manipulations anti-européennes ; et c'est bien ce qui s'est produit. Par une ruse castigatrice de la raison historique, le refus, adopté par les colonisateurs, d'embrasser le destin des colonisés, a fini par faire (et cela était prévisible) des pays colonisateurs les colonies de leurs anciennes colonies. Là encore, un racisme pathologique se révèle générateur du contraire de ce qu'il entendait promouvoir.

On pourrait aussi considérer que les colons, ayant mené à terme leur œuvre civilisatrice, sont destinés à faire retour au bercail européen, sans se mêler aux populations conquises et sans partager sans retour leur destin. La chose est peut-être possible dans certains cas. Mais on voit mal, de manière générale, que des familles européennes installées hors d'Europe pendant plusieurs générations, y ayant enterré leurs morts, s'étant appropriées à la sensibilité et aux mœurs des pays d'accueil, vivent autrement que comme un déchirement l'invitation qui leur serait faite de réintégrer la métropole. Et que les colonisés destinés à parvenir à leur maturité politique, par là à se rendre disponibles pour l'indépendance à long terme et pour l'autonomie à moyen terme, voient leurs civilisateurs les quitter, et sachent d'avance qu'ils les quitteront un jour, cela ne peut guère leur inspirer confiance et désir de s'ouvrir aux bienfaits qu'ils reçoivent. Dès le stade des relations individuelles, un pédagogue ne peut rien, quelque muni qu'il soit de moyens coercitifs, sans la volonté de l'enseigné, sans sa disponibilité active, sans son désir d'apprendre et d'obéir ; et l'acquisition de cette disponibilité suppose, de la part du maître, un respect et un dévouement exemplaires pour l'élève qui lui est confié. Cette règle se vérifie au niveau des peuples. La manière de respecter un peuple qu'on entend rendre meilleur est de partager son destin. Et, si l'on tient pour impossible, comme cela doit être, que le colonisé s'intègre aux populations de la métropole, l'unique manière de partager son destin est de faire se fondre en lui l'élément colonisateur offert par la nation colonisatrice. Il doit être tenu pour impossible d'intégrer les colonisés aux populations colonisatrices dans les pays d'origine de ces dernières, pour des raisons raciales et culturelles ; il est désordonné que les colonisés deviennent citoyens des pays colonisateurs : l'Europe doit rester européenne, et les peuples colonisés sont potentiellement riches d'une nouvelle culture, fécondés par l'universalité de l'héritage occidental reçu, qu'il leur appartient d'inventer sous l'inspiration de leur génie propre, et qui est nécessaire au bien commun universel ; et cette culture originale a vocation à être développée par eux et chez eux. Si l'on ajoute que le temps de la colonisation s'accompagne toujours d'avantages tirés par le colonisateur du terrain du colonisé, choisir de quitter ce dernier est encore une manière de lui dire qu'il ne fut colonisé que pour être exploité, ce qui compromet ses bonnes dispositions et l'invite à se replier sur soi, contre le colonisateur.

Ces remarques élémentaires faites, on ne peut que regretter amèrement que les colonisateurs européens aient enrôlé dans leurs armées quelques bataillons (en nombre infime, en vérité) d'indigènes non européens, et c'est là un effet de cet égoïsme propre à l'esprit démocratique réel en sa trivialité bassement consumériste, conjugué à l'utopie égalitaire non moins propre à la démocratie envenimée par sa fausse générosité, selon les deux versants du subjectivisme : se vouloir fin de l'univers, comme Dieu, ainsi avoir droit à tout, et prétendre être bon et généreux comme seul Dieu peut l'être. Quand un professeur est en guerre avec ses pairs, mobiliser ses élèves contre ses collègues revient à susciter, dans le corps enseigné, un doute sur la valeur de l'institution. Et saper la confiance en l'institution se retourne toujours contre le professeur. C'est ce qui s'est passé pendant les guerres européennes du XXème siècle, où l'on a vu les colonisateurs s'entre-tuer en enrôlant à leur cause des colonisés que ces querelles ne concernaient pas, et qui se sont mis à douter de la valeur du prestige de la race blanche. Les colonies eussent dû être tenues à l'écart des querelles entre Européens. Et faire le contraire est une erreur mortelle qu'il convient de ne jamais reproduire.

On dira certes que parler aujourd'hui de colonisation tient du délire ; que le monde s'est homogénéisé ; que les peuples anciennement colonisés ont rejoint les Occidentaux sur le plan des prouesses techniques, et qu'ils éprouvent pour ces derniers un mépris au fond bien mérité du fait de la féminisation de l'Occident, de son esprit de jouissance et de lucre, et encore à cause de sa servitude obséquieuse à l'égard de l'élément judaïque ; on ajoutera qu'ils ont désormais les moyens de se poser en rivaux et même en conquérants ; que donc les nostalgies coloniales ont quelque chose qui est encore plus grotesque qu'indécent, comme si les Italiens d'aujourd'hui prétendaient reprendre le flambeau de la colonisation des Gaules au nom de leur héritage romain. Nous répondrons que les prouesses techniques ne sont pas signe de maturité, et qu'elles sont, chez les Non-occidentaux, fragiles parce que développées en totale dépendance des prouesses occidentales, même aujourd'hui. Les peuples anciennement colonisés ne sont nullement décolonisés dans leur âme, parce qu'ils ont retenu de leurs anciens maîtres ce qu'ils avaient de pire, et n'ont de cesse aujourd'hui de les imiter dans ce qu'ils ont de plus décadent : la croissance économique, les satisfactions hédonistes. Si l'idée de colonisation a encore, sans incongruité, une quelconque actualité, c'est au sens suivant : il est nécessaire, pour l'équilibre de la planète, pour la préservation de ses différences, de libérer ces peuples de leur servile dépendance à l'égard des vices occidentaux. De tels peuples, vivant leur dépendance intellectuelle et économique dans le ressentiment — et c'est là un signe évident d'immaturité —, sont secoués par une unité contradictoire d'attraction et de répulsion qui les fait de manière concomitante aspirer à retrouver leurs racines originelles, et convoiter les attributs du prestige occidental de l'ancien colonisateur en persistant à se mettre à son école. Il est aisé, aussi, de prendre la mesure de l'immaturité de ces peuples dans le fait de la facilité avec laquelle ils se font berner par les manipulateurs occidentaux qui exacerbent leur souci d'identité pour le faire servir à leurs intérêts mondialistes, par exemple dans le renouveau islamiste et terroriste de la religion de Mahomet. Le rabbin Touitou, de nationalité française, se plaisait à rappeler, sur la Toile, que l'islam fut toujours le balai d'Israël ; il en fut non seulement la chair à canon et l'instrument, mais divers théologiens, exégètes, historiens, ont des raisons fondées de penser qu'il en fut le rejeton, enfanté dans les milieux ébionites pour faire pièce au christianisme naissant ; certains même précisent que le wahhabisme, et le salafisme qui en procède, seraient issus de la secte crypto-juive des Dönmeh. Ce qui, du point de vue des Juifs, fut, il faut le reconnaître, une assez belle réussite. Par aversion pour le colon pied-noir républicain, buveur d'apéritifs, hâbleur et exploiteur, philo-sioniste par ressentiment à l'égard des peuples arabes qui l'avaient chassé, un certain néofascisme cultive une sympathie presque inconditionnelle pour l'islam, religion de la force, belliqueuse, intolérante. Que des alliances fécondes entre peuples arabes et/ou de culture musulmane soient possibles et souhaitables contre l'ennemi sioniste et états-unien n'est pas douteux ; qu'une estime pour la fierté arabe et ses dons de sacrifice de soi soit légitime, c'est encore certain ; mais enfin, ce culte inconditionnel de la force chez certains néofascistes a quelque chose de malsain, et, pour tout dire, de féminin. Un tel fatalisme, qui sous-tend les apparences ostentatoires du culte de la force, est complètement antifasciste.

La divine surprise du retour du fascisme en Europe relèverait du miracle aujourd'hui ; rien n'étant impossible à ce qui est miraculeux, le fascisme réactualisé aurait pour tâche, entre autres, de réassumer le « fardeau de l'Homme blanc » ; mais le préalable obligé à toute entreprise colonisatrice réussie, c'est l'unité du monde européen, fruit de la renaissance d'un Saint-Empire ; ce dont la colonisation jacobine inspirée par les valeurs de Jules Ferry n'avait pas su mesurer l'importance. L'entreprise coloniale fut globalement un échec parce que l'Europe colonisatrice avait été incapable de faire son unité, et tout autant parce que, pervertie par ses propres utopies progressistes, elle n'avait à communiquer que des bienfaits matériels et des principes moraux intrinsèquement pervers.

A bien des égards, nous sommes moralement débiteurs des peuples anciennement colonisés par nous, non du fait que nous les avons colonisés, mais du fait que nous avons été des maîtres corrupteurs. Cela dit, que l'Europe et le Tiers-monde aient à mener un même combat contre l'entité sioniste et la Carthage américaine — chose incontestable — ; que ce combat ait vocation à être mené tant en Europe judaïsée et américanisée qu'hors d'Europe, n'implique pas que l'Europe devrait renoncer à toute forme de travail d'occidentalisation du Tiers-monde et inviter les peuples non occidentaux à rejeter sans condition tout ce qui, chez eux, vient d'Europe ; ce serait là opter pour un relativisme culturaliste d'inspiration nominaliste ; or le nominalisme, et le subjectivisme qu'il induit, sont le fondement de la décadence de l'Europe.

§ 104. Pour une refondation catholique de l'unité italienne.

C'est là même où le fascisme fut inventé que le nationalisme a vocation à s'accomplir, à s'achever, en renonçant au moins en partie à lui-même, après qu'il se sera réalisé ailleurs en Europe comme principe de réfection ou de réinvention des monarchies européennes, obsolètes dans la forme où l'histoire les abandonna. Le fascisme est, de son propre aveu, une idée universelle, dont l'italianité n'est qu'une particularisation historique.

« De notre côté, nous avons loyalement reconnu la souveraineté du Saint-Siège, non seulement parce qu'elle existait en fait, non seulement en raison des proportions presque insignifiantes du territoire demandé, proportions qui ne diminuent en rien son autre grandeur, *mais surtout parce que nous sommes convaincus que le Chef Suprême d'une religion universelle ne peut être sujet d'aucun Etat, sous peine de déchéance de la catholicité, synonyme d'universalité* » (Mussolini, *Discours à l'assemblée quinquennale du régime, 1929*, *Fascisme et Religion*, Editions du Trident 1989, p. 18).

Ce que nous retenons de l'enseignement du Duce, c'est que le pape ne peut être sujet d'aucun Etat, afin de jouir de la parfaite liberté que requiert sa vocation spirituelle de vicaire du Christ. Le problème est que, si cette autonomie politique n'est accompagnée d'aucune puissance séculière, elle reste virtuelle ; or, sans territoire lui assurant une indépendance effective, le Saint-Siège est contraint de chercher cette puissance dans l'avoir financier, lequel le rend dépendant des banques et de la Finance internationale, en particulier de la Finance juive, ce qui est pour le moins fâcheux, s'il est vrai que le judaïsme théologique, philosophique et politique a toujours, pour des raisons parfaitement fondées de son point de vue, reconnu dans le catholicisme son ennemi numéro un. Parallèlement, l'Italie est naturellement en droit de revendiquer les conditions de son identité politique et nationale, ce qui semble peu compatible avec les besoins temporels de la papauté. L'Italie est d'autant plus en droit d'avancer ses droits à l'unité politique que la Donation de

Constantin, sur laquelle reposait la légitimité de la revendication pontificale, a été reconnue depuis longtemps comme un faux. Mais alors comment concilier, ici encore, nature (identité italienne) et surnature (autonomie effective du Saint-Siège) ?

Sur ce point, il est possible d'envisager une fédération des Italies avec suzeraineté romaine de l'Italie pontificale sur les autres Italies, pour autant que l'Eglise se soit définitivement émancipée de ce funeste esprit théocratique l'empêchant de distinguer adéquatement entre ordre naturel et ordre surnaturel, entre politique et religion ; un tel esprit l'empêche de les distinguer non seulement chez les autres, mais même en son propre sein ; si le pape est chef d'un Etat catholique, c'est en chef d'Etat qu'il doit se comporter à l'égard de la communauté nationale dont il est chef, ce qui signifie qu'il ne jouit à ce titre, du point de vue du droit international, d'aucun privilège particulier par rapport aux autres Etats. Prétendre à se donner une immunité politique l'autorisant à faire plier les autres couronnes à ses volontés sous le prétexte qu'il est de surcroît chef moral incontesté de la Chrétienté, est quelque chose de fort coupable qui ne peut qu'engendrer des maux sans mesure, à savoir la déconnection — et bientôt le conflit — , dans les peuples catholiques, entre aspirations nationales et aspirations religieuses, ce qui en vient à exténuer à long terme la religion de ces peuples. En retour, une telle unité italienne souple n'est possible que si l'Italie laïque abandonne sans retour ces tendances maçonniques en lesquelles s'était formulée, face à la crispation de l'Eglise sur ses Etats, l'espérance de l'unité italienne.

La perte des Etats pontificaux a fait se développer, dans la gent ecclésiastique à bon droit effrayée par les développements infernaux de la laïcité — euphémisme pour désigner le laïcisme, l'évacuation de Dieu hors de la Cité —, un esprit de revanche sournois consistant à poursuivre un comportement aussi foncièrement théocratique que celui de Boniface VIII, mais sous de nouvelles formes, celles de l'esprit démocrate-chrétien, comme il l'a été expliqué ici au § 96. Et ce tournant a induit dans les religieux catholiques de tous les pays un comportement d'étrangers insinués dans les sociétés civiles, représentants du

Saint-Siège, et constituant une espèce de Cinquième colonne au service de la diplomatie vaticane. Ce qui explique en partie au moins le rejet dont ils font l'objet dans les sociétés qu'ils sont supposés évangéliser, parce qu'ils sont tenus pour incapables de faire cause commune avec leurs ouailles dans la poursuite du bien commun national. Et cette hostilité latente, cette suspicion réciproque, engendre nécessairement, en plus de l'affaiblissement de la foi et de la charité, une chute de la moralité publique génératrice de décadence politique. Il est donc dans l'intérêt même des nationalistes, et du fer de lance — fasciste — des nationalismes, de contribuer à apaiser les relations entre le peuple et son clergé, par là de régler la question romaine, qui ne le fut pas vraiment par Mussolini, en dépit de ses grands efforts et de son aptitude à proposer au moins une solution provisoire. Dans le contexte ici envisagé d'un retour victorieux du fascisme, c'est aux fascistes qu'il appartiendrait d'achever ce travail, ainsi de renoncer à eux-mêmes dans leur terre natale après s'être imposés partout ailleurs.

Si le grain ne meurt…

§ 105. Contre l'activisme. Savoir se faire oublier pour être prêt au bon moment.

Un patient consulte son médecin et lui déclare :

« Docteur, je consomme une bouteille de whisky par jour et je sais que cela me fait le plus grand bien, j'en ai l'intime conviction, je refuse de discuter sur ce sujet ; ce régime est le cadre convenable dans lequel vous êtes sommé de me soigner, et il n'est pas question de le remettre en cause ; les maux dont je souffre n'ont rien à voir avec cette bienfaisante habitude, et seuls les mauvais esprits, les utopistes, les doctrinaires, les conspirationnistes, les passéistes en sont encore à en douter, qui prétendent que ma quête de soins serait vaine aussi longtemps que je m'obstinerai à ingurgiter ce breuvage ; puissiez-vous ne pas faire partie de ces gens-là. Au reste, supposé — ce qu'à Dieu ne plaise — que ma conviction soit contestable, je sais des personnes prudentes animées par la bonne volonté qui vous inviteraient, en me recevant, à me soigner quand même, car enfin, consommer des vitamines et de la viande de première qualité, faire de l'exercice physique et ne pas se priver de sommeil, cesser de fumer, être vacciné contre la Covid, ce sont des mesures qui peuvent au moins retarder les effets supposés mauvais de ce que les mauvaises langues nomment le fléau de l'alcoolisme. Dès lors, j'attends — j'exige — vos conseils et vos prescriptions ».

Les personnes prudentes animées par la bonne volonté, le souci de servir, le don de soi, invitent en même façon leurs prochains à « faire du bien là où ils le peuvent », quand bien même on est en République jacobine oligarchique, ploutocratique, maçonnique et sans séparation de l'Etat et de la Synagogue. Il faudrait accepter de se faire élire dans les conseils municipaux, investir discrètement les organes de l'administration, se faire apprécier là où l'on est autorisé à être, et ce serait l'unique forme que peut prendre le combat politique, mais un forme nécessaire : jouer le jeu de la règle républicaine serait un devoir moral ; « mieux vaut cela que rien du tout, au moins fait-on quelque chose ; on peut retarder le processus à défaut de le faire dérailler, l'infléchir dans un sens moins mauvais, etc. Refuser de participer à la vie républicaine de la Cité revient à déserter le champ de bataille ». Ces bonnes volontés entendent promouvoir l'ordre des choses dans un contexte politique qui l'exclut par essence et qu'ils se font pourtant un devoir de respecter, à tout le moins dont ils entendent respecter les règles du jeu. Or faire de la politique en acceptant les règles de la République, c'est comme soigner un ivrogne en l'invitant à manger cinq fruits par jour, à éviter les mauvaises graisses, en lui prescrivant des reconstituants et des substituts nicotiniques en tablettes sans remettre en cause ses habitudes dipsomaniaques. Tout conservateur « réaliste et prudent » opposé aux mesures révolutionnaires dirigées contre la Révolution jacobine est un homme qui, sans se l'avouer, entend conserver quelque chose de ce contre quoi il prétend lutter. Le premier argument avancé par lui est que la France est française par essence et républicaine par accident, de sorte que l'on servirait la France en servant la République ; tel est, au passage, l'argument favori des militaires catholiques. Le deuxième argument avancé est que la vie politique serait le résultat de la somme des vertus morales développées par les citoyens, de sorte que gagner à la morale vraie par capillarité indiscernable, par efforts microscopiques, par initiatives individuelles, le plus grand nombre de ses concitoyens reviendrait à faire la conquête pacifique du pouvoir politique.

La forme du gouvernement, prolongée par les lois qu'il promulgue, est la forme même de la Cité, elle est son essence. La vie nationale, inclusive des mœurs, de la sensibilité, mais aussi de la culture, des valeurs morales et religieuses, est à l'Etat comme l'est la matière à la forme, comme la puissance est à l'acte. Quand il y a conflit entre les deux, ou bien la matière rejette la forme qui ne lui convient pas, et c'est alors que se produit ce que l'on appelle une révolution ; ou bien elle s'approprie aux exigences de cette forme qui l'investit et l'actualise, en la modifiant intrinsèquement : s'il est vrai que la forme républicaine (jacobine, maçonnique, individualiste) de la France est en contradiction avec son essence catholique et gréco-latine, il faut dire que les Français ne sont plus des habitants de la France, mais des membres de la République, laquelle est destinée, par ses principes mêmes, à en venir à coïncider avec le monde, ainsi que l'avait prophétisé — pour s'en réjouir — Victor Hugo ; la France républicaine est par essence républicaine et par accident française ; servir la France en servant la République, c'est détruire ce qui reste de français dans la France. La forme de la Cité, la structure de l'Etat, fait de cette dernière un « homme en grand », lequel a vocation à faire se déployer sur le mode communautaire la structure formelle de l'intériorité humaine, son âme ainsi « extraposée » dans l'Etat. Et parce que, dans les choses vivantes, les causes formelle et finale tendent à s'identifier, l'obtention du bien commun qui a raison de fin est immédiatement conditionnée par la forme de l'Etat.

Qu'il s'agisse d'un vrai ou d'un faux bien commun, la nature de l'homme est ainsi faite que ce dernier sera toujours plus déterminé par ce qui a trait au bien du tout (que ce tout soit dans l'ordre ou non) que ce qui a trait au bien du particulier, puisque le bien du tout a par nature raison de fin pour le particulier. Le conditionnement familial cédera donc toujours à la pression du conditionnement social. Et, par voie de conséquence obligée, l'acquisition des vertus morales a une naturelle vocation à s'accomplir selon la règle d'une intériorisation des vertus publiques. Ce n'est pas la partie qui détermine la loi de fonctionnement du tout, c'est la loi de fonctionnement du tout qui assigne à la partie son comportement propre. Il est donc illusoire de croire que l'on pourrait changer le tout en se proposant pour tâche de changer les parties. On n'accède au pouvoir sur les personnes qu'en prenant la direction de l'Etat. Et quand bien même la forme ancienne de l'Etat subsiste un temps encore, comme en France à la veille de 1789, alors que cette forme est en passe d'être balayée, cela ne signifie pas que l'on pourrait changer la forme en changeant les parties ; il faut remarquer au contraire que le vrai pouvoir était déjà aux mains des révolutionnaires qui avaient investi l'Etat en le faisant dépendre, sans qu'il s'en aperçût encore, des puissances économiques douées du pouvoir de conditionner l'opinion et les faiseurs de lois ; c'est l'Etat qui avait été déjà confisqué. On n'accède jamais au pouvoir régissant la vie intime des personnes qu'en mettant la main sur l'Etat. On ne s'empare jamais de l'Etat en commençant par s'emparer des personnes l'une après l'autre. L'apostolat des laïques, substitué à leur action politique antirévolutionnaire, naïvement pensé comme une ruse destinée à s'emparer de la société civile pour en venir à prendre les rênes de l'Etat, n'a jamais servi qu'à désarmer les contre-révolutionnaires et à faire le jeu de la République. Quand on accepte la règle du jeu républicaine, on a déjà perdu. On ne combat la Révolution que par une révolution.

De timides velléités de remise en cause du désormais traditionnel esprit républicain, terriblement enraciné — il ne se fait pas faute de se prévaloir de sa fausse excellence du fait de sa durée, mais aussi du consensus dont il jouit — sont peut-être en train de se faire jour : le jacobinisme est une maladie, la maladie finit toujours par tuer ceux qu'elle atteint, et il restera toujours des hommes pour refuser d'être atteints par elle, dussent-ils se marginaliser pour cela ; le « vaccin » contre la Covid 19 est une bonne métaphore de la maladie jacobine. Depuis trop longtemps les passions antirépublicaines ont été canalisées par les bien-pensants, au nom de l'efficacité, du réalisme et de la prudence, dans des voies de garage où elles sont mortes asphyxiées.

« L'extrémisme est inefficace, il est la caution de nos ennemis qui à tout prix entendent nous refouler dans le camp de l'irresponsabilité, des fureurs passionnelles, des excès qui déconsidèrent leurs auteurs ; gardons-nous de tout excès, œuvrons là où la Providence nous place sans remettre en cause le système démocratique et républicain ». Ce discours-là, soyons-en sûrs, est l'antithèse de ce que pense et de ce en quoi s'annonce le véritable esprit d'une renaissance fasciste. On a beaucoup moqué les groupuscules refaisant le monde dans les arrière-salles de cafés, peuplés pour un tiers d'indicateurs de police, pour un autre tiers de déclassés ruminant leurs complexes ou faisant leur beurre rance par le moyen de la vente de livres ou de colifichets, pour un dernier tiers de psychopathes idéalement taillés pour se faire manipuler et accomplir des actes aussi grotesques que contre-productifs au regard de la cause à défendre. C'est pourtant probablement de l'un de ces groupuscules, et non des partis et associations institutionnels supposés raisonnables parce qu'intégrés au système, que, le moment venu, quand les circonstances favorables viendront à lui, se réinventera, dans la forme de l'espérance fasciste, le marteau de la véritable Relève. Aucune concession, au nom de l'efficacité réaliste, n'est tolérable vis-à-vis de la Gueuse ploutocratique. Mieux vaut, contre cette solution suicidaire, essayer de subsister à l'état de braise dissimulée, en compagnie des bras cassés, des demi-solde, des fous furieux pittoresques et des divers mythomanes, lesquels auront eu le mérite, malgré leurs tares, d'entretenir la braise qui brûle tout, même les misères de ceux qui la veillent, quand viennent à elle des circonstances favorables que personne ne saurait faire naître de manière intentionnelle et réfléchie, parce que de telles circonstances sont par trop improbables. Est fasciste celui qui a la patience d'attendre, dans l'ombre, dans la grisaille de l'anonymat, dans le ridicule de la marginalité, cultivant le trésor de ses certitudes et couvant sa passion insurgée, que l'Histoire vienne à lui pour qu'il la féconde ; le fasciste sait résister aux sirènes du réalisme et de l'activisme pragmatique « raisonnable » toujours gravide de concessions (« nous sommes de droite mais nous condamnons le fascisme, le racisme, l'antisémitisme, le national-socialisme ») ; il sait que le « modéré » cuit dans la prudence et l'honorabilité court après le vent de l'Histoire pour être porté par elle et finir par s'y perdre en s'y noyant.

Il faut bien vivre, dira-t-on. On est bien forcé de vivre en République et de s'intégrer aux rouages de la Cité pour gagner son pain. Cela est vrai, mais on peut y vivre de deux façons. On peut y vivre en s'appropriant à elle en tentant de la changer de l'intérieur, en douceur, en essayant de la gagner à sa cause, comme si la démocratie pouvait jamais accepter d'être mise à mort pourvu que les modalités de cette exécution fussent démocratiques ; et l'on est dans ce cas un « modéré », et au fond un complice. On peut y vivre en y survivant, comme un espion destiné à infiltrer les lignes ennemies pour en miner les points stratégiques. Est fasciste, contre-révolutionnaire parce que révolutionnaire, celui qui accepte d'en prendre les risques.

§ 106. Conclusion des annexes.

Nos lecteurs bienveillants ne pourront s'empêcher de sourire, ou de persifler, en lisant de telles suggestions, parce qu'elles sont aussi éloignées de la réalité, aussi improbables que possible en fait de réalisation historique : nos invitations ont quelque chose de dérisoire tant elles sont inactuelles. Si le fascisme parvient à se réinventer après que se seront exténuées les sociétés contre nature qui l'avaient assassiné, ce sera, au mieux, après maintes tribulations, tâtonnements, échecs, bouleversements, redistributions des cartes à tous les niveaux de la vie humaine, accompagnés de souffrances et de destructions telles que l'on se demandera alors s'il y a encore quelque chose à sauver, quelque chose à reconstruire. Et nous pensons que la question première n'est pas de savoir si de telles espérances sont raisonnables : autant se demander s'il est raisonnable de préférer la vie à la mort, la santé à la maladie ; sans un retour à l'ordre des choses jadis connu mais peut-être non absolument fondé dans ses raisons d'être naturelles et surnaturelles enfin harmonisées entre elles, c'en sera fini de l'espèce humaine. Quant au contenu de telles espérances, il ne nous semble pas que la première question soit de savoir si sa réalisation est possible. Il est de savoir si elle est nécessaire. Cela doit être, donc il faut agir comme si c'était possible à vue d'homme, et cela est en soi possible puisque c'est nécessaire, même s'il nous est impossible de concevoir ou de nous représenter les conditions historiques d'une telle possibilité. Le résultat de l'action, c'est l'affaire de la Providence : « facienti quod in se est, Deus non denegat gratiam » (Dieu ne refuse pas sa grâce à celui qui fait ce qui est en son pouvoir). Les joies attachées à l'éprouvante poursuite d'une fin légitime sont suffisantes pour payer l'homme de son effort, quand bien même il ne verrait pas la réalisation terrestre de cette fin.

L'auteur connaît bien les catholiques ; il est l'un d'eux ; il sait, à sa modeste mesure, leurs grandeurs manifestes, mais aussi leurs grandeurs cachées ; il sait aussi leurs misères, leurs petitesses, leurs défauts, leurs ridicules, leurs marottes, leurs faiblesses. L'une d'entre ces dernières est cette « bonne volonté », ce souci de « bien faire », de « commencer par le plus important », d'agir — par un souci d'obéissance et d'humilité peut-être un peu trop ostensible pour être parfaitement honnête — au nom de l'injonction papale sommant le chrétien de « omnia instaurare in Christo ». Il s'agit de fonder la Cité catholique en donnant libre cours à ces réflexes compulsifs de confessionnalisation systématique de tous les aspects de la vie et de toutes les institutions, qui en viennent à substituer la confessionnalisation de la chose à la chose même : pourvu que ce soit confessionnalisé, « ce sera bien et suffisamment fondé, comprenez-vous, puisque l'on n'a pas la prétention de faire se mouvoir des forces 'seulement humaines'».

Et c'est là, selon nous, une tentation surnaturaliste qui se donne des allures de piété, contre laquelle il convient de se prémunir. Il est bon, jusque dans le perfectionnement de son art, qu'un médecin soit catholique, mais sa piété ne remplace ni son expérience de praticien ni son savoir d'homme de science. Il en est de même pour l'homme politique. La « Reconquista » opérée sur les forces subversives polymorphes œuvrant pour l'avènement de l'Etat mondial, égout collecteur de toutes les subversions, ne se fera pas sans le rétablissement, dans les âmes, des bienfaits que seule promeut l'Eglise, parce que la nature sans la surnature n'est même plus naturelle du fait de sa blessure congénitale. Il reste que la grâce n'agit pas à la place de la nature, elle agit dans la nature pour lui faire recouvrer son intégrité, et en vue de la surélever, mais, en lui faisant recouvrer son intégrité, elle l'invite à s'appuyer sur ses propres forces, à se ressaisir, à agir par elle-même et en vue de ses fins propres, quand bien même ces fins redevenues accessibles par la surnature ont raison d'instruments de la fin strictement surnaturelle, qui n'est pas mondaine. Si nous insistons sur ce point, c'est dans la mesure où les catholiques bien intentionnés auront toujours tendance, sans discernement, à tomber dans deux erreurs. La première, c'est celle qui consiste à mépriser, voire à condamner et à combattre toutes les initiatives politiques non directement inspirées par la foi catholique et bénies par l'Eglise ; la deuxième, corollaire de la première, consiste à confier aux hommes d'Eglise le soin de refonder la Cité, ainsi à confondre le souci d'agir selon la grâce avec le souci d'agir selon les intérêts de la diplomatie vaticane, quand ce n'est pas, par pusillanimité, selon les vues de la gent ecclésiastique que son auguste condition afflige trop souvent d'ultracrépidarianisme.

Concrètement, les catholiques voudraient agir dans la perspective d'une nouvelle restauration, en se référant à l'union sacrée du trône et de l'autel. Et l'on se remettrait à penser et à agir politiquement comme on le faisait avant 1789, moyennant certains aménagements occasionnés par la nécessité de s'adapter à la vie moderne dans ce qu'elle a d'irréversible, en particulier le progrès technique. Mais Dieu ne demande pas au chirurgien de réciter ses prières en maniant le scalpel, Il lui demande d'oublier ses prières à sainte Hildegarde aussi longtemps qu'il est en demeure de fixer son attention sur les effets de son scalpel. Ce n'est pas d'une restauration que nos peuples ont besoin, c'est d'une révolution qui, renversant le présent dans ce qu'il a d'immonde et réhabilitant les principes éternels, réforme aussi la manière dont le passé a appliqué ces principes, parce que c'est pour n'avoir pas su inventer les manières qui s'imposaient que le passé a accouché du présent honni. C'est donc par une entreprise fasciste, non hostile à l'Eglise mais distincte d'elle, que se mènera la « Reconquista ». Au reste, l'Eglise sortira certainement de cette effroyable crise moderniste en laquelle elle est fourvoyée depuis des décennies, parce que les portes de l'enfer ne prévaudront pas contre elle ; mais, au point où nous en sommes en fait de corruption de l'aspect humain de sa divine constitution, il n'est pas sûr qu'elle en sorte avant la Parousie. Ce qui revient à dire qu'il faudra, politiquement, agir par accident contre elle, et de toute façon sans elle en tant qu'institution. Selon la mentalité catholique, rien ne sera vraiment possible, en fait d'action politique, sans le règlement préalable de la question moderniste au sein de l'Eglise. Nous le croyons aussi, mais nous pensons tout autant, selon le schéma de l'action réciproque, que c'est par la pression, exercée sur elle, des effets d'un rétablissement du bien commun politique, dans les nations d'Europe, et pour l'Europe elle-même, centre du monde, que l'Eglise parviendra à se libérer de la pieuvre moderniste. Et c'est par le fascisme, promoteur de l'organicité de la Cité, que se recouvrera le bien commun de la patrie européenne.

TABLE DES MATIÈRES

INTRODUCTION

CHAPITRE I

Quelques raisons d'être fasciste aujourd'hui

CHAPITRE II

Les maladies structurelles de la monarchie

CHAPITRE III

Réflexion sur les inachèvements de la monarchie traditionnelle

CHAPITRE V

Brefs rappels historiques et compléments doctrinaux à propos du fascisme

CHAPITRE VI

Survol de la doctrine du théoricien officiel du fascisme

CONCLUSION

chrysalide.editions@gmail.com

CPSIA information can be obtained
at www.ICGtesting.com
Printed in the USA
LVHW021239030222
710080LV00012B/248

9 782958 179304